转业团干访谈系列研究

回眸共青团岁月

——团干转业后的思考

李　伟◎著

Huimou Gongqingtuan Suiyue

Tuangan Zhuanye hou de Sikao

天津出版传媒集团

天津人民出版社

图书在版编目（CIP）数据

回眸共青团岁月：团干转业后的思考 / 李伟著. --
天津：天津人民出版社，2021.6
（转业团干访谈系列研究）
ISBN 978-7-201-17378-8

Ⅰ.①回… Ⅱ.①李… Ⅲ.①中国共产主义青年团－共青团干部－干部工作 Ⅳ.①D297

中国版本图书馆CIP数据核字(2021)第104052号

回眸共青团岁月——团干转业后的思考
HUIMOU GONGQINGTUAN SUIYUE——TUANGAN ZHUANYE HOU DE SIKAO

出　　版　天津人民出版社
出 版 人　刘　庆
地　　址　天津市和平区西康路35号康岳大厦
邮政编码　300051
邮购电话　（022）23332469
电子邮箱　reader@tjrmcbs.com

责任编辑　陈　烨
策划编辑　朱　政
装帧设计　玄元武

制版印刷　天津旭非印刷有限公司
经　　销　新华书店
开　　本　710毫米×1000毫米　1/16
印　　张　18.5
字　　数　265千字
版次印次　2021年6月第1版　2021年6月第1次印刷
定　　价　68.00元

团校人的情怀

什么是情怀？资料显示：情怀就是心情、情趣、兴致、胸怀的意思，指含有某种感情的心境，引申为拥有一种高尚的心境。例如，爱国情怀、母亲情怀、人文情怀，等等。这里，我想谈谈团校人的情怀。

干什么吆喝什么，一生中有幸与团校结下情缘，这是我之前从没想到的，正如我曾在《回眸共青团岁月——转业后的思考》一书的后记中所写道的：也许冥冥之中，就与共青团事业有割舍不断的情缘。此时，让我内心更加坚定的是：书写团校人的情怀将注定成为我后半辈子的一份事业。

我一直为自己不能从事高大上的理论研究工作感到遗憾，发现写纯学术理论文章对我来讲，是一件勉为其难的“工程”，于是，自2007年进入中央团校共青团工作理论研究所的那天起，就开始挖掘自身的潜力，从身边能够遇到的特殊群体即转业团干部入手，着重研究他们的成长规律，比如，曾经的共青团岗位经历给他们的成长带来的帮助、转岗后的不适带给他们的启发和他们对现任团干部做好团工作的期望，等等。课题名称由此确定为“转业团干回头看”，这一干就是十多年，先后深度访谈近一百九十多位曾在不同地区、不同层级、不同领域的转业团干部，该课题也曾于2009年被列入团中央重点课题之一，在报刊上发表了几篇研究文章，尤其是将研究的部分成果运用到了基层团干部的培训中，获得了不错的效果。

2010年，我有幸到中国青年工作院校协会秘书处工作，在开始全力服务于全国团校的工作过程中，逐渐对团校产生兴趣，脑中不时浮现出“团校到底是干什么的”“团校从何而来，要到哪里去”诸如此类的问题，于是便一头扎进团校工作的研究中，一发不可收拾。从2014年起开始带领协会秘书处成员着手收集团校历史资料，与此同时，我利用一切可以利用的机会，比如，下基层给团干部授课、组织协会会员开展活动、参加民政部等有关部门的会议等，都要去各地团校实地观摩学习、拜见分管团校的领导，此外还特别对20世纪80年代的团校老同志进行了深度访谈。但是对自己所做的研究工作总有些“登不上大雅之堂”的感觉。直到听完黄海研究员在第四届全国团属院校和基地研究者高级研修班上所做的讲座“青少年研究的田野叙事与结构”，我从中获得了一种前所未有的力量，增强了继续前行的信心。

的确，我们每个人的人生各有特色，很难复制，对我来说，走纯理论专家的路子是不现实的，唯有紧贴工作的需要，将自己的真实感受书写在大地上，才更符合自己的心愿。每逢写作的艰难时刻，我都用一句名言激励自己：走自己的路，让别人去说吧！毕竟，来到这个世界上，总要干点儿事，不为别的，至少要对得起组织为你提供的这么好的平台和广大会员单位对你寄予的无限期待。说实话，一生中要让自己不留遗憾，单靠任务驱动是不够的，很大程度还需要存一份敬畏，有一种情怀。正如毛泽东同志在《纪念白求恩》一文中所讲的那样：一个人能力有大小，但只要有这点精神，就是一个高尚的人，一个纯粹的人，一个有道德的人，一个脱离了低级趣味的人，一个有益于人民的人。

目 录

访谈篇

思考篇

调研篇

后记

访谈篇

访青年学鼻祖黄志坚教授纪实

在中秋节小长假期间，我们专门请黄志坚教授给中国青年工作院校协会第四届全国团属院校和基地研究者高级研修班的学员讲几句话，老人家开心地答应了，并特地做了些准备。看到老人家在5页A4纸上密密麻麻、端端正正写下的小字，开头最醒目的9个字是“团校老师的学术修养”，我的内心受到很大的触动，一个80多岁的耄耋老人，为了给大家讲几句话，竟然如此用心。

老人家先是一口气讲了12分钟，他凭借在团校讲台上坚守的60年，积累了很多经验，总结了带有普遍指导意义的规律。主要谈了团校老师学术修养的五个方面：第一是坚守马克思主义的立场、观点和方法。即要实际地、辩证地和历史地看问题，不能走极端，也不能走过场，坚决不能讲远离实际的空话、脱离实际的大话和背离实际的假话。第二是要热爱共青团、热爱青年。要与青年朋友深入交流，只要热爱，才会心无旁骛地把青年工作做好。他讲了这么多年课，之所以能坚持到底，不受社会各种诱惑，其根源就在于对这份事业的热爱。第三是要善于建构本专业的知识体系。在知识爆炸的今天，我们不能陷入知识的汪洋大海中，要善于跳出来，围绕专业构建合理的知识结构体系。第四是要有一专多能的作战能力。做到三个结合，即教学工作与研究工作相结合、语言表达和文字表达相结合，以及研究共青团工作和研究青年工作相结合，知道如何正确表达要义，同时还要善于用最有效的方式传达给青年。第五是恪守团校教师的为师之道，肯下苦功夫和笨功夫，善于以勤补拙，坚定相信一条：即谁要获得社会平均值以上的价值，谁就要付出社会平均值以上的劳动。同时还要有良好的文风师德，倡导三人之行必有我师，多汲取别人的长处。

去过黄先生家的人都知道，记卡片是黄先生几十年的习惯，家中光卡片盒就有42盒，每盒约有1500多张卡片，而且全部按照青年的特点，比如青年教育、青年就业、青年娱乐、青年婚姻、青年体育等类别进行分类，真是做足了储备。

当我问及黄老师精神状态如此好的秘诀时，老人家会心一笑，指着门上一幅字画让我看，字画上面写着三个大字：常青斋。他解释道，其实就是五常，即常怀青年心态、常思青年发展、常随青年脚步、常交青年朋友、常助青年超越。

我想，接下来我要做的就是将老人家治学严谨的精神继承并发扬光大，一代一代传下去，让更多的团校人知道：让黄先生如此健康，充满活力的并非物质世界的充盈，而是精神世界的富足，这应该是所有团校人的情怀。

与湖南省团校老校长袁才保的交流

这次赴湖南省团校组织院校协会第四届全国团属院校和基地研究者高级研修班活动，很想有机会与湖南省团校的老校长见个面，但因日程安排过满，一直未能如愿。可是，有一天湖南省团校朱雄君校长告诉我，老校长袁才保要出席2019年9月21日庆祝湖南省团校成立70周年座谈会，并确定当日早上和我们一起用餐，真是喜出望外。

见到老校长，发现他精神头十足，讲起话来声音洪亮。利用餐后的一点时间，我对老校长做了一个短暂的访谈。其中有几个问题老校长可谓一语中的。比如，团校与党校有什么不同。他讲了四点区别：第一是培训服务的对象不同；第二是教学方法不同，更多的是用青春语言；第三课题研究的程序不同，即党校人是带着课题下去进行调研，而团校人是下去找课题；第四是送培训下基层。可以说，迄今为止，袁校长是我遇到的能把这个问题讲得比较透彻的第一人。

老校长还深情地讲到湖南省团校的历史。1949年4月，任弼时同志指示重建共青团组织，并在全国迅速筹建团校。1949年9月20日，湖南青委会按照上级要求，在无教材、无阵地、无师资的情况下，用了21天的时间举办了青年干部培训班，1950年5月在马王堆落户（原湖南省干部疗养院），1953年在雨花亭建新校舍，1955年初迁入新校址（原湖南省银行学校），1957年搬到与湖南省党校共享的一所大学，1959年并入湖南省委党校。1966年湖南省团校随湖南省委党校停办，后又随湖南省委党校改名为

“湖南省革命委员会毛泽东思想学习班”“湖南省革命委员会五·七干校总校”。1973年前后，在省“五·七干校”内开办了8期团干部培训班。1981年7月，湖南省委党校正式批准恢复湖南省团校的名称和建制，明确规定湖南省团校归湖南省委党校领导，同时接受共青团湖南省委的业务指导。1985年，湖南省青运史研究室并入省团校。1991年成立湖南省青少年研究所。2003年加挂“中共湖南省委党校、湖南行政学院共青团理论教研部”的牌子。

从老校长的言谈中，我能感受到老人家对共青团和青年工作研究事业的热爱，他在湖南省团校任职的17年里，始终坚守青字号的“小专精”特色，与部分省级团校“大而全”的情况形成鲜明比较，同时，他也谈到团校并入党校带来的优势，就是可以心无旁骛地搞教学研究，不再为吃喝拉撒烦恼，这些年来鼓励教师多搞科研，多出科研成果。他总结：首先团校教师一定要多下沉、多走动，多与青年干部交朋友，与他们建立紧密的联系；其次要积极走访各地党政领导，推进团干部的延续教育过程，跟踪调查，了解团干部的培训效果；再次要风雨兼程地砥砺前行，时刻不忘初心，牢记使命，加强改造自己的主观世界，在实践中历练自己。要坚持以习近平新时代中国特色社会主义思想武装自己的头脑，深入学习贯彻习近平总书记关于中央团校改革发展重要指示精神，着眼党的青年工作大局，牢牢把握“建设党在青年工作领域特色鲜明的政治学校”这一根本定位，聚集主责主业，不断开创湖南省团校办学工作新局面，为新时代湖南党的青年工作和共青团建设提供人力、智力支持。

与重庆市团校老校长黄厚模的交流

每次到团校，我都把有关共青团工作的调研任务看成是一次学习的机会，认为这是对团校历史的一次梳理过程。所以，每次到团校，我都会请现任团校书记和校长帮助安排拜见老校长，倾听他们的所想所思，特别是希望他们对团校今后的发展提一些建设性的意见。

这次到重庆市团校也不例外，该校的现任黄捷书记给我们安排了和黄厚模老校长见面的机会。老人一听说我们要去看他，很是激动，我们人还没到，他就张罗着要下楼来接我们，80多岁的老人精神矍铄，状态一点儿不亚于年轻人。

老人回忆了自己去重庆团市委和重庆市团校的过程。1953年，胡耀邦同志担任团中央书记，19岁的她作为三好学生被团市委通报表彰，毕业后就被留在团市委，一干就是20多年。接着，全国团校面临恢复期，重庆市团校也面临重新办班。她就在这时担任了重庆市团校的校长。那时候条件非常差，没有教员，组织上就把重庆团市委组织部的陶晓明派过来当教员，并安排他到中央团校学习一年。重庆市团校成立领导小组，开始筹办团干部培训班，毕业后的学员很多成为各条战线的领导干部。但是重庆团干部面临一个重要的问题，很多团干部只是初中文化，一大批团干部提出了提升学历的诉求。在这种情况下，团校想为团干部办点儿事实，当即就去辽宁省团校和黑龙江省团校取经，回来就开始着手解决团干部的升学出路问题。时任重庆团市委书记廖柏康很支持他们的想法，于是他们就和重庆师范学院谈合作。双方达成意向，由对方派老师发文凭，团校来组织教学，团干部对此很满意。但同时也出现一个问题，重庆市团校付出很多，但收益都被重庆师范学院拿走了，这种办学方式势必不能持久。于是他们开始考虑如何自己独立办学。接下来他们先后7次去北京，找团中央领导，当时王松鹤是团中央组织部部长，他很支持重庆市团校工作，积极联系国家教委。老人讲到这一段时，禁不住流下了热泪，激动地说："我们当时就住在团中央的地下招待所，吃得很简单。那时候只有一个念头，如果学院办成功了，就去北京和平门全聚德吃一顿烤鸭，结果，烤鸭到现在也没有吃上。但是，我们知道，团校的学历教育的申办成功，离不开国家教委、团中央、重庆市委和团市委领导支持。在1986年年底，国家教委派两位同志来重庆市团校考察，考虑到当时重庆市团校有30亩地、图书馆，还有一幢教学大楼，1987年2月，国家教委审批建立重庆青年干部学院。目标很明确，就是帮助团干部解决学历问题，设置的专业也很明确，即思想政治教育专业与共青团工作相关专业，同时还批准我们的招生范围可以是西南四省的团干部。我们学院的相当一批大专毕业生没有辜负组织对他们的教育和培养，很多人毕业后走上了重要的领导岗位。对共青团很有感情。"

黄厚模于1989年年底离开重庆市团校，重庆青年干部学院办到2006年，之后转成重庆青年职业技术学院。她认为当时办青年干部学院是时代的需要，是历史的必然。现在30年过去了，团干部的学历情况发生了根本性的变化，团校办学历教育的历史使命已经完成，现在的学历教育不全是团干部，而是普通的学生，如果再继续办下去，会面临很多困难，让团市委进行指导是有困难的，因为团市委并不是这方面的专业行家，实在是力不从心。"我觉得，团校的对象已经不是团干部了，习近平总书记说党校姓党，那么团校也姓党。这次中央印发党的群团工作改革，要求学历从团校中剥离出来，团校要跟着党校走。"

离开老人时，抱着老人送给我们的两个大柚子，心情很激动，为老人这种敬业精神所深深打动。老人的那番话至今让我难以忘怀，真是期待再次见到老人，如果能以协会的名义给这些默默将人生最好的年华全部奉献给共青团事业的老校长们颁上一个“终身成就奖”该有多好！他们是我们团校人的骄傲，我们要永远继承和弘扬他们的精神，将团校的事业进行到底。

与广州市团校老书记连莎的交流

连莎老师是2002年从广州团市委组织部部长的任上到团校任党总支书记的。她说，来团校是她的愿望，在团市委组织部工作期间，她就对团校比较了解和熟悉，特别是团干部教育培训方面，当时广州市团校也急需这方面的人才。

谈到广州市团校的历史，连老师特别提到1951年成立广州市团校，1982年开始准备复校这两个历史节点。1951年，团校成立时，时任广州市委书记杨尚昆对此项工作非常重视。她还说广州市团校在20世纪80年代也和各地团校的情况一样，刚开始从事学历教育，比如办大专班、职业高中等。80年代后期出现了师资严重缺失的问题，好的老师纷纷离开团校，有"下海"的，有到其他单位的。90年代中后期团校开始走下坡路，团干部教育培训每年不足2000人，可以说办学思路没有完全打开，找不到合适的生存路径。那怎么办呢？团校要生存发展，员工要有事可做，这时候，团校开始举办职业高中，生源多为考不上高中的学生。直到2004年，当时市委朱副书记明确提出：团校要聚焦主业，不能搞职业高中。之后，素质拓展训练被引入团校的培训课程，团校才有了一些新的改变。在那个年代，并没有把最好的人才安排在这个部门，同时还在消化职业高中的人员，他们中很多师资是从事不了干部培训工作的。职业高中占用了团校很多的资源，相反对研究所和《青年探索》杂志的工作不很重视，有些人认为这是一项只花钱不赚钱的工作。

在谈及群团组织改革的话题时，连老师认为：中央提出的改革方向是明确的，就是要把团干部这支队伍抓起来，那么作为共青团主要阵地的团校要姓党，地位非常重要，也是唯一的，其他直属单位多为“青”字号，或“少”字号，不能把团校当成一般单位，要对团校给予特别的关注。目前团校的智库、培训功能发挥不够理想，这其中有很多原因，但就其根源还在于对团校缺乏统一的刚性的制度约束，缺乏顶层方面的研究和设计，导致不能像党校一样按照严格的“条例”进行规范，使得各地团校如八仙过海般各显神通，生出很多令人眼花缭乱的“枝杈”，现在该是进入修剪阶段了，比如怎么确保主干部分的营养供给，这就需要从上到下达成共识。

在即将结束访谈的时候，连莎老师的一句话让我有一种顿悟之感。她认为，团校的最终理想状态就是每个人都成为终身的团干部。团的基础工作很多都是通过团校实施并完成的，但是现在并没有将团校的积极性全部发挥出来，这与团中央对团校的明确定位、清晰管理模式及边界等要求有很大的关系，特别是与团中央组织部对团干部培训规划的要求有很大的关系。她认为，团校一旦全额拨款，团校就要听从召唤，如果由中央组织部联合发文明确团校要参考党校体系等要求，很多事情会理顺些。关键看是谁发的文，因为共青团组织是属地化管理，受同级党委领导，共青团上级组织协管，所以当地党委的意见还是非常关键的。

连老师对全国的团课老师问题也提出了自己的看法，她认为目前讲授团史和团务课程的老师严重不足，可谓青黄不接。作为团干部，不了解历史，不知道如何发展团员，不知道如何开好团的代表大会，基本使命不清楚，党要团干什么不清楚，到底团能做什么也不清楚，这是很可怕的。特别是培养团干部做青年群众工作的能力这类课程非常重要，别的能力再强，如果不懂得和青年打交道，就如同一个将军不会带兵打仗，必会失败而归，其他能力再强又有何价值？至少作为一名团干部，你是不合格的。

“团校人要成为永远的团干部”，一句话让我记住了连莎老师，如果我们团校人都这么要求自己，那么团校的面貌也许会因此焕然一新，显现出一种富有朝气的理想状态。

与河南省团校老书记蒋克明的交流

蒋克明书记当年从中央团校学习回来，仍然回到团岗位上，在团地委办公室工作过，当过学校部部长，1981年成为团省委党组成员，专职从事河南省团校的工作。这一干就是一辈子，没有离开过团校。当时团校正处于恢复阶段，老书记带着团省委派出的干部开始了创建工作，直到现在他仍认为自己的选择没有错，因为他太熟悉共青团和青年工作了，一辈子喜欢和青年人在一起，在影响青年的同时也被青年所感染。

1983年，河南省团校开始建立干校，解决当时团干部整体学历偏低的问题。因为不能独立发学历文凭，只能与郑州大学联合办学，为了获得招生计划指标，他们努力争取要到了100个招生名额。这些计划直接面对团干部，只是这些被录取的团干部需要在开学前进行面试，当时报名的就有600多人，形势非常好。这些学员中很多是省级、厅级干部，其中省级干部就有六七位，他们带来的影响力很大。1993年开始转向社会招生，发中专文凭，开设青年教育、少年教育专业等，后续因为学历比较低，学校生源慢慢开始萎缩。老书记在1997年从工作岗位上退下来。之后从事宋庆龄基金会的公益活动。在岗期间，他认为作为团校领导，始终不能离开教学第一线，不能把团校当成跳板。

老书记特别提到，团中央组织部王松鹤分管团校工作期间，是团校发展的黄金时期，他们主要干了三件有意义的事情，一是解决了团校技术职称的问题；二是制定了团干部培训规划方案，不同层级按需设置课程内容；

三是对团校工作非常重视，经常下去调研，听取意见，比如团校如何建设、如何发展等，每年召开一次团校工作会议。

老书记对团校发展有自己的思考，他认为：团组织作为联系青年的桥梁和纽带，一定要和青年打成一片，因为团组织是党的后备军和助手，一定要以党的政策为中心去开展工作。要把目标聚焦在为党培养政治上可靠接班人上，从这个意义上讲，团校肯定有存在的必要。一方面要用中国特色社会主义理论武装团干部的头脑，理论扎实政治才能坚定；另一方面也要根据青年的实际需要，创造教育培训的模式，让青年健康成长，形式上要勇于创新，获得最佳的效果。

关于学历教育和团干部培训，他认为绝对不能丢掉团校，丢掉团校就意味着丢掉青年。

老校长还给我们讲述了河南省团校在他任职期间发生的很多故事，不是要办高职，就是要并入省党校，团校的发展受到了很大的局限，也耽误了历史最好的发展机遇。

回顾历史，总能让我们深受启迪。很佩服蒋克明老书记的记忆力，但愿我们以后也能像老书记一样，始终保持学习的习惯，积极努力，与时俱进。

与甘肃省团校老校长刘紫善和王丕夫的交流

前几年一个偶然的机会，与甘肃省团校张霞校长接触，听到她讲述自己团校的事情，得到的信息是：他们很艰难，没有自己的一亩三分地儿，似乎日子有些过不下去，大家都在期待着把自己嫁出去，唯一的嫁妆就是团校还有多余的编制。当然我是觉得不妥的，因为大凡被并入的团校，其结果却是团校的主职能发挥不太好，往往被边缘化的多。他们也多次提出希望协会能帮帮他们的忙。这次在青海西宁举办的全国团属院校团课教师高级研修班暨团课教师教学基本功展示，成果非常令人惊喜，无论参会人员数量还是活动质量，效果都堪称历史巅峰。

但我仍注意到，有一些团校没能参加此活动，其中就有甘肃省团校。这让我多少有些牵挂，于是便决定活动结束后先不返京，要下沉到甘肃省团校，亲自拜访团校的老领导，聊聊团校的历史，走近他们，听听他们的想法和诉求。

在孟强校长的帮助下，终于见到了刘善紫和王丕夫老校长。甘肃省团校于1978年复校，同时开始从团省委分离独立运行，当时有短训班、长线班、联合班、学历班和下基层班。1988年，时任团中央书记宋德福到武威驻点，对甘肃省团校的做法给予了高度的肯定。刘校长是1991年上任的，当时团校有33个编制，有三个教研室，即文化基础理论和青年工作理论等，还设有教务处等，每年培训3000—4000人次。

就在2002年，为了加强团校和青少年文化宫的建设，决定拆旧楼盖新楼。没有想到的是，因为楼对面很多老干部提意见，原定要盖20多层的楼最终只盖到十几层，导致两个单位的办公用房极度紧张，让团省委领导很头痛。2017年采取两单位合并，竞争上岗的方式，将团校多出来的编制用于青少年文化宫，使得矛盾得以缓和，但这也是无奈之举。

王丕夫校长任团校校长是在1978年后。他曾经在陇西县委工作，作为选调生借调到地区团委工作半年，当时正好遇到团省委领导下基层驻点，发现并关注他，之后安排他到团省委办公室工作了大约一年的时间。1974年，他曾作为工农兵学员赴四川大学学习三年；1979—1980年，还赴中央团校学习。1980年后调任团校，作为副校长主持工作，1986年在省党校学习，1987年离开团校。

当我问及王校长任职期间最得意的事情时，他表明：培训工作的创意，即借党校之地划片办班，成效显著。有10天班、半个月班和一个月班，一干就是几年，特别是1983年举办的大专班，解决了许多没有学历，但恢复高考后又没有机会考大学，同时按照当时中央提出干部四化标准，难以达到要求的领导干部的难题。

当谈到团校的未来走向，两位老领导都提到，要围绕党的中心工作开展团干部教育培训，分层次分层级，特别在新时期要紧跟党和国家的部署，提高工作能力，增强团的凝聚力，为党培养助手和后备军，储备宝贵的人力资源等。

当谈到团校的生存发展相关因素时，王校长坚定地说："三个因素，即党的大政方针、共青团命运和自身发展壮大。"他特别提到共青团命运是社会实践中的生动具体体现，如同一个人亚健康实质还是健康出了问题，共青团的命运与党的命运息息相关。关于自身发展，是指我们在团干部教育培训中，是否让团干部系统学到了应该掌握的理论和知识？是否深刻领会了党的大政方针？作为一名团课教师应该成为一个演说家，既要有理论功底，又要有熟悉青年特点的专长。只要共青团在，团校就一定会在。

刘校长最后还补充道：过去计划经济时代，我们熟悉的是发号施令的传统性做法，如今，这样的做法已经过时了，要积极取得当地党委领导的支持，重视团干部教育培训工作，保证一定的数量和质量。同时还要聚焦团校的主业，注意培训规范化、系统化和理论体系化，要按照教育培训的规律，分层分级地进行培训，并上升到制度层面，做到有章可循、有法可依，只有这样，才能确保团校得到更好的生存和发展。

与广东省团校老校长梁锡棉的交流

每到一处必要拜访团校的老校长是协会秘书处的一项重要工作。作为从事共青团工作理论的研究者，深入访谈老校长，一方面是能从老校长那里了解和熟知团校的历史，使得自己在工作中更能带着感情去做好服务；另一方面是传承和弘扬老校长们的精神，讲好团校的故事。

在杨成校长的帮助下，我们终于与老校长梁锡棉见面了。老人家身体很康健，一谈起团校，一下子就打开了话匣子，思维异常活跃起来，本来一小时的访谈，不知不觉谈了2个多小时，让人受益匪浅。

梁校长是1984年6月从华南师范大学德育教研室调入广东省团校的，就像他描述的那样，到团校工作16年，他干成了一件让后人永远记住的事情，那就是广东青年干部学院的建立。他现在想起来都觉得很光荣、很自豪，尽管困难重重，但痛并快乐着。

他一直坚持认为，生存和特色相比，生存永远是第一位的，没有生存，哪来的特色，不能为特色而特色。他认为，团校办学历是大势所趋，也是当时国家强调正规化办教育的需要。广东省团校于1986年1月成立广东青年干部学院，于2011年成立广东青年职业学院。老校长是1998年8月离开领导岗位的，但仍然从事教学工作，讲授哲学和领导科学，还著有《价值与青年价值观》一书，1992年被评为教授。

老校长这么多年一直没有停止过学习，他总结自己的学习经验是：善于集中，及时转移。即人的思维不能停止在一个问题上，要与时俱进，提高效率，要用十年的时间走完别人十几年没有走完的路，要做到这些，没有“热爱”是不行的。另外，他还有一个很深刻的感悟，那就是不能计较别人的评价，做学术要讲究师道，要有做学术的朋友，当干部要讲究正派，办事要公道。

当问及团校的未来发展情况时，他说，时代不同了，要动态地看待团校的发展。团校的发展要与社会的发展同步，与国家事业的发展同步，特别在教育方面，既要继承传统，又要与时俱进。团校要发展，就要一半社会化，处理好生存与特色的关系，改革是为了更好地生存，生存才能更好地保持特色。如同一个人的成长和发展，需要具备相对固定的文化和经验以及因地因时变化的体验，团校稳不稳定，是由党和国家决定的，是由学校的办学规模和办学能力决定的。团校的改革关键在团委领导和团校的领导，关键在上级领导的支持。

老校长今年已70多岁了，依然保持读书、看报的习惯，他还上微信，不断学习思考问题。与他的交流能汲取很多丰富的养料，促使我下决心加强学习思考。感谢广东省团校为我提供的和老校长见面的宝贵机会！

与吉林省团校老校长吴广川的交流

与老校长吴广川的见面是我到吉林长春最大的收获。他给我提供了一本1993年出版，由张修学主编、42家团校参与编写的书——《中国共青团干部院校》。看到这本书，我马上想到全国团属院校协会正在进行的《团校从这里走来》编写工作，一定要在此书的基础上进行完善。老一辈团校人为我们树立了榜样，我们应向老前辈们好好学习，尊重历史，认真完成这项具有光荣历史传承的伟大任务。

正如该书序言中所讲到的，共青团干部培训是党和国家干部培训工作的重要组成部分，共青团的各级干部院校是团干部培训工作的主要基地，团校教育在我国的教育事业中发挥着重要作用。中国共产党从成立那天起，就十分重视培养青年干部。在艰难困苦的战争年代，我们党曾开办了安吴青训班和泽东青年干部学校，为中华民族的独立和解放培养了成千上万名革命青年和青年工作骨干。中华人民共和国成立前夕，中共中央决定建立中央团校，并要求各地开办团的学校或训练班。截至1992年，全国各地团校、青年干部学院发展到60余所，其中除中央团校、中国青年政治学院外，有省级团校、青年政治学院、青年管理干部学院28所。同时，还开设了共青团和青少年工作所需要的各类相关专业，形成了包括短训、在职团干部学历教育和普通高等教育等多层次、多规格的团校教育体系，出现了多种形式并存的团校建设新格局。

在访谈中，吴校长特别强调，当今团校正处于共青团改革的大背景下，应该说已经完成了提升团干部学历层次的历史任务，目前应该回归团校的主业，聚焦团干部的教育培训。最核心的任务就是建立并完善团干部教育培训的课程体系标准，使得模块设置具有通用性，比如政治理论、团的基本业务、工作项目和延伸拓展，等等。吴校长的建议给我启发很大，记得在新疆维吾尔自治区团校挂职期间，我们就是按照综合素质、团的业务、战线项目和应急任务等模块进行培训的，其中团的业务这一模块非团校老师莫属，不能被取代。这几年我们就是要在团的业务模块的完善上下功夫，即针对团史、团建、团务、团章等课程，梳理全国团校讲授这些课程的团课教师，但是目前这项工作进展还是很慢，力争在明年举办的团课教师说课展示之前有一个基本的数据。可以依托吉林省团校先出一个版本，再不断完善。

我们还与吉林省团校的李忠双书记等领导进行了交流，最直接的感受是，他们很有想法，比如准备开展青年马克思主义工程培训、团员先进性教育、社工业务的培训以及团干部教育培训的课程建设，等等，都与共青团中心工作紧密结合。还有一个重要的发现是，目前很多团校的领导层结构发生了一些重大变化，有团委机关的领导进到团校领导班子中，这表明团委开始关注并加强团校的建设和发展工作。与此同时，团校的学历教育开阔视野，越来越聚焦团校的主业，坚守住阵地，并准备发力。比如吉林省团校这次提交的《2016年吉林省青年发展报告》，这是团校开始整合社会资源、承担社会责任的又一个重大信号，也是团校发挥青年与共青团研究基地作用的重要体现，更是呼应国家青年事务相关政策的重要举措。

可见，这次下来是非常及时的，我们要在这场重大的改革中主动迎上去，而非坐等旁观，只有积极作为才能有所作为。期待此后能认真谋划下阶段的协会工作，力争对团校的改革有所帮助。

与青海省团校老书记樊大新和老校长付东明的交流

这次到青海省团校很重要的一项工作就是访谈老书记和校长。让我意外的是20世纪80年代恢复青海省团校的第一任书记樊大新和第四任校长付东明同时接受了我的采访，在一个多小时的交流中，深深感受到两位团校老领导对共青团事业的那份情怀和坚持。

樊书记是1983年9月到青海省团校的，当时他在青海团省委学校部，同时还是青海学联主席和青联常委，因为换届的原因，先后有8名机关干部要转岗，他就是其中的一位。组织根据他的情况，直接将他安排到青海省团校。他回忆当时来到青海省团校的情形，团校与团省委机关合署办公，只有一间办公室，3名教师。前期，团校自1979年以来已培训15期学员，他接任团校工作后，从第16期开始办，这期间他带领团校人做了几件比较重要的工作。一是增加团校老师，使团校老师达到10人以上。二是三年中共举办培训班10期，即办到第25期。三是从租房子办班到分片区下地州办班。四是拼命为团校跑地要地。他说自己就此事先后往相关部门跑了154次，还亲自写规划计划书等，终于买到了现团校所在的沈家寨约25亩地。虽然申请到150万元资金，但90万元用于农民的转移安置，只有60万元用于团校大楼的建设。五是与党校合作办电大班，共举办了两期全脱产学历班，其中在班里建立了党支部和班委会，直到1986年停招。这两期学员基本上都是亟待提高学历层次的团干部。可以说樊书记在任期间为当地共青团干部的成长搭建了非常关键的平台。

付东明校长是1993年来到团校的，他曾经有十多年在玉树地州工作，做过地州的团委书记。他接任团校校长之后，遇到一个很特殊的情况：团校前几年因为硬件建设累计欠账，需要他带着大家一起攻克难关还清债务。他在团校的9年中，集中做了很关键的几项工作，其中引起我注意的是他的办学理念，比如：坚守阵地办学，还账要靠自己；无长不稳、无短不富；挂牌子、铺摊子、找路子。在这些办学理念的支撑下，他带领团校人先后成立了青海青年政治学院（后改为青海青年中等专科学校）、电大青海共青团分校，成立聂耳艺术团、五四中学，举办少先队辅导员和青年班组长以及团干部培训班，等等。这期间解决了团校300万元左右的债务。据他回忆，曾经团校外聘的员工有近45人（不占编制），1996年电大班恢复并扩招到17个班，采取校企联合的办学模式，很好地坚守了团校这块阵地。

老书记和老校长还讲述了在团校期间很多不被人所知的故事，比如付校长带领团校人在1992年编辑出版了《青海共青团》；还在某个乡里建有业余团校；先后有中央团校原常务副校长李长江和张修学来到这里，给予团校很多的支持；曾还办有《青海青少年》和《青海工运》等期刊……最让付校长自豪的是，1990年成立青海省团校党委，直接可以发展党员。樊书记是个军人，在地州工作期间还拍摄过电影，虽然片子谈不上高质量，但因为内容反映的是主旋律，获得了一定的好评和奖励。当我问及共青团工作经历带给他的最大感触是什么时，他特别幽默地用陕西方言说："精着屁股，胆子大，什么都干。"

付校长告诉我，青海有500多万人口，藏族达四分之一，在它的周围有宁夏回族自治区、新疆维吾尔自治区和西藏自治区，中央财政转移支付比重达80%，其他省的很多做法在这里照搬是不行的。比如中央党的群团工作会议召开以后，在贯彻落实上，青海因地制宜，将去"贵族化"改为去"少数化"，突出解决服务对象数量不足和覆盖面不够的问题。

两位老领导没有直接回答未来团校该向哪里去的问题，但从侧面回答：

团校要基于目前生存和发展的现实状况，处理好创新和创业的关系，什么时候都不要忘记创业，不能等、靠、要，要靠自己谋发展，别无捷径可走。另外，一定要树立功绩不必在我的信心，要有前人栽树后人乘凉的胸怀，与时俱进，顺势而为，不断将团校的事业推向更高的层次。

与陕西省团校老校长郝豫琦的交流

多次从省级团校听到郝豫琦校长这个名字，但一直没有机会拜见他，这次到西安，其中一项很重要的工作就是深度访谈郝校长。

第一，陕西省团校历史的前身基本情况。陕西省团校成立于1951年，之前是西北团校（1942—1951年），再向前推，就是安吴青训班（1939—1942年）。安吴青训班是安吴堡战时青年训练班，是抗日战争时期中共中央青年委员会为适应抗战形势需要和广大青年抗日救国要求，由西北青年救国联合会主办的。从1937年10月创办至1940年4月奉命撤回延安，历时两年半，共举办了14期，组编了127个连队，培训了12000名学员，为中国青运史写下了光辉的篇章。老校长讲到这段历史时，非常感慨，建议我最好去安吴堡看看，这样体会会更深些。随后陕西省团校宋利国老师驾车带我过去了一趟，可谓收获满满：当时学员培训条件极其艰苦，但依然充满理想主义的信念，学员经常在柏树林里的露天课堂上课，树枝当笔，沙盘当纸，蓝天做帐，青山做墙，学习为抗日，熔炉炼纯钢。想想我们现在的团校，还有什么不满足的啊！

第二，任职期间最得意的几件事情。老校长是1986年上任的，2004年从领导岗位退下来。在团校18年的时间，完成了如下最感到骄傲的事情：一是用8年的奋斗，将短期培训发展到成人高等学历教育。二是办学形式从单一发展到走读、函授、短训、业余走读，等等，适应了当时社会的需要。特别是函授站，从开始的一个站发展到后来的38个站，扩大了社会影响力。三是自编教材，锻炼了教师队伍，给教师的职称评定提供了支撑。四是当时全省学员上万，给当地的团县委和团市委提供了支持。五是扩建校舍，增加基建投资，扩充了校舍面积，改进了职工的住宿条件。六是提高了职工的福利，将地下温泉水引进学校，让职工可以洗上温泉澡。给退休老人安装坐式马桶，架接公共天线。所有这些都对稳定教职工队伍起了关键作用。

第三，团校之间的交流与合作方面。老校长特别提到了团校之间的联系交流，要相互学习，取长补短。一方面创办团校老校长联谊会（2005—2017年），每年围绕一个主题组织一次活动。时任团中央组织部干教处的王松鹤提出了分层级，即初、中、高级培训的思路，以及内容综合培训、形式立体培训、教学交叉培训的理念。特别是在20世纪80年代，在社会变革的大背景下，教育部开始对高校进行合并，建议团校并入党校，在这样的情况下，有些团校开始与党校积极合并，保留学历教育的牌子，摘掉团校的牌子。在关键时候，王松鹤提出：两轮并举齐头抓，什么时候团校都不能倒。另一方面办学规模，山东省团校规模最大，其中驾驶培训和厨师培训以及舞蹈培训办出特色。上海市团校办学质量最高，学生实际技能培训做得非常好。在全国青年工作院校联谊会大专辩论赛中，上海居于榜首。期间，于1994年举办了教学比赛，于2000年举办了篮球比赛，于2003年举办了足球赛等活动。

第四，团校这些年的发展变化以及影响因素。一是时代的发展、形势的需要和事业的推进。各团校开展了大专、高职和本科方面的教育。二是老校长打下的坚实基础。他提到几个团校的老校长，比如重庆市团校的黄厚模、天津市团校的孔淑娟、吉林省团校的吴广川等。三是学生的需求。一些团校的高职业，门路宽，就业率高。四是高等院校的发展，促使团校共同向前滚动。团旗不倒，团校不倒，团课不倒。讲团课，团校是唯一的。

第五，团校的改革和未来的走向。共青团的改革是为了解决“去四化”

的问题，特别是部分团干部官僚化、不下基层的问题，已经到了不改不行的地步。那么团校就要在对青年干部的教育培训中解决这些问题。要防止数字化改革、形式化改革，团校改革要聚焦这几个方面：一是维持团校的本色，在“团”字上做文章，加大团课的比重。围绕“去四化”的问题收集相关案例，进行理论与实际的教学工作。二是团校的学员不是一般普通的学生，学员是主体，教师是主导，要尊重学员，以学员为本。在教学改革中要注重科学化、系统化和实际化。三是要尊重历史、现实和社会。这是团校立于不败之地的核心。现在对团干部要在历史和理论深度上下功夫。总之，要防止断崖式和形式上的改革，那样会重蹈覆辙。

郝校长自始至终精神特别饱满，让我整个晚上充满敬意和感动。经过交流和沟通，初步设想要在今年做件有意义的事情，即通过老校长联谊会，组织动员大家撰写“团校的过去、现在和未来”的征文，力争在年底前完成。另外，在可能的时候，邀请这些提交文章的老校长云集北京，并由协会颁发中国青年工作院校协会纪念牌或者“光荣团校人”证书，这些工作都需要认真规划，逐步落实。希望通过我们的努力，让这些老校长活得有尊严，并继续发挥余热，为共青团事业再立新功。

与天津市团校老校长孔淑娟的交流

孔校长已有70多岁了，我见到她时，精神状态还是非常好的，思维也特别清晰。她是1984年来到天津市团校的，当时40多岁。我问及她是如何到团校的？她很兴奋，开始娓娓道来。她1964年就参加工作了，在当地一家师专当老师，同时做团委书记。1984年有一个特别的机会，她作为师专老师被派去帮忙，期间参加了一个关于青少年方面的交流座谈会，她为此精心准备了一个发言，没想到就在那次会上被有关领导看中，于是组织上就调她到天津市团校任校长。她虽然感到意外，但多年养成的“听从组织安排”的习惯，让她没有丝毫犹豫就走马上任了。到了团校，她看到的情况是，团校在团市委机关里，但既不像机关也不像学校。她建议团校还是要从团市委机关分离出来，独立门户。在各方领导的支持下，终于给天津市团校划拨了50亩地。那片地满是鱼池，但是凭借团校人的战天斗地，硬是盖起了一幢7000平方米的大楼。上级批复的资金全部用于大楼的建设，之后的装修费没有着落，最后是到处求人找门路才解决了150万元。至于房间内的那些铺铺盖盖，孔校长带领大家将纺织工厂的边角料收集回来，加班加点地加工制成被褥。那时候，没有人要加班费，大家都无怨无悔。孔校长现在回忆起来，几乎全是幸福的滋味。她说，她那时候不知道什么叫累，浑身总是充满无穷的干劲。

孔校长特别讲到到天津市团校后干的几件令她得意的事情。第一就是将团校与团市委机关分开，有11个独立的编制，真正让团校走向社会。第二就是在1988年前后，收编了一所当地即将破产的厨师大专建制的学校，使得团校开始进入正规办学模式。之前团中央与教育部联合下发过一个“关于加强团校正规化建设的意见”的文件，很多团校都是在那个时期开始走上学历教育之路的。到1988年，团中央和教育部开始收紧这个口子，认为团校提升团干部学历层次的历史任务已经完成。但孔校长还是抓住了这最后的机会，将厨师大专班合并了过来，建立了天津职业技术职工学院，后将“职工”两个字去掉了，编制数一下子扩充到120多人，教职工人数增加了。她还特别提到了当时担任团中央组织部部长的王松鹤同志，很亲民很敬业，真可谓团校的贵人，给予很多团校很多帮助。实际上，每次访谈老校长，他们都对王松鹤部长充满敬意、饱含深情，这也让我觉得自己有机会一定要去拜访一下松鹤部长。

接下来孔校长提到了一件让她比较头疼的事，厨师大专班接手过来以后，管理的难度加大了，因为它的人员素质比较差，有几个技术比较过硬的老师还为难她，但是这一切她都承受了并将其有效解决了。真正让她感到心累的就是将厨师大专转制为高职这个过程。他们还是比较幸运的，如果没有大专这个基础铺垫，就很难有后来的高职，天津市团校首创了全国团校第四类办学模式。

和孔校长一边交流，我一边在想一个问题，现在怎么看这件事呢？团校到底是干什么的？难道就是培养技术操作能手的吗？可是团校当时不这样能生存下去吗？我一方面为老校长的创业精神和坚韧毅力所打动，另一方面又为他们处于说不清楚的“盲区”而悲叹，因为在那样的年代，解决温饱是第一位的，让团校有活儿干、有事做恐怕是这些老校长那时候最大的梦想。他们一心为公，一心为民，没有一点私心，将自己最宝贵的青春年华奉献给了团校。每每想到这些，我的眼泪总是在眼眶里打转。他们到了晚年还记挂着团校。正像孔校长所谈的，她真想去团市委机关一趟，见见团市委书记，坦诚地跟他聊聊自己的想法，提提自己的意见。她认为至少应给他们这些老团校人留点痕迹，因为在他们手中亲自盖起的大楼和工作场地不能说没了就没了，那样团校的历史就断了，天津市团校从1957年成立走到现在不容易啊！从1984年恢复到现在，无论做了什么，都是当时那个历史年代需要做的事，她问心无愧，历史的人就要去做历史的事。她于2002年离开团校时，说了三句话，在团校的18年中，值得欣慰的是：让团校有地方，有活干，饿不着。

走访团校老校长是我这几年一直没有间断的工作，我知道我们要和时间赛跑，去年刚刚访谈过的河南省团校的蒋克明老校长，在今年年初离开了人世，不知道未来还会发生什么意外，但我能确定的是只要有机会就去看看他们，能多听一点儿就听一点儿。留下珍贵的历史资料，是我们的职责，更是一种使命。

与湖北省团校老校长王元谋的交流

这次陪同领导到武汉市团校出席第三届全国志愿者培训师资研修班开班仪式，刚好有点儿时间到湖北省团校拜访该校老校长王元谋先生。见到老人的第一面，就给人一种精气神十足的感觉，让人有一种交流分享的冲动。

我们在团校张红书记、魏毅校长等领导的陪同下，分别观摩了团校的社工实训教室、云计算教室以及社区智能化系统教室等设施。老校长已经70多岁了，也和我们一起爬五层楼，脚步利落轻盈，大家都打心眼里叹服。

我们还到了工地，看到正在建设中的15层教学大楼，原先这座大楼是为职业技术教育准备的，估计改革后，这座大楼就要做培训楼了，这是很多领导和教职工没有预料到的。老校长看后也很兴奋，一个劲儿地点赞。他说，学校发展这么快，他很开心。

接着我们到会议室，开始了与老校长的交流。

老校长先从两件自己比较得意的事情讲起。第一件事就是1978年国家恢复高考制度以后，当时他在华中科技大学担任团委书记。那时候的课堂教学是从书本到书本，比较注重理论教学，缺乏实践教学，他认为这样做不利于学生的全面成长。于是，利用课外时间搞了一次科技活动，效果非常好。当时华中工学院党委书记、院长朱九思非常赞同他们做这件事，认为这就是“第二课堂”，并将这次活动总结经验形成报告，上报团中央。胡启立对这次活动给予肯定并做了批复，提出：知识必须转化为能力才能改变命运，老校长因此深受启发。第二件事是关于高校德育教育的工作。老校长曾于1980年到中央团校参加高校团干部培训班，结识了来自大连工学院（现大连理工大学）的同学，他们学校特别重视思想道德教育。王校长也提到自己碰到的一件事，坐公交车时碰到一个年轻人对他很无礼，老校长很是生气批评这个小伙子，可是小伙子的一句话让他震惊了："我们这样还不是你们这些老家伙教出来的。"他真切地感觉到，如果不重视道德教育，国家就会出大问题。1983年，老校长打报告，建议学校成立思想道德教育研究室。后来，王校长有几次升迁的机会，比如到团中央和团省委工作，但没有想到的是，最后组织上安排他到了省团校，这是他当时不能接受的。因为当时他已经从学院团委书记转岗到学院宣传部担任常务副部长，老人家很坦诚地告诉我们，他当时真的很不愿意去团校，是拖延半年以后才过去的。

王校长到团校是1983年，那个时候的湖北省团校只有一座旧楼，一个小仓库，还有几间平房，有个理发店，周边全是水田，共有15亩地，54个人，彭明老师就是其中一位。老人家对团校如何搞心里是没有底的，只有沉下心来，苦心经营。1984年团校承接了青年运动历史研讨会，郑洸老师也来了，在那次会上还认识了湖南省团校的谭冬梅老师。之后他就产生了办大专的念头，主要是团干部有需求，他们当时的文化程度亟待提高。尽管当时条件非常差，上课地点都在小平房里，但还是坚持办大专，一直到1987年。王校长是1988年离开团校的，先在湖北团省委过渡了一年，之后就到政府政研室工作，2006年退休。

湖北省团校成立于1951年，1957年关停，直到1979年开始恢复，第一任校长是陈卫高，是当时的团省委副书记兼任的。之后组织调团省委青工部马焰明到团校担任专职校长，但后来因为学历低，就去电大读大专班去了，团校领导空缺，在这种情况下，王校长到团校任职。

我们谈到团校的未来发展情况，老人家很是兴奋。他认为：要先弄清团校的定位，而要弄清团校的定位，必须先弄清共青团的定位。执政党不抓党建，国家是会出问题的。另外，新时代新特征，团校要对团干部进行思想理论教育，提升团干部综合素质。过去办大专那是形势需要，现在如果再办大专，先问问自己是不是具备条件？我们的团校究竟是为谁服务的？这个问题不搞清楚，我们就会走偏。老人家坚定认为：团校要更广泛地为广大青少年服务。比如要邀请高水平的领导上讲台授课，同时还要邀请那些学术造诣深厚的知名教育家授课，还有成功的企业家授课，要培养复合型的团干部。

时间过得很快，我们听得意犹未尽，但午饭时间到了，于是我们便在车里、在饭桌旁与老人家接着谈。得知老人家每天都看书读报，打太极并练八段锦，才知道老人家身体这么棒是有原因的。

据现任的张红书记讲，湖北省团校的历史正在书写中，今后还得注意相关历史资料的收集整理工作。另外，她如实地告诉我们：这么多年了，确实没有好好聚焦主业，很大的精力都投在了学历教育上。如果回归本业，她还是充满信心的，一定会好好谋划，把湖北省团校办好。

与四川省团校老校长唐孝光的交流

这次赴成都参加由中国青年工作院校协会城市团校专委会主办、成都市团校承办的2017年全国城市团校工作研讨会，刚好有机会与四川省团校的老校长唐孝光见面并交流。

老校长虽然已82岁了，但一见面就让人有一种想亲近和交流的冲动。老人家的一生真可谓传奇的一生。一开始就向我介绍他在1959年参加中央团校第10期团县委书记培训班的情况，当时他是以安岳县团县委书记的身份参加的。培训的内容有科学社会主义、政治经济学、哲学，还有共青团工作理论，结业证是时任团中央书记的胡耀邦同志颁发的，后来这些珍贵的资料（包含中央团校校徽、学习笔记、发言稿以及在《中国青年报》发表的文章等）都交给了团中央青运史馆的同志。老人家跟我们念叨："不知道这些资料是否保存完好。"

老人家1954年参加工作，当过乡党支部书记，半年后成为某个区的团委书记，一年后成为团县委副书记，20岁当团县委书记。他当时干了几件有影响的大事，比如建立了红领巾水电站、共青团新村、青年林、青年农场等，这些经验和做法在当时都被《中国青年报》报道过。他提到了当年自己写的一本书叫《自古英雄出少年》，在全国发行过。老人家在共青团领域前后工作了30年。

我特别关注老人家在四川省团校期间的故事。20世纪70年代末，组织安排他来做好团校恢复工作。在当时，老团校的领导和老师已经回不来了，他建议团省委组织部发文公告。他带着团省委组织部的文件，下到市地州部门一个一个去落实。按照保留骨干、以老带新的原则，将团校队伍重新建立起来了。接下来面临的问题就是团校新人不能适应团校教学的工作需要，特别是共青团工作理论等方面的课程老师极度缺乏，出现好不容易请到老师，但因为各种事情来不了等问题，打乱了教学秩序。于是他又开始想办法，建议中央团校办班，解决全国省级团校师资培养的问题。后来，中央团校连续办了2期师资培训班，学制1年，四川省团校派了8名老师去参加。那时候中央团校的黄志坚教授、郑光教授等老师给大家授课。老人家特别提到了当时担任中央团校办公室主任的肖业志同志，给大家帮助很大。培训班开设党的建设、政治经济概论、共青团工作理论研究等课程。老校长在那个时期还写成了一部《中国青年革命运动史》，后被评为副教授。老校长当时省团校书记、校长“一肩挑”，他说，白天事情多，没有时间看书学习，他就晚上写。还带领大家一起编写教材，比如文件汇编等，以方便大家了解共青团的工作。老校长告诉我们，当时他倡导开放办团校，将培训送到基层。下去办的几个班对团员青年宣传教育工作的影响很大。他还记得第十次全国团代会后，他组织四川省团校的教职工集体备课，开设6讲的专题讲座。老人家把6讲的手稿给我一一展示，其中有几讲的内容对当下仍有启示作用。

老校长曾于1959年到省团校当教员，后于1975年从重庆团市委副书记的职位上调到省团校任校长。1982年离开省团校后，于1983年到《四川青年》杂志社工作，当时这个社情况不是太好，他去了以后，从员工思想开始理顺，特别是从杂志发行抓起，最终杂志的发行量突破30万份。

老校长再次谈到四川省团校的历史沿革过程。四川省团校是1952年开办，校址在成都市牛市口，是原中华女中的所在地。当时是边办学便完善。1954年西南团校撤销，组织决定将校园移交四川省团校。于是四川省团校从成都迁入重庆的石桥铺，占地面积120亩，贺龙将军亲自负责筹建。

该地教学设施非常齐全，有500人的大礼堂，三栋楼，还有标准的足球场、篮球场等。教职工将近100多人，其中流动人员10—20人，培训班每期培训500人，时间半年或三个月。参加学习的人有团干部、少先队辅导员、解放军专职团干部、新疆团干部。学校的教学机构有哲学教研室、政治经济学教研室、教务秘书科、组织科、行政科、办公室、图书馆（藏书5万册）。重庆成为直辖市以后，组织上决定将四川省团校从重庆迁到成都龙泉驿。我们这次来的就是四川省团校的新校址。

最后，老校长送我一本书《怀念：纪念胡耀邦同志诞辰100周年》，其中有一篇是他写的，即《保证党的领导是共青团工作的生命线》。他曾和胡耀邦同志合过影，听过胡耀邦同志的几次报告，其中给他印象最为深刻的就是那句话：共青团可以犯这样那样的错误，但是在保证党的领导上不能犯错误。

老校长听力不是太好，但这丝毫没有影响我与他的交流，老校长头脑非常清醒，对许多久远的事情依然记忆深刻，表达得也很生动。当我听说老人家刚刚办完遗体捐献手续时，对老校长倍加敬重，他对生命价值的理解达到一个很高的境界，是我们晚辈学习的榜样。感谢四川省团校领导和老师们的周到安排，祝福老校长健康长寿。

与内蒙古自治区团校老校长玛喜巴雅尔的交流

在2013年援疆期间，我就想前往内蒙古自治区团校，但因种种原因没能成行。直到前两天接到内蒙古团区委高英部长的邀请，才得以实现这一愿望。

给基层团干部授课是我们应尽的义务，必须完成好。与此同时，还要特别关注各地团校的情况，这种关注只有主动靠上去，亲自过去看看，才会有切身的感受，才能谈得上实实在在的有效服务，这是我一直倡导的工作理念。其中有一件事我认为最值得花时间和耐心去做，那就是留下一部团校老校长口述历史。每每和那些老校长交流，总能从他们身上汲取很多能量，比如这次访谈内蒙古自治区团校老校长玛喜巴雅尔。

老人家今年已经80多岁，但精气神儿着实让人感叹。

老校长告诉我们，内蒙古自治区团校是1979年恢复的，他正是在那个时候来到团校的。团校的原址是过去的一所日本兵营，一排排低矮的房屋，条件非常简陋，基本设施缺乏。当时先后有12人从不同地方云集团校，老人家就是从包头的蒙中过来的，担任团校的教育长，分管教学工作。当时调他过来，主要是因为他精通蒙汉两种语言，后来他还在团干部培训课堂上讲授民族政策这门课。

他永远记得：第一期团干部培训班学员将近100人，大多学员在30岁左右，知识水平差异很大，培训时间是两个月，主要开设的课程有：青年工作理论、马列理论、哲学、经济学等。团干部培训班办到40多期时，人数就越来越少，团校已明显感觉到生存危机。于是，陆续开始办高中、中专、大专和本科，起初与内蒙古师范大学合作办学，学校开始升格。到1999年扩招，机会终于来了，学校规模加大。至2011年正式办学成功。

当我们问到内蒙古自治区团校的历史资料这一问题时，老校长说，1979年团校恢复时，一位历史见证者告诉他，恢复前曾记得团干部培训班办到第22期，后来又有人告诉他，不是22期，是23期。总之，实情现在已经无法考证了，可惜得很。在团校一度非常艰难的时候，团校老师人心惶惶，不知道自己的命运在何方？老校长便主动站出来，鼓励大家："我们要做安哥拉兔子，一定要把团校的大旗扛下去。"

当问及内蒙古自治区团校与其他兄弟团校的联系和交往时，他说，1985年，全国团校校长会议在太原召开，他亲自把所有参会的团校人从太原接到了内蒙古自治区团校，还带大家去了团委的旅游点蒙古包体验民族风俗。

在涉及团校的改革方面，老校长谈了自己的看法。他认为：内蒙古自治区团校地处发展中地区，与发达地区的团校情况差异很大，因此不能采取"一刀切"的措施，而应该具体问题具体分析，稳扎稳打，不能搞千篇一律。

在谈到团干部的成长时，老校长掩饰不住内心的担忧，他认为现在的团干部与以前的团干部情况大不一样，目前不少干部最缺乏的是理想信念，缺乏年轻人的血气方刚，因此在培训上需要下大力气。

与老校长的交流让我感触颇深，为我第二天的讲课定位起到了很关键的作用。比如团的岗位到底该储备怎样的素质和能力。我过去只是泛泛而谈，而这次就有所调整，一定要打开谜团冲出包围圈，直达学员的内心深处。通过与学员的互动，不断向学员提出问题：比如，共青团到底是干什么的？层层递进，由外向内，从一般的能力到最关键的素质，从最关键的素质到坚定的信念。授课中，我不断通过音乐启示和视频播放，尽量触动学员的内心。让学员自己找到和发现“活着”的真正价值和动力，认清自己的使命和责任，让他们产生为共青团工作的自豪感和神圣感。从而可以从一般的理论和实践，总结出作为团干部的素质，即：顶天（坚持党的领导）、立地（时刻心系青年，以青年为本）、中发力（有作为才能有地位）；左顾（关注社会）、右盼（服务大局）、绕中心（围绕党政中心开展工作）。与此同时还要具备铜头（政治头脑，做政治上的明白人）、铁嘴（善于各种语言表达方式，传播党的思想和政治主张）、蛤蟆肚子（要心胸开阔，境界高远，容得天下，忍得了委屈，耐得住寂寞）、飞毛腿（要手勤脚勤，办事要雷厉风行），只要这样，我们才能称得上优秀的共青团干部。

与四川省团校老校长卜永秀的交流

受邀到四川省团校授课，期间与该校卜永秀老校长见了面。老校长今年已经70多岁了，她是1984年从重庆政法学院团委书记调到团校工作的，她说自己开始还有些顾虑，但由于是组织的安排，她最终还是愉快地走上了工作岗位。

四川省团校成立于1952年，旧址是坐落在成都东郊水巷子的原中华女子中学，1954年初建成并开始团干部培训工作。1955年3月，四川省团校由成都迁入重庆石桥铺（原西南团校校址）。1992年9月，中共四川省委、四川省人民政府川委【1992】87号文件决定：四川省团校由重庆市石桥铺迁至成都市龙泉驿区。

一个团校在历史上经历两次大的搬迁，从成都移到重庆，又从重庆移到成都，可谓比较罕见。而卜校长正是在第一次搬迁后和第二次搬迁前上任，其中一定有很多不为人知的故事，而这恰恰是我们此次采访的主要内容。

老校长精神矍铄，表达清晰明快，直接切入主题，与我们分享她在团校任职9年的酸甜苦辣之感受。老校长说她最得意的事就是在1986年10月，办成了大专学历班，并连续举办了三届。这三届大专学历班解决了这样几个问题：一是提升了当地团干部的学历层次；二是凝聚了教职工的力量；三是扩大了团校办学的规模。除此以外，老校长还办了几件大事，比如，将团校的编制数从50人增加到120人，还从财政局申请到300多万元，改善了团校的硬件设施，等等。老校长在接任团校校长一职后，面临的困难很多，最让她头痛的是：大家的注意力不是在工作事业上，为了营造风清气正的工作环境，她可是没少费心思。当时举办大专学历班，就是引导大家尽量聚焦教学科研，某种程度上缓解了教职工之间以往存留下来的矛盾。为团校后来的发展奠定了比较良好的基础。

四川省团校确实比较有特点，协会2013年换届后的很多活动中很少听到四川省团校的消息。这么多年，他们究竟在忙什么？他们有哪些突出的优势，这都是协会秘书处特别想知道的。直到2015年，我们到了那里，才弄清楚很多情况。四川省团校占地150亩，本来有300多亩地可供其使用的，但因为资金等局限，只用了一半，但就目前占地面积来说在全国团校中排名也是靠前的。最关键的是：这么多年他们一直务实低调、埋头苦干，特别是在教学研究方面着实很下功夫。一些年轻的后备力量赶上来了，在几次中国青少年发展论坛上都有老师的论文获奖。比如该校的谭毅老师曾连续三届在全国青少年发展论坛上获得论文一等奖。在刚刚举办的第十四届中国青少年发展论坛上，该校的张洪玉老师的论文获得三等奖。此外，该校教学工作这几年也卓有成效，比如在协会举办的首届全国团校老师讲课大赛中，该校的甘艳丽老师就荣获了一等奖。最重要的，他们在教学方式上积极探索，建设了互动教室。这一切，得到了协会常务副会长、中央团校党委常委、副校长陆玉林老师的高度肯定。

当然，老校长在1991年就离开团校了。但老校长这么多年一直与团校保持密切联系，同时还与曾经在团校受训过的团干部保持来往。她认为：团校剥离学历教育，聚焦主责主业是完全正确的。她建议：团校开设的团干部培训班需要更加系统化，比如要有系统的政治理论课程和团的业务课程，同时还需要适当增加艺术类课程，比如20世纪80年代四川省团校曾举办过四个月的培训班，就曾开设音乐鉴赏和合唱指挥等课程，倡导团干部善于用艺术启发青年心灵，能随时随地将青年组织起来，大合唱就是一个很好的组织动员形式，能将党的思想政治主张很好地融入其中，真正做到寓教于乐。

由于历史特殊原因，四川省团校的退休人数是比较多的，到现在，四川省团校在重庆还设有驻重庆办事处，负责两地退休人员的服务工作。实际上，这些退休人员是团校系统的宝贵资源，如何将他们组织起来，为团校的发展助力的确需要协会给予高度关注。

团校的发展离不开当地团委领导的支持。比如该团校新建成并投入使用的培训公寓大楼，如果没有团省委大力帮助是很难推动完成的。一进到公寓房间，映入眼帘的是“温馨提示”“一盆绿植”“一个装有毛巾牙刷牙膏的方便盒”，还有墙壁上富有朝气的画面都给我留下极深刻的印象。他们还有一个创新的做法，比如团干部进到团校后，要自己领取床单被罩，亲自体验劳动付出的快乐。

无论团校怎么改革，服务工作一刻都不能停。协会秘书处要力求多掌握每个会员单位的情况，力争尽快将会员单位的家底了解清楚，尤其要多发现他们闪光点，只有这样，我们的服务才能取得事半功倍的成效，才能实事求是、有声有色地讲好每个团校的故事。

与广西壮族自治区团校老书记廖庆忠的交流

这次受广西壮族自治区团校邀请是来参加2018年中国—东盟青年营开营活动，考虑到此次活动议程较多，原以为无法安排拜见老校长的交流活动，但就在我们于广西壮族自治区团校校内观摩的时候，陪同我们观摩的广西壮族自治区团校培训部负责人张育阳老师和一位老同志打完招呼后，就向我们介绍：这位就是廖庆忠老书记。我立刻眼睛一亮，连忙走向前去和廖书记握手，提出想请他和我们聊聊团校的故事，老人家很快接受了我们的采访。

老书记是1979年从当地党校调到团校工作的，从团校办公室主任、培训部主任、副校长再到党委书记，可谓是一步步从基层干起来的。他记得团校恢复后，办的第一个团干部培训班有100多人，那时候条件相当艰苦，课程设置也比较简单，成立了马列教研室和团的业务教研室，讲授的老师有的来自中央团校。到了20世纪80年代，团校进入正规化教育的时期，他们为满足团干部提升学历层次的要求，也开办了大专班，后来还在梧州开展了慈善公益事业，开办了希望中学，其中有100名中学生得以免费就学。

当我问及广西壮族自治区团校与东盟国家青年的最早接触的历史，老人家很愉快地告诉我，那是由于早期团校办学地址设在老挝干校，后来团校恢复，寻找办学地点的时候，就决定设在老挝干校，只是没有老挝青年干部了。20世纪90年代，团中央国际联络部的领导找到他们，拟定举办越南、老挝、柬埔寨等东盟四个国家青年干部培训班，由此开启了面向东盟国家的交流与合作的征程。后来在此基础上，于2002年成立了广西国际青年交流学院，至今学院已走过16个春秋，共成功举办52期东盟青年干部培训班，培训了2000多名东盟青年干部。

问到老人家有什么遗憾时，他觉得自己挺对不起团校教职工的。他认为，在他们在任期间完全有条件改善教师的住房，但他没有那么做，而是把仅有的资金投入到三产当中了，比如办养殖场，除了养鱼，还种植了荔枝和桂圆等，为大家提供了福利。一代人有一代人的责任和使命，在我看来，廖书记他们已经做得很好了，我们后辈人不能以现代的标准去苛求他们什么，而是要接过他们的接力棒继续前行。

当下，中国—东盟关系正处于承前启后、继往开来的重要时刻。正如共青团中央书记处书记、中华全国青年联合会负责人李柯勇在这次中国—东盟青年营活动会上所说的那样：“作为近邻，我们没有理由不和睦相处，也没有理由不携手合作，共谋发展。”

结合与老书记的交流和参加这次活动，给我最深刻的感受和启发有两点：

一是要依托广西壮族自治区团校，补齐院校协会开展境外交流活动这一短板。在所有的会员单位中，广西壮族自治区团校在境外交流和合作方面是走在前列的，完全可以发挥广西壮族自治区团校面向东盟的窗口效应。外事工作无小事，协会没有这方面的经验，需要借会员单位的力量推动这方面的工作，与此同时，也要对广西壮族自治区团校给予鼎力的支持。

二是需要紧紧围绕党的中心服务大局开展外事活动。一方面聚焦团校的主责主业，围绕“一带一路”沿线国家的青年干部培训做文章。可以试想这一项目的落地，其政治意义极大，目前最需要弄清楚的是前期该与哪些相关部门对接？可行性如何？与此同时要建构广西壮族自治区团校、新疆维吾尔自治区团校、浙江省团校、陕西省团校等联合筹备组，共同推动该项目的实施。

我们期待通过这次活动，能进一步解放思想，按照协会章程所规定的业务范围，比如涉及青年工作的规律、青年社会组织运行规律和青年人才成长规律等，都是可以设立专题开展研究的。总之，只有始终牢记“青年”和“政治”这些关键属性，院校协会才能保持永久的生命力。

与福建省团校老校长连瑜华和陈传松的交流

很开心和连瑜华和陈传松两位老校长的会面及交流。

陈校长讲到福建省团校是创建于1950年2月，当时的团校校长是由福建青联委员会主任、团省委书记伍洪祥兼任。那时候的福建还属于国民党统治区，陈毅大军解放上海后，大批江浙干部和几千名知青随军走到福建，成立南下服务团，部分工作人员参与了团校的筹备工作，从办第一期团干部培训班到1956年团校与妇联干校合并，成立了团妇干校。这个时期培训班的主要特点是，先到福建省团校培训后再到华东团校继续深造；有的学员培训至一半时就得去搞政治运动；工农干部在学习结束后成为专职干部或直接转干。从1950年到1966年，共举办了25期培训班，基本上依靠借地方举办。1979年开始举办第26期培训班，团省委所有领导都出席开班仪式。此时团校编制达到25人，上级单位拨付了80万元用于选址建校，重新征地。1985年新校建成。

连瑜华校长原是团省委宣传部学习教育办公室主任，在团委工作13年，1985年组织安排到团校任职，先后在团校工作8年，正如他所讲的，这8年是团校历史上“难忘的八年”，当时基建还在持续，但资金缺口达50万元，他便求助那些老团干。他特别提到，福建省团校成立35周年庆祝大会上，项南书记（1981年到福建任省委书记）出席。福建省团校曾在1985—1987年间举办过两期大专班，为一批急需提高学历的团干部提供了很大的帮助。1993年，连校长停薪留职离开团校。

关于全国团校校长工作会议方面的信息是我们比较关注的，他们提到了1991年曾在福建省团校召开，张修学和王鹤松作为团中央常委出席会议，先后有28所团校参加了会议。2003年举办了两次全国团校工作会议，上半年在广东，下半年在福建，他们还提到了漳州团校的有关信息。

陈校长特别提道：20世纪90年代末到21世纪初，关于团校要不要办学历教育，社会上有不同声音。有些人认为：团校是从事社会继续教育，不应该办国民教育，即使你的学历教育规模搞得再大，能和普通高校相比吗？还有一些人认为：团校一定要扩大规模办国民教育，要把学校级别搞上去，师资队伍搞起来。福建省团校曾经也办过福建青年职业中专学校，从1992年办到2000年，但后来没有生源，一直纠结于如何"求生存"。陈校长后来认识到：团校不应该为生存而战，团校是政府的行为，不能走市场的路子。他说，这些年，我们一直在做错事，如同自己开车走到别人的轨道上，再也回不来了。但凡坚持要走合并或者走联合路子的团校，情况都不是太好，比如辽宁省团校、黑龙江省团校，不是把团校弱化了，就是搞没了。

这次和老校长相见，收获颇多。

凑巧的是，我们还与团省委原书记赖军进行了半个小时的交流，他时任福建省水利厅厅长，在分管团校那些年，对团校的建设和发展做出了很大贡献。在访谈他的时候，他特别谈到团校就需要依靠自己的力量，专心从事团干部培训工作，不能走市场化的路子，搞学历不是团校的强项，不能到处自己找食吃。只要主管单位把培训任务安排实了，团校就去专一执行好，一旦走向市场，味道就变了，而且组织架构也会出现问题。团校要在政治引领方面、政治组织方面和业务培训方面发挥作用，比如师资力量不能完全依靠外来，要用有专业素养的人，培训要聚焦于团干部该怎么当好，少先队是什么组织，等等。不要奢望解决团干部的所有问题，转业后的事以及其他方面的问题不是团校能解决的，要由其他部门或者其他方式去考虑。团校工作要精且专，不要什么都做。另外，在提到协会方面的作用时，赖军书记一针见血：协会就是要去制定标准，研究深层次的问题，要确定教学规范，给答案，定方向。

这是我第一次来福建省团校，遇到了一位从23岁就到团校的王师傅，他已经60岁了。他给我讲福建省团校的故事时，特别提到了20世纪80年代，没有场地，就靠大篷车送培训下基层，拉着学员要用的笔记本、洗漱用品三件套。那时候的校徽，有红底白字和蓝底白字两种，现在都找不到了。条件很艰苦，但大家的精神状态非常好。自2000年以后，团干部培训情况就越来越不好了，没有什么培训班可办，大家求着团省委把班交给团校来办。学员素质也有些降低，比如对学校硬件的要求比较高，学习之余喜欢应酬，在食堂吃饭的人很少。如果团校老师到基层调研，以前团干部都非常热情，现在明显不如过去了。他还提到，团中央赵实书记20世纪90年代来过福建省团校，倪邦文书记2011—2012年也来过。

明天就要开始接受民政部社会组织服务中心举办的秘书长培训，一定专注学习，期待有更多的收获。

与安徽省团校老校长袁之余交流

袁校长今年已80岁了，但精神状态非常好！他比约定时间提前赶到了安徽省团校。老人家从他年轻时开始讲起。1958年参加工作，从团区委到团县委，再到团市委工，后来，因故被下放到农村，做大队辅导员两年，又到小学校当老师。1962年，他考取安徽大学哲学系，获得大学本科学历，组织再次安排他进入合肥团市委，之后又到团省委办公室工作。1978年安徽省团校恢复，他被派往该团校担任校长。

老校长说当时团校的编制有30个，老团校基地是一个小花园，硬件是比较差的，就是在这样艰苦的情况下，还是有单位盯上了团校这块宝地，老校长不甘心如此，便使出浑身解数积极与有关部门协调，在他和同志们的努力下，总算保住了团校的地盘。

老校长在任期间做了几件得意之事：一是将团校阵地保住；二是适应当时团干部提升学历层次的需要，申办成了中专学历班；三是团干部培训量从建校到恢复时期共举办了23期，总共培训7000人。

安徽省团校创办于1949年，它的前身是皖北团校和皖南团校合并而成，1956年迁到现在这个地方，受团省委和省党校双重领导。

当问及老校长是如何理解团校定位的？老校长从共青团的性质说起，认为团干部的流动性比较强，要在培训课程和培训教材上充分体现党的助手和后备军的特性，要体现党对团的领导，体现对青年思想的引领和组织教育，体现为党的中心任务服务。共青团是做人的工作，培养的对象与其他部门不一样，青年是祖国的未来，需要有更高的要求。

和老校长交流后，我们在时任戴玉忠书记的引导下，观摩了安徽省团校的校园，确实像戴书记所讲的那样，情况比较复杂。一方面，有一些房产并不属于安徽省团校独有，没有处置权，比如校内原团省委机关楼，在团省委整体搬迁后并未移交给团校，而是作为一栋危楼上交了，团校再要回来很难。另外，校园里还有一排民房，这就是老校长所说当时要保住团校不得不答应为对方盖一排宿舍。听团校人讲，附近有几所不错的学校，于是这些民工房就相当于大家所熟知的学区房，为此还专门开了一个门便于出行。在调研的大多数团校中，这种情况非常少，安徽省团校校内遗留的房产问题相对复杂些。

目前，安徽省团校正在改革中，其方案先后修改多次，按照戴书记的要求，我们将与老师们交流座谈，我想侧重让他们从团课老师的视角谈谈如何在团校的改革中尽到主责、做好主业。期待能与大家互动起来，彼此都能有所收获。

与河南省团校老校长冯树杰交流

冯树杰老师是1985年7月从河南省一所高校调到河南省团校的。当时大局势是倡导团校申办学历教育，团校要加强正规化办学，考虑到河南省团校可能会升格为青年政治学院，所以组织需要为该校配备一名校长。当时有四名县委书记和两名高校老师为河南省团校的校长候选人。团省委领导考虑校长人选需有高校理论资历，而冯树杰在原高校一直双肩挑，一边做团的工作，一边还讲授思想政治教育概论，因此凭借其年龄优势，加之又熟悉高校教育，他被确定为河南省团校校长。

当问起冯校长在河南省团校的五年期间最得意的事时，老校长非常肯定地说：曾经在中央团校培训学习的一年收获，特别对黄志坚教授所讲授的青年工作理论课程印象非常深刻，由此还受到黄志坚教授的影响，学习回来后便为河南省团校学员讲授青年与口才、青年工作理论和思想政治概论等课程，这是他最得意的事。后来他的女儿冯小茹也从事团校教学工作，还在这几年替他去拜访过黄志坚教授。

冯校长对当下团干部和他所处的年代团干部进行了比较，认为最明显的差异就是感情的朴实程度不一样，现在获取信息的渠道太杂，诱惑干扰太多。那时候的团干部事业心是比较强的，责任感和道德修养都比较高，虽然学历与现在的团干部无法相比。

河南省团校曾经办过中专班和大专班，那时候冯树杰校长主要考虑的是怎么提高团干部的学历层次。经过和团省委领导反复沟通，他坚持认为河南省团校面临升格的压力。学历教育对整个团校的发展非常有好处，冯校长在这个方面的积极性也非常高。基层团干部光有实践经历，但缺乏系统的理论思想储备和素养，这对他们未来事业的发展非常不利。

冯校长提到他很感谢一位老领导，就是曾担任河南团省委书记的吉炳轩同志，当时吉炳轩找他谈话，让他去基层挂职，因表现突出后留下来任职，五年后市委领导决定他派到安阳的一个县干了五年，之后又到南阳市政府任职，后又到盐务管理局当书记，2005年快要退休时，调他到河南省发改委任正厅级巡视员。

从共青团工作起步，从经济工作岗位上退休，如今回过头去看，团的工作经历对青年干部成长的作用体现在哪里？这是我与冯校长交流的重点。他说，团校性质和职能的界定需要明确。那个时候，说“共青团是党的助手和后备军”的提法非常响亮，“共青团是党的事业接班人”在胡锦涛任团中央书记时提得非常多，当时的团干部非常具有荣誉感和自豪感。团校是培养团干部的摇篮，培训与不培训非常不同。他说：“如果我不是去中央团校接受培训，我真的搞不清楚党和团的关系，通过系统的培训，我知道了党有号召团有行动。团校培训对团干部的三观形成是非常重要的，不然大多数干部就只知其然而不知其所以然。我们的团干部大多数有一定的工作阅历，正处于世界观、价值观和人生观已经逐渐成形的阶段，他们与青年学生还不同，后者没有社会经历。”他还比喻说，团干部处于社会主义初级阶段，而青年学生还处于社会主义初创阶段，因此团干部更需要加强系统的思想理论教育，之后才能带领青年学生走上正确的人生道路。

问及冯校长对团校改革工作的看法时，老校长说，目前团干部对于接受团校政治培训的意识不够强，理解不够深，团省委领导机关对团干部教育培训的重要性认识不够，特别是培训缺乏计划性，缺乏对团干部教育培训的整体顶层设计，团校缺乏上级的有力指导，自行其是的情况比较多。如果团省委机关干部不经过严格的训练，也难以胜任团校的课程。

说到对全国部分省级和市级团校与党校合并的看法，冯校长认为：习近平总书记对青年工作非常重视，指出了青年工作中存在的问题，目前团省级机关不能适应形势发展的需要，离党中央的要求差距很大。对团校的领导来说，应该想办法让其老有所得，最后才能达到好的效果；从教师来讲，目前只能评副高职称，应该打通向上的渠道，解决教师的实际问题。他说："我非常佩服当时担任团省委书记的吉炳轩，他非常支持我的工作。考虑到我当时的情况，他主动考虑我的下一步发展。当工作受阻，得到一些人不理解的时候，吉炳轩鼓励我干好工作。还关心关照我的生活，和我谈心。还动员我的夫人做我的思想政治工作，鼓励我下基层，这样的领导才是真正的好领导。"他还说："我们那个时候，真是只有一个信念，坚守底线，无论如何都要好好干，至少要对得起自己。"

与冯树杰老校长的访谈交流是我这次赴河南省团校参加该校70周年校庆活动的意外收获，老校长给我留下特别深刻的印象就是严谨、稳重和智慧，他的身上有很多值得我们晚辈学习的地方。虽然他没有将自己工作过程中的酸甜苦辣全都表达出来，我也能感觉到这些年他从政的不易。在与他的交流中，我体会到了他对党的事业的忠贞和对团的工作的情怀，可以说，他用实际行动践行了一位老党员的忠诚、廉洁和担当。

与苏州市团校老校长张钧海的交流

史料记载：苏州市团校成立于1954年，地址在苏州东北街原第四制药厂内。1979年恢复团校，地址设在人民路乐桥附近，与团市委机关一起办公。

说来很巧，自2014年正式接手协会秘书处工作以来，我们就一直没有间断地寻找曾存在过但当下已经失联的各类团校，苏州市团校就是我们要寻找的这类团校之一。经过多方打听，终于联系到曾于20世纪80年代担任该团校校长的张钧海老师，从去年就想对钧海校长进行一次访谈，但因种种原因始终未能如愿。

后来，我试着与钧海老校长在微信进行交流，让我感动的是，老校长非常认真地做了回复。

李老师好！谢谢你对苏州市团校的关心！我于1980—2008年在苏州市团校工作，近30年。让我理一理思路，随时和你联系！谢谢你！

李老师，苏州市团校1954年始建，1979年恢复上课。1980—1982年流动办学，1982年初将东花堂（原为太平间）划拨给团校。下面有首诗是我2017年12月写的，回忆了当时建校的艰苦情景。当时的负责人是郦明，带领大家埋头苦干，只用三四个月的时间就完成了建校任务，并于1982年6月2日—7月9日举办了第一期脱产培训班。1989年6月学校搬入狮山桥新校区。学校建成后，大概是1983年前后，当时中央团校第一届大专班的招生考试（华东片）就是在我校进行的，当时中央团校由毕魁、孙瑞琴两位老师带队，我们负责监考。

另外，我于2017年12月29日乘9路公交车经东花堂时，看见两株古银杏树，突然想起20世纪80年代初建校情景。东花堂校区虽只维持了7年，但那段日子的生活令人难以忘怀。有感，赋诗一首，题目为《路经东花堂有感》：

车经东花堂，油然生旧想。
院落曾荒芜，树矮野草长。
破屋十数间，瓦裂垣残墙。
创业甚艰辛，行路瞻头羊。
殚精毕力尽，腐朽出新样。
尸厅成教室，荒园变球场。
院内银杏挺，廊下流暗香。
教学有基地，青干培训忙。
校存廿九年，史笔尚流畅。
杰出引领者，公认是郦郎！
（郦郎：指当时校长郦明先生）

在东花堂校区，除了培训苏州大市的团干部以外，还接受外省团干的培训任务，虽忙碌但很充实。1989年6月，由于城建需要，学校由东花堂校区搬迁至狮山桥校区，有20亩地。学校有2年制中专、短训、代培三个层次的教学，并加强了科研工作。我们因陋就简自办刊物，如今我还存着自己在短训班的管理笔记，还有大家一起在狮山桥校门口的合影，特别保存了2008年3月在校门口与党校合并前留守人员的合影。2008年5月30日，苏州市团校成建制并入苏州市委党校，青年干部培训任务由党校教务处承担。

李老师，非常感谢你对苏州市团校的关心！我已经退休11年了，只能将家里的零碎资料提供给你，非常抱歉！苏州市团校的发展历程很艰辛，但我们这一班人的工作精神永远不会忘记的。

如有我所能，请再联系！祝你顺达！

张钧海

从张钧海校长的回复中分明看到一位团校人内心很多的不舍，什么时候都忘不了曾在团校打拼的激情岁月，直到现在还惦记着团校的发展。他们身上的那种奋斗精神非常值得我们晚辈认真汲取，并永远发扬光大。

拜见中央团校郑洸老师

很早的时候就想拜见郑洸老师，因为在访谈全国部分团校老校长特别是从事团青研究的老师时，他们总会提及郑洸老师，也想通过协会秘书处转达真切的问候。说来也巧，就在2016年1月19日当天参加由中央团校共青团工作理论研究所所长吴庆老师主持的“共青团改革与工作创新课程组”备课会上，宣传部王娟老师说，她将和李明龙老师去拜见郑洸老师，我顿时备感惊喜，便要求与他们一同前往郑洸老师家中。

郑洸老师住在我们学校的红二楼，进门后，看见郑洸老师坐在沙发上，身体非常虚弱，脸色苍白，原来他前段时间刚做完一个大手术。明龙老师和王娟老师特意安排我和郑洸老师坐在一起。老人家今年已经84岁了，骨子里的那股拼劲让我感到一种力量。在整个交流过程中，老人家非常兴奋，一直没有间断说话，也没有顾得上喝水，我把水杯递到他的手上，他才慢慢喝一口水，看得出老人家依旧保持着忘我工作的精神，说实话，我们需要向老人家学习的地方实在是太多了。

他还清楚记得是在1954年9月入的学，是在中央团校的旧址即北京东四十条，参加的是中央团校第7期培训班，当时的课程主要有四类，即马列主义基础、中共党史、政治经济学、青年团工作等。他特别提到青年团工作方面的课程由团课教研室老师承担，当时负责该教研室的马石江老师原是北京大学党委书记。几位教研室负责人都是老资格的青年工作者，其中有冯文彬、荣高堂等，他们理论造诣都比较深，还有哲学教研室的肖真。

那时候倡导办校正规化，中央团校的学员基本上都是处级干部，学习时间均为一年，主要学习苏联共青团团校的教学方法，即复习、书面考试、抽题面试等。

老人家提到的几个方面对我特别有启发。一是他无数次学习毛选的感受。他有很具体的事例，比如毛主席有调查研究的习惯，很多调查研究都是亲力亲为且内容翔实，完全超乎我们的想象，“没有调查研究就没有发言权”这句话的背后是有很多故事支撑的，我们要学习毛主席的这种理论与实践结合的务实精神。相比较而言，他认为现在不少领导干部在决策的时候缺乏这一点，喜欢拍脑袋、喜欢说大话、喜欢假大空，既对自己不好，也对党的事业不利，劳民伤财自欺欺人。 二是主张要经受各种历练。他很感慨在自己很年轻的时候，组织就派他下到基层锻炼，曾经做过福建一个地区的团委书记，后作为学员赴中央团校集中学习。学习不到一年，后又被抽调到《福建青年报》做记者三个月，那时候发稿都是以电报形式传送，这期间练就了很好的笔头功夫和对政治的敏锐度。当记者需要到处跑，因此有机会了解很多的基层实际情况，之后又到过太行山参加生产劳动锻炼，一待就是15个月，与农民同吃同住同劳动，最深刻的体会就是：当时真的进行了一场灵魂深处的革命。三是要会学习，要掌握一定的学习方法。他看书通常是先看该书的编辑出版说明，之后是目录、篇目，最后才是具体内容。比如学习《党章》，他会对照新旧《党章》的不同进行学习，下笨功夫，认真做学习笔记。

最后用一点儿时间，传达了一些团校老校长，比如吉林省团校的吴广川老校长、杭州市团校的钱永祥老校长、甘肃省团校的刘善紫老校长等对他的问候，我还打开“光荣团校人”的微信群，邀请他入群，并请他向大家讲几句话。他很激动，与大家说了一段话：“各位老朋友老友，你们都好吧？我现在就算是幸运吧，脑子还不坏，耳朵不聋，就是视力有一点儿下降，前不久刚动了一次大手术，现在处在养病期间。李伟这次来，把你们这个圈儿的一些情况跟我说了说，把你们的照片放给我看了看，哎呀，看了以后挺感动的。有机会你们到北京来，请到我家来，我们再一块儿聊！”

衷心祝愿郑洸老师健康长寿，期待能为这些团校老前辈多做些细致入微的服务！尽可能创造条件满足他们彼此相见的愿望！

思考篇

探求规律，顺势而为

世界上万事万物都是运动的，运动是有规律的，因此在事物变化过程中，我们要寻找事物变化的规律，在发现规律的同时，要学会运用规律。

当下的改革就是如此，当社会的主要矛盾发生变化，随之所带来的一切不适应的情况都会发生改变，有的时候这种变革是主动的，有的时候则是被动的。如果觉醒得早，就能顺应改革的大潮，张开双臂真诚拥抱变革，反之，如果还停留在麻木呆滞中，就如同海啸到来时你站在海滩不知所措，则必死无疑。因此，掌握事物变化的规律尤其重要，是掌握主动权的关键。

2018年2月28日公布的党的十九届三中全会公报讲得很清楚，这次改革非同有史以来的历次改革，呈现系统、整体和协同等特点，要真正实现“一盘棋行动”。这次改革采取整体发力、联动协同，反复强调党政军群力量系统整合，力求达到在党的全面领导下，实现科学合理、权责一致、有统有分、有主有次、履职到位、流程通畅的目标。公报中说：构建系统完备、科学规范、运行高效的党和国家机构职能体系，形成总揽全局、协调各方的党的领导体系，职责明确、依法行政的政府治理体系，中国特色、世界一流的武装力量体系，联系广泛、服务群众的群团工作体系，推动人大、政府、政协、监察机关、审判机关、检察机关、人民团体、企事业单位、社会组织等在党的统一领导下协调行动、增强合力，全面提高国家治理能力和治理水平。既要立足实现第一个百年奋斗目标，针对突出矛盾，抓重点、补短板、强弱项、防风险，从党和国家机构职能上为决胜全面建成小康社会提供保障；又要着眼于实现第二个百年奋斗目标，注重解决事关长远的体制机制问题，打基础、立支柱、定架构，为形成更加完善的中国特色社会主义制度创造有利条件。（十九届三中全会公报公布）

《党章》第十章中第五十一条和五十二条明确指出："中国共产主义青年团是中国共产党领导的先进青年的群团组织，是广大青年在实践中学习中国特色社会主义和共产主义的学校，是党的助手和后备军。共青团中央委员会受党中央委员会领导。共青团的地方各级组织受同级党的委员会领导，同时受共青团上级组织领导。党的各级委员会要加强对共青团的领导，注意团的干部的选拔和培训。党要坚决支持共青团根据广大青年的特点和需要，生动活泼地、富于创造性地进行工作，充分发挥团的突击队作用和联系广大青年的桥梁作用。团的县级和县级以下各级委员会书记，企业事业单位的团委员会书记，是党员的，可以列席同级党的委员会和常务委员会的会议。"（2017年10月24日新修订的中国共产党章程）那么群团组织就要在联系广泛、服务群众的群团工作体系中找准自己的位置，而非行政化、官僚化、机关化和娱乐化，这是共青团改革的逻辑起点，因此要在联系青年、服务青年中补齐其短板，要聚焦如何引导青年跟党走方面狠下功夫。在此基础上，团校改革就是要解决其定位属性的问题。共青团是广大青年在实践中学习中国特色社会主义和共产主义的学校，而团校则是党在青年工作领域的培养和锻造政治骨干的学校，是严格意义上的政治学校。因此从这个意义上讲，所培养的骨干是要能带领青年跟党走的，一定是政治上过硬的，对党绝对忠诚的，一定是能与青年交朋友的，青年拥护的，这是硬指标。"党有号召，团有行动"，这绝不是单纯的政治口号，而是要落在实实在在的行动上。比如落实中央部署，你是不折不扣，还是口是心非？一分部署，需要九分落实。再比如，与以习近平总书记为首的党中央在思想上、政治上和行动上保持高度的一致方面，你是高调表态，还是真正践行，用实际的工作业绩回应？

要落实好中央的战略决策和部署，我认为需要从三个方面做起。

第一是准确领会其精神实质。不能就字面理解，而需要从背景、源头和现实等视角深刻悟透。要读懂字面背后的关键内容和良苦用心，比如这次十九届三中全会公报，为什么要审议通过《中共中央关于深化党和国家机构改革的决定》和《深化党和国家机构改革方案》，其深刻背景和价值意义要弄清楚，其并非简单的一项机构改革决定和方案，而是当下中国历史航船的一次大调整，是决定中国未来命运和决定人民福祉的一次大调整，在进行这次大的调整之前，中央已经做足了各方面的准备，从提出全面建成小康社会到实现中华民族伟大复兴的中国梦；从开展党的群众路线实践教育，洗洗澡、照照镜、治治病，严厉惩治腐败，老虎、苍蝇一起打，到“两学一做”，全面从严治党；从提出经济改革要降速度、调结构、补短板、去库存，全面深化改革，到这次党和国家机构改革方案的提出。从既要立足实现第一个百年奋斗目标，针对突出矛盾，抓重点、补短板、强弱项、防风险，从党和国家机构职能上为决胜全面建成小康社会提供保障，到着眼于实现第二个百年奋斗目标，注重解决事关长远的体制机制问题，打基础、立支柱、定架构，为形成更加完善的中国特色社会主义制度创造有利条件。所有这些无疑都在表明：中央的决策和部署是集全党智慧的结晶，是对历史经验和教训的深刻总结，是对全体人民高度负责的体现。只有在这样认识的基础上，我们才能发自内心地认同和跟随。

第二是结合本地区和实际工作加以对接。中央决策和部署不能仅仅停留在口头上，需要落地生根，不然，任何好的政策都会付诸东流。东南西北中，具体情况具体分析，必然要与所处地区和实际工作进行对接，而非本本硬性照搬，需要有实实在在的举措加以支撑，比如我们现在所从事的是群团工作，就需要认真分析共青团组织的特点和属性，特别是团的工作规律。目前团的各级组织中仍存在两大根本性问题，即基层团组织的覆盖面和团工作的活动影响力远远没有达到党中央的要求，那么按照中央的部署，我们将采取怎样的行动？又比如中国青年工作院校协会是党领导下共青团指导下的社会组织，如何从党的青年工作大局出发，如何以习近平新时代中国特色社会主义思想统领青年工作，如何在广泛联系群众和服务群众的工作体系中找到自己的位置、发挥积极作用等，这些都需要我们认真思索和探求。

第三是梳理总结提升到理论。任何一项工作都不是为干而干，而是在干中学、在干中练，寻找普遍性和特殊性，找到规律，为将来的工作提供依据和支撑。比如我们团的各级组织均处于党和国家的机构改革的整个框架体系中，在党的全面领导下，要与坚强的党的领导体系、高效履职的政府体系、世界一流的武装体系整体协同作战。我们不能像过去一样，各自为政，自说自话，一定要有统一指挥，如同交响乐，有主有次，有强有弱，有统有分，有主导与配合，还要讲究节奏，一切都需要听从指挥。同时，还需勤练内功，增长自己的本领和能力，不然一上场就出问题，配合不好，损失的不光是自己，而且会影响全局。因此，在工作中，自转和公转都要有，只是公转的要求和以前大大不同了，过去可以随心所欲些，现在绝对不行了，更加要求步调一致，心中要有大局意识、政治意识、核心意识和看齐意识，毕竟要协同实现中国有史以来最伟大工程、伟大梦想、伟大斗争和伟大事业。现在，我们要只争朝夕，加紧狠练内功，多学习。没有理论的高度自觉，很难有坚定的理想信念，唯有坚定的信念，我们才会不忘初心，走得更稳、更远。

团校的明天会更好

自中国共产党成立后，就一直高度关注青年干部教育培训阵地的建设和发展，无论是革命战争年代，还是社会主义建设时期；无论是改革开放时期，还是当今百年未有之大变局时期，当政治路线确定后，干部就是决定的一切，特别青年干部，他们的理想信念是否坚定？业务本领是否高强？为民情怀是否真挚？创新能力是否具备？精神状态是否饱满？很大程度决定着国家的未来、民族的未来。

对不同时期团校发展历史的梳理，我们不难看出，团校自始至终就姓党和姓马，它因党的需要而生，因马克思列宁主义思想的指导而活，因共青团工作和青年工作的价值功能而存。团校发展是有规律可循的，我们只有清楚地知道团校是从哪里来的，才会对团校的未来充满信心。

当下，以习近平新时代中国特色社会主义思想统领团干部教育培训工作，为团校的发展提供了前所未有的历史机遇。首先，要不忘初心，牢记使命。历史经验告诉我们，团校的确不同于一般意义上的普通高校，更不同于一般意义上的培训机构，其强调政治性是第一位的。要使学员系统掌握马克思主义的立场、观点和方法，对党绝对忠诚体现在思想和行动上，将马克思主义的DNA渗入骨髓，转化为打不垮、赶不走的内心信念，那么团校的一切工作就要跟上去、靠上去，与此同时还要领先一步。其次，要瞄准未来，走向世界。历史经验告诉我们，团校是党的青年工作领域里一所特色鲜明的政治学校，我们面对的是青年，既有中国青年，还可能是世界青年，青年在这个世界上总是领时代之风骚、创时代之先河的，也充满变数的群体，一切的不可能皆有可能。因此我们要相信青年、依靠青年和帮助青年，在与他们“共舞”的同时，积极引导并教育、团结他们，坚定他们跟党走的信念。我们既要守住那些看得见的有限阵地，同时还要扩展那些看不见但足以供我们使用的阵地，只要时时抱着播撒爱国情怀的种子之念，不带半点儿虚假地精心栽种施肥浇水，就一定能收获具有共产主义理想的果实。

总而言之，团校要发展，既要守住红色基因，又要开拓进取，更要狠练内功。当方向明确、定位准确时，剩下的就唯有埋头苦干了。

团校发展的春天

记得2008年的一天，我与山东省团校张华老师在北京西客站有一段对话，当时的我在中央团校共青团工作理论研究所工作，无意中将自己的想法直接跟张老师说了，当时我就想拍摄团校历史纪录片，通过访谈老团校人，记录团校的发展历史。后来，我将自己的想法一步步落实，截至目前已访谈了十几位团校的老领导，每当看到他们讲述历史时的形容神态，我的内心就有一种自责和纠结，甚至会忍不住流下眼泪，难以抑制与人分享的冲动。

真要感谢组织把我安排在这个对我来说再合适不过的位置上，可以心无旁骛地专心做事，乃至将研究工作进行到底。一个人精力是有限的，如何安排妥自己的后半生是我一直在思考的问题。得过且过，当一天和尚撞一天钟也是过，全心全意为人民服务每一天也是过，那何不将有限的生命投入到无限的为人民服务当中呢？作为青年工作者，作为团校人，作为社会组织服务工作人员，我们要围绕党的中心任务这个轴心进行公转，同时还要围绕独立地、创造性地开展工作这个轴心进行自转，这就是我们可以终身干下去的事业，也是一份伟大的事业。

习近平新时代中国特色社会主义时期的到来，也预示着团校发展的春天已经到来，时不我待。认准的事就要坚持干下去，一切都皆有可能。接下来我们要做的事就要借助协会青年工作微信公众平台，走进青年和基层团干部——青年成长成才公开课（目前已制作了10期节目）；深度访谈转业团干部——助力团干部成长成功；走访团校人——讲好团校故事（目前完成第一期）等，相信只要一步一步坚实走下去，就会获得无穷无尽的能量，在帮助别人的同时，也是在延续自己的青春。

总感觉每个人都是带着某种使命来到这个世界上的，就像我与团的工作一样，它已经变成自己生命的一部分，缺少它，生命就会失去光彩。只有把目前的事业做好，我们的价值才能体现，人生的航船才不会偏航。在具体工作中，既要让自己的头勇敢地伸向蓝天，又要时时刻刻将自己的脚扎入泥土，有了这样的意识，才能有所作为。

我常想两个关键词：可变和不变。可变的是形式，与时俱进，按照青年能接受和乐于接受的方式进行调整和改变，这方面，应该由青年说了算，我们要善于当学生，要把主控权交给青年。而不变的是内容，内容所传达的"真善美"是永恒的"道"，无论时代怎么变迁，人间正道是永远不变的，我们要有一定的道德水准，才能达到"会当凌绝顶，一览众山小"的境界。因此，内容是需要把控、筛选和确定的，这是原则问题，不能放弃。也就是说，探索党的政治思想在青年中的传播路径、探索党的组织行为在青年中的实现途径是共青团始终要坚守的职责，丢掉了这个原则，共青团就失去了存在的价值。从这个意义上讲，没有高度的理论自觉就难以将党的思想政治主张深入骨髓，没有真挚的感情融入就难以将党的组织行为落实到青年当中，要同时在党语、青语中做好转化工作，而不能批量打包、原封不动。内容与形式的结合，永远是我们绕不开的话题。无论什么山，带有正能量的歌总是不过时的，只是需要附加新时代的元素，符合新时代青年的愿望。这是首要的，也是必要的。形式要永远为内容服务，这是本质，也是核心。

很快就要赴广州中学团校进行实地考察，考察的目的，一方面是与部分中学团委书记面对面进行交流学习；另一方面是走近团校人和转业团干部，听听他们的故事。其目的都是为了助力团干部的成长，相信一定会有满满的收获。

要给参与云团课的各会员单位和诸位老师点赞

2020年3月以来，由中国青年工作院校协会、广州市团委联合主办，广州市团校联手上海市团校、青海省团校、贵州省团校、新疆维吾尔自治区团校、武汉市团校、湖北省团校、浙江省团校、河南省团校、青岛市团校、重庆市团校、广西壮族自治区团校、山西省团校、北京市团校、四川省团校、昆明市团校、南京市团校等团校，面向全国学生团员开设云团课。截至目前，共开设了四期，主题分别为："在战'疫'中读懂青年担当，在团旗下汇聚青春力量""不忘跟党初心，牢记青春使命""缅怀先烈，砥砺前行"和"珍爱生命，奉献青春"等。

一次云团课，一生抗"疫"情。在这场没有硝烟的战斗中，我们就是宣传员、战斗员，要将党的关怀和温暖送到团员青年们的心坎里，要将身边鲜活的英雄故事讲给团员青年们听，要将集中力量办大事的制度优势让团员青年们心悦诚服地接受。我们所做的一切都是为了青年，让世人看到青年的样子是可以通过我们的努力变得更好，因为他们现在的精神状态决定着国家的未来。我们欣喜地看到，一批年轻的团校老师通过云团课这一平台日益成为团员青年心目中的"网红"，大致统计了一下，参与四期云团课授课的老师有：广州市团校刘思贤、谢碧霞、刘婷、陈莹；上海市团校李刚；青海省团校孙一星；贵州省团校邹立春；新疆维吾尔自治区团校史金彦；武汉市团校汪凡；湖北省团校李黎；贵州省团校郭芯汝；浙江省团校刘东海；河南省团校王卫媛；青岛市团校李春竹和万佩佩；广西壮族自治区团校郭艳丽、潘堃盈；重庆市团校黄娟；山西省团校张帆；北京市团校张奥妮；四川省团杜宜蔓；昆明市团校李群；南京市团校胡宝平等。在他们的背后还有其所在单位的很多默默无闻、辛勤付出的领导和同事们，可以说每堂课都是各会员单位精心打磨的结果。正如广州市团校党总支书记杨成所讲的那样："要感谢兄弟院校领导和伙伴们的大力支持！大家闻鸡起舞、日夜兼程、精益求精的精神令我深受感动！19分钟的课程为何让许多人感动、泪奔，因为大家都想为团员青年做精品，找史料、编脚本、现场拍摄、后期剪辑等凝聚了创作团队的心血，微视频、微课程、微讲堂；大调研、大讲堂、大宣传；云队课、云团课、云讲堂……正是一次次的云团课研发制作的过程，让会员单位、代表们的心贴得更紧了，大家团结在一起，奋斗在一起！"

再次向所有已经参与和即将参与云团课研发制作的会员单位致敬！向协会城市团校专委会主任单位广州市团校致敬！向给予云团课大力支持的协会领导们致敬！

团校人的忠诚与使命

本期走近团校人特邀请重庆市团校党委委员、副校长王毅与大家分享她的成长故事。

我曾于2016年下半年到重庆市团校实地调研，了解那里的团干部培训情况，当时最直接的感受是：团校的主业基本上弱化了，正如该校的党委书记黄捷教授所说，他们的主要精力基本放在学历教育上了。为了进一步了解重庆市团校的发展历史，我们特别拜访了20世纪80年代初团校恢复时期担任该校校长的黄厚模老人，如今她已经80多岁了，但记忆力依然不减，尤其令我感动的是：每每谈到重庆市团校在恢复时期那些艰难的创业历程时，她总是眼含热泪。提到团校改革的话题时，老人家语气坚定地说，团校已经完成了团干部学历层次提升的历史使命，按照党中央的战略部署，要顺应时代的发展，顺应新形势新任务的要求，及时将学历教育剥离出去，聚焦主责主业，不忘初心。也就是这一刻，让我更加坚定做好“团校老校长回头看”课题研究工作的决心，希望能通过深度访谈老校长，了解团校发展历史，知过去而明现在，更好地服务于团校的改革、建设和发展。

在共青团改革的大背景下，团校改革也如火如荼展开了，特别是重庆市团校和上海市团校，它们是改革的先行试点单位，他们背后一定有很多不为人所知的故事，请他们讲一讲，能让更多的团校人从中受到启发和帮助。另外，改革期间，团校领导组成结构在某种程度上也发生了一些变化，有部分团省委、团市委的领导转岗担任团校的领导职务，他们的到来对团校未来的发展起到了怎样的作用呢？本期访谈邀请王毅校长正是基于这方面的考虑。

王毅校长的经历可以分三个阶段，即西南大学思政教育专业毕业留校担任团委书记（在校18年）、重庆市团委组织部部长（工作2年）、重庆市团校副校长（至今），从象牙塔到初入职场，王校长一路走来经受了不同程度的磨砺，特别是进入团校以来，将团干部教育培训的量由每年1500人次激增至4200人次，如果加上送培训下基层的任务，数量达到3.2万人次，这在团校的历史上是从来没有过的。可以说真正实现了团校正本清源、聚焦主业。

当问及团的工作岗位带给她的成长与帮助这一话题时，王毅校长分别从两个方面回答了我的问题。第一是作为团市委组织部门是如何看团校的；第二是作为团校领导又是如何看团干部的。她说，当时作为组织部部长，深感团校从业人员的水平有待提高，团校人员缺乏团的实践工作经验，在彼此沟通上有一定的距离，同时还感到团校人员的流动很慢，不利于团校今后的发展。那么，作为团校人又是如何看待团干部的呢？她说，团干部在讲政治方面不但说得到，还做得到，执行力非常强。在团机关受到严格训练，知道领导想什么、要什么，对一些政治性问题有非常高的敏锐度，同时上进心、求变心比较强，善于学习、思考和思变，好琢磨，善创新。比如做一件事常常想到对今后的发展有什么促进和帮助。如果说团干部的不足或者缺失方面，就是理论功底较弱，难以深入研究团的工作规律。

当问及王毅校长对于2018年4月19日中共中央办公厅、国务院办公厅印发的《中央团校改革方案》怎么看时，她说，最大的感受是这是党中央对共青团工作做出的又一次战略性谋划，充分体现了以习近平同志为核心的党中央对共青团改革、中央团校改革的高度重视和关心，这对团校人是莫大的精神鼓励，同时也预示着团校团干部教育培训工作进入一个新的时代，要真正实现整体系统化、规范化和科学化培训，用专业的人做专业的事，真正做到正本清源、聚焦主责主业。

中央团校改革方案中特别提到“团校姓党”，要坚持政治培训，为此我从网上查到了“政治”一词的含义。政治是指对社会治理的行为，亦指维护统治的行为。政治是各种团体进行集体决策的一个过程，尤指对于某一政治实体的统治，例如治理一个国家，亦指对于一国内外事务之监督与管制。政治是牵动社会全体成员的利益并支配其行为的社会力量。这个词一般多用来指政府、政党等治理国家的行为。那么作为团校人来说，要坚持党的领导，坚持正确的政治方向，要以党的旗帜为旗帜，以党的方向为方向，以党的意志为意志，坚决维护习近平总书记党中央的核心、全党的核心地位，坚决维护党中央的权威和集中统一领导，自觉在政治立场、政治方向、政治原则、政治道路上与党中央保持高度的一致，要用党的科学理论，特别是习近平新时代中国特色社会主义思想武装团干部的头脑，加强对团干部的党性修养和作风锻炼，最终成为党培养团干部和年轻干部的重要阵地。这就是团校人讲政治的具体体现。

“雄关漫道真如铁，而今迈步从头越”，改革的道路是艰辛的，需要从政治战略高度、辩证发展角度、机遇挑战强度来充分认识团校改革攻坚的必要性、急迫性和可行性。要实现中华民族的伟大复兴中国梦，就要从现在起培养能担当此大任的青年政治骨干，而团校作为党在青年工作领域一所特色鲜明的政治学校，必然要肩负起这一政治责任和历史使命；要实现“两个一百年”的目标，需要我们只争朝夕，容不得有丝毫的懈怠和彷徨，否则难以向党和人民交代；中央团校改革方案的印发为团校发展提供了前所未有的历史机遇，我们唯有抓住机遇迎头赶上，撸起袖子加油干，才不辜负党和人民的重托。

关于全国团校改革整体情况的了解和思考

我受安徽宣城市绩溪县团委之邀，为当地基层团干部授课，刚好借此机会到安徽省团校和合肥市团校实地调研。安徽省团校党委书记戴玉忠安排了我与该团校教师交流座谈，让我讲讲全国团校改革整体情况。我本来也打算好好做一个课件，梳理一下这些年我所了解的团校的基本情况，所以，与其说是给老师们讲课，还不如说是给老师们汇报，以此想发自内心地和大家汇报一下我的学习体会和研究思考。

一、团校调研工作中的感受

2015年7月6日中央党的群团工作会议召开后，协会领导就要求协会秘书处就全国团属院校的基本情况进行一个摸底调研，起初想依托协会研究专委会——北京市团校成立一个课题调研组，正准备开始进行布局的时候，协会城市专委会年会在杭州市团校举办，会上，与团中央组织部干教处处长李江波见面，谈及调研之事，他让我们先等等。会议结束一段时间后，接到江波处长指示，建议我们先成立课题调研组，由中央团校牵头。之后时任协会常务副会长、中央团校党委常委、副校长陆玉林负责的课题调研组人员组成确定，黄建云老师担任组长，我担任副组长，成员有赵雷（青少年研究院）、郑伦（团研所）、汤杏林（团研所）、李璐（公管系）、马灿（社工学院）等，之后我们便开始全面调研工作。按照调研计划安排，要将问卷发至各团校，并对上海市团校、重庆市团校、河南省团校等若干家团校进行实地调研。我和赵雷老师被安排前往重庆市团校进行调研，与重庆市团校原党委书记黄捷见面，实地察看了重庆市团校办学和团干部培训的情况，给我的触动很大，诚如黄捷所言：这些年确实没有好好关注团校的主业，将大多数精力聚焦在学历教育上，可谓苦不堪言。在调研之余，我特地拜见了该团校恢复期间担任校长的黄厚模老人，她已80多岁了。与老人的这次交流更让我深感团校的改革势在必行，党中央高瞻远瞩，提出剥离学历教育是有其深远考虑的。正如黄厚模老校长所说的：团校当初是因为要解决团干部学历程度不高而办学历教育的，现在团干部的学历已不存在问题，也就是说团校办学历教育的历史使命已经完成。也是从这时开始我们开启了“老校长讲故事”的课题研究，截至目前已访谈了16位老校长，这次借团校老校长云集重庆市团校之际，我们想依托重庆市团校继续深度访谈老校长们。

在团中央组织部的领导下，在协会领导和中央团校领导的亲自指导下，在全国各团校鼎力支持和配合下，课题组终于在2016年春节前完成了全国团属院校基本情况的调研报告。该报告集中对各团校的机构设置、办学模式、团干部培训、课题研究等状况进行了梳理，也正是从这份调研报告中，我搞清楚了独立建制的团校有哪些，非独立建制的团校有哪些，即使在非独立建制的团校中还有区分，有的是被并入党校，有的是并入高校（包括司法警官学校），有的是与青少年文化宫、工会妇联等单位合署办公，情况差异很大。特别值得关注的是，几十家有学历教育的团校的情况还不一样，有研究生、本科生、高职高专、中职中专、中学小学等。为了全面了解全国团校的状况，我请技术公司将反馈信息数据资料先后制成了几个统计表，其中有各团校成立时间、各团校用于培训的场地面积、全年培训量科研量、培训师资情况、团校领导班子配备、团委机关领导担任团校领导情况，等等。每每看到这些数据，总是感慨万千，可以说，团校这些年能走到今日着实不容易，可谓“八仙过海，各显神通”，之所以能存活下来，每一家团校背后都有不为人所知的、难以言说的酸甜苦辣。

二、发誓要讲好团校故事

作为协会秘书处的负责人，深感责任之重大，使命之光荣。我在2014年7月援疆工作结束回到中央团校后就开始走访各地团校，截至目前还有为数不多的团校没有走完，力争在今年年底做到全覆盖。没有亲临团校的感知，就难以做到精准服务；没有实地的调研，就难以了解团校的全貌。就在2018年年底，我们完成了《全国团校历史资料汇编》工作，这仅仅是第一步，接下来还要对团校的历史资料进行补充和完善。之所以坚持做团校历史资料工作，是因为我们的内心始终坚守：要预测团校的明天，必须了解团校的过去；只有尊重团校的历史，才能清晰定位今天的团校。协会秘书处一直以来都倡导用研究带动工作，没有研究思考，很难将一项服务工作坚持到底。

2018年4月20日是团校人大喜的日子，这一天，中央团校改革方案正式公布，我和大家一样，沉浸在激动和兴奋的气氛中。中央特别明确地指出：团校是党在青年工作领域里一所特色鲜明的政治学校，团校姓党。实际上，中央团校改革方案出炉过程是很艰难的，虽然没有深度参与其中，但能随时随刻感受到身边人情绪的起伏和思想的波动。记得有一位从事学历教育的老师在汇报自己转型期的所思所感时，她用自己每天发到微信朋友圈的真情实感来叙述自己的心路历程，听着都能让人感动到流泪，因为她的感受太真切了。正如李克强总理所言：触动利益比触动灵魂还要难。身在其中的我深深感受到这一点。一个团校是这样，何况一个国家，改革该有多难！但是，无论发生了什么，我们都不能当过客和旁观者，而是要将自己摆进去，一点一滴地亲自感受、亲自尝试、亲自作为，这是我对自己提出的要求。越是在团校改革最艰难的时候，越要守候在团校的身边。团校有需，协会秘书处必须有所应。比如，前一段时间，很多团校都想了解全国团校整体改革的进程，那作为秘书处就必须首先了解清楚。除了一些团校主动走进中央团校学习观摩，我们还利用一切时间，特别是抓住为基层团干部授课的机会，走访当地团校，实地了解改革情况。

三、团校改革进行时

今年上半年先后赴山西省团校、内蒙古自治区团校调研，后来，内蒙古自治区团校先后两次到中央团校观摩学习，期间还有天津市委党校一行，中央团校有关部门非常重视。据不完全统计，这两年有几十家团校到中央团校取经，并彼此相互走访、相互交流。让我没有想到的是，山西省团校还初步完成了全国团校改革基本情况统计工作，这恰恰是协会秘书处要做的事。于是，我赶快请山西省团校党委书记暴英杰发过来，内容如下：

全国团校剥离学历教育改革进展情况（不完全统计）

第一，所涉及改革的团校。

有学历教育的14所团校为中央团校、天津市团校、重庆市团校、广东省团校、新疆维吾尔自治区团校、内蒙古自治区团校、山东省团校、山西省团校、北京市团校、上海市团校、河北省团校、陕西省团校、江西省团校、湖北省团校。

第二，改革进展情况。

1. 中央团校将本科学历教育剥离，整体划拨到中国社会科学院大学。原有土地、建筑、设施设备等资产归中央团校所有。人员按照人岗相适进行分流，改革后中央团校留260人，正厅级建制，公益二类事业单位。保留部分研究生学历教育。295人分流到中国社会科学院大学。

2. 天津市团校职能划归天津市委党校研究生部，不再独立设置。原有土地及地上建筑、设施设备等资产、人员等并入天津职业大学，隶属天津市教委。

团校改革前团校职能归省（自治区）委党校的有湖南省团校和宁夏回族自治区团校。

3.重庆市团校剥离学历教育后，由市政府划拨30亩土地和29个编制，按副厅级建制、公益一类事业单位重新建设。原有土地归重庆青年职业技术学院，隶属重庆市教委。人员按人岗相适和重庆青年职业技术学院转制挂牌批准时间合理分流。

4.广东省团校改革后，团校和广东青年职业学院设施设备等资源共享，广州白云区钟落潭校区532亩土地，改革后广东省团校划分45%土地，地上建筑划分6.8万平方米，省团校独立设置，副厅级建制，2正3副，公益一类事业单位，将广东省团校原有编制数的270人划拨编制150人给新团校。

广东青年职业学院和广东行政职业学院合并，合并后的广东青年职业学院继承原广东青年职业学院土地532亩的55%，地上建筑划分9万多平方米（包括1万平方米的体育馆）。副厅级建制，公益二类事业单位，将广东省团校原有编制数的270人划拨编制100人给学历教育，原广东行政职业学院编制为350人。

5. 上海市团校和新疆维吾尔自治区团校不再进行学历教育的合作办学。

6.其余团校改革均没有实质性进展，都在等待所在省、直辖市、自治区党委的最终批复。

看到这份资料，秘书处要代表所有团校真心感谢山西省团校所做的一切，暂且不说其内容是否还有待补充完善，但就资料本身而言可以看出大家一定做了大量的调查工作，为他们的付出点赞。需要补充的是：河北省团校的情况，据去年听到的消息，是要准备与当地党校合并，上周刚与该校领导见面，得知河北团省委想独立办团校，目前已在该校全体教职员工中进行了分流自愿选择的调研工作。另外是山东省团校，拟向回归老团校地址独立办学。还有一些市级团校的改革情况，前年，哈尔滨市团校和沈阳市团校就已并入当地市委党校，2019年3月成都市团校并入当地市委党校，还有枣庄市团校等都在改革中发生了很大的变化。

四、团校改革怎么看

改革进程是不以人的意志为转移的，各地团校怎么改的确不是我们能掌控的。2016年全国团校基本情况调研报告证明了这一点，但凡并入党校的团校，聚焦主业，有所边缘，但从个人的待遇来讲，没有任何损失。我曾在此方面也颇为纠结，找不到可以说服自己的理由，就如同心里有块石头一样放不下，但又不知道该怎么办。也曾就此请教过在中央党校担任协会职务的领导，他认为党校与团校还是要有区分的，关键面向的服务对象不同，按照毛泽东同志所说的“青年工作要照顾青年特点”。还有一些理论专家提道：党校重在培训执政骨干，团校重在培训群团骨干，后者需要融入青年群众中，侧重做青年群众的工作，共青团是党的群团组织，而非行政机关。总而言之，关于这方面的思考还很不成熟，需要继续探讨。目前协会还在推动《团校工作条例》的制定工作，未来省级团校和市级团校改革后整体是什么情况，还属未知。

五、做我们当下能做的事

我很赞赏李开复的一段格言，要有勇气面对不可以改变的事，要有能力改变可以改变的事，要有智慧分辨两者的不同。作为协会秘书处，目前最主要的就是做好服务工作，无论团校怎么改，一定会向正确的方向进行。那么，当下，我们要做什么呢？就是做好我们自己，储备能量，积蓄力量。比如基础建设，每天要加强基本功练习，作为团校老师，就要积极备好课，协会要创造一切条件提升团校老师的业务技能，在这方面怎么做都不过头。用学术讲政治，这是团中央对团校提出的要求，而且团中央还要求团校要在教学方式方法上不断开拓创新。其目的只有一个，就是要把培训的内容真正送到学员的心里，提升教学效果。从协会秘书处来说，需要及时发现各地团校那些好的做法，需要提供展示平台发现优秀的青年教师，与此同时，还要下沉基层，将能量传导至团员和青年，触及其神经末梢。如果说中央团校要强化政治理论培训，地方团校则要在此基础上，探索实践类教学方式的创新，相互补充，相互递进，相互支撑。协会的服务工作是一个系统工程，既要关注到会员单位整体结构，又要关注到各个地方的特色和亮点，积极营造合作交流的氛围，相互携手推进改革，为团校的明天做出自己的努力。

为何要撰写共青团团校教育史略

疫情期间，我对团校的历史进行再次追踪，从过去单纯就团校谈团校，转至更久远的年代。比如革命战争年代，了解在那时候党是如何在极度艰难的条件下，临时组班子找地方招学员的？都开设了哪些课程？由什么人讲课以及学员是如何学到东西的？最后又是如何赴汤蹈火赶往前线投入战斗的？很难想象他们在战火纷飞的枪炮声中是怎样投入学习的，虽然他们所学习的地方并非我们现在意义上的团校，比如列宁团校、安吴青训班、泽东青年干部学校等，但他们所干的事都是为党培训爱国青年，以满足抗战的需要。即便当时学员只是在树林里，坐在地上，把自己的膝盖当成课桌，用小铅笔头在本子上画些什么或写点什么，即便那时候给学员讲课的老师也不是我们所谓的教授，但是他们都具有能文能武的本事，都懂点儿马克思主义，并能用通俗的语言讲述中国革命深刻的道理。

后来，我仍不甘于如此，又将青年干部的教育培训历史研究前移至五四运动前后。中国青年自五四运动后真正走上了政治舞台，为中国共产党的诞生提供了人才支持，那么这些先进青年又是通过什么样的方式和渠道，一步一步成长起来的呢？这些都是我们急需了解的内容。比如我们党在筹建的过程中，就把培养青年骨干作为一项很重要的工作，这就需要有一个相对固定的地点，比如在上海的外国语学社，就是基于为进步青年提供学习革命理论和外语（主要是俄语）的环境，便于加速传播马克思主义思想，与此同时，加强与共产国际的联系。

到了中华人民共和国成立前后，起初是以五大行政区的团校为主，只是相关的历史资料少得可怜，能找到的极为有限。尽管它们存在的时间很短，但毕竟在历史的长河中涌动过，在青年干部的教育培训中发挥了不可替代的作用。之后，全国各地的团校陆续开始创办，可以说这些团校为新中国的建设输送了一大批坚定的青年马克思主义者，这些青年政治骨干在带领青年突击队全力投身社会主义建设事业的过程中功不可没。随后，刚刚处于良好发展势头一切都比较完备的这些团校，开始办办停停。

改革开放给全国团校带来了春天的讯息，1978年党的十一届三中全会后，全国各地团校迎来了全面恢复的机遇，此时党组织派出一大批优秀的领导前往各地接手团校建设工作，虽然这些老校长们年龄大多已80多岁，但仍精神健朗，我在访谈他们的时候，常常被他们身上那种“革命加拼命”的劲头所打动。他们身怀大爱，将自己的青春全部献给了党的青年工作事业。在没有钱、没有人、没有地的情况下，硬是到处求、到处要，才让团校有了现在的模样，我们要永远记住这些老前辈们。因为他们所吃的苦、所受的累是我们这些晚辈难以想象的，我们之所以要抓紧完成这批老校长的口述历史，某种程度上也是在积极抢救这宝贵的“精神遗产”，因为有的老校长还没有来得及见面，就已经离开了我们。

正如重庆市团校老校长黄厚模所说，团校进入改革的攻坚阶段，学历教育的使命已经完成，开始需要聚焦主责、主业了。她讲述了那个年代团干部学历程度不高，为了给团干部办学历班，她只身来到团中央地下招待所，靠吃方便面坚守一个月，每天往教育部跑，终于在团中央组织部领导的帮助下，办成了学历班。形势是变化的，团校要顺应时代的变化，这才是真正的辩证唯物主义。

不可否认，二十世纪八九十年代是全国团校蓬勃发展的重要时期，由此带来的全国团校办学模式达十余种，从某种程度上也可以看出，各地团校干劲十足，可谓八仙过海，各显神通。当然，这与国家整体大环境和大背景是分不开的。虽然这些都已成为历史，但它能让我们理解20世纪80年代的团校为什么会出现如此繁多的办学种类，为什么会出现学历和轮训两轮驱动中大小不一的历史背景。

党的十八大以来，以习近平同志为核心的党中央对共青团改革、团校改革高度重视，亲切关心。2017年11月20日，十九届中央全面深化改革领导小组第一次会议审议通过了《中央团校改革方案》，2018年4月20日，中共中央办公厅、国务院办公厅印发了《中央团校改革方案》，特别强调，中央团校工作是共青团工作的重要组成部分，承担着为党的青年群众工作教育培养干部骨干的重要使命。我们经常反复研读方案内容，对我们认识团校改革的重要意义是有启发的。

团校究竟该向何处去，我认为，无论形势如何变化，万变不离其宗。这个“宗”就是一种不变之道，就是规律，我们找到根本规律，才能更好地顺应社会的发展，才能将团校的命运与国家的命运紧紧联系在一起。既然要寻找规律，一定要从搞清楚团校的来龙去脉入手，找到最初的源头，而现在我们所做的工作正是在这方面努力。

的确，写作是一件很单调的苦差，每天要一个字一个字地码上去，边整理资料边思考问题，对于我这样一位学识不高、资历很浅的人来说，是一件很不容易的事，非常期待大家能提出宝贵意见，不断对本书加以修改完善。同时，也以本书向曾为团校的建设和发展做出贡献的前辈们致敬！

认识把握团校历史发展的规律

之所以要下如此大的功夫撰写《共青团团校教育史略》，为的是想通过梳理团校的过去，知道它从哪里来？才能更加深入领会党中央对共青团团校的要求，为什么要提出聚焦主责主业？为什么要解决团校工作中团干部教育培训与国民教育在精力资源上存在掣肘、偏离主业等突出问题？如何辩证地看待20世纪80年代团校开展的学历教育？它与当下党中央对团校改革的要求是一个怎样的关系？如果我们不能搞清团校开展学历教育的来龙去脉，就凭自己的主观判断妄下结论，是一种不负责的态度。

自1920年中国共产党在上海创建外国语学社至今，团校已有百年的历史了，即便是从1923年湖南第一所团校即湘区团校诞生之日起计算，也有97年历史了。百年的实践证明，团校因党而立，没有党培养青年政治骨干的需要，就没有团校的诞生。无论是在初创与变迁阶段，还是兴起与曲折阶段、探索与实践阶段、改革与创新阶段，共青团的命运始终与党和国家之命运紧紧相连。

一部团校史，记载着一代代团校人不忘初心、牢记使命的精神传承，艰苦奋斗、不屈不挠的斗争意志，感天动地、换了人间的豪迈雄心，与时俱进、勇往直前的创新智慧。其中有过探索成功的经验，也有过惨痛的失败教训，这一切都没能阻挡团校人前进的步伐，越是艰险越向前，敢教日月换新天。

其中最让团校人记忆深刻的是20世纪80年代，即恢复时期的团校。在没有任何资源的条件下，一批团校校长正风华正茂，他们临危受命，硬是将自己变成“铜头铁嘴橡皮肚子飞毛腿”，使尽浑身解数，将一个个资源匮乏的团校建得初具规模。正如重庆市团校老校长黄厚模为了团校的发展，曾几次赴京住在团中央地下室，吃方便面，最终将学历教育申办成功。按照她当时的说法，学历教育是顺应形势发展的需要，更是提升团干部学历层次的需要。但如今团干部学历层次早已不是问题，团校已完成办学历教育的历史使命，应该归回到主业上来。从这个意义上说，用习近平新时代中国特色社会主义思想统领共青团团校教育工作，时刻听从党的召唤，是在检验我们团校人是不是真正增强“四个意识”、坚定“四个自信”和做到“两个维护”？是不是真正领会了共青团要做党的忠实助手和后备军这一要义？是不是真正明确了团校是党在青年工作领域里的一所特色鲜明的政治学校这一定位?

现实是由历史演变过来的，而历史终究是为现实提供借鉴的。团校的百年历史告诉我们：形势发展的变化是不以我们主观意志为转移的，必须顺应时代的需要，勇于自我革命、自我革新，与此同时，还要勇于创新，比如在这次抗击疫情中，诸多团校开设的云团课、云队课、云培训等，面向的受众更加广泛，所提供的培训内容更加接地气，真正发挥了为党的青年工作事业提供人力和智力方面的支持作用。党旗所指就是团旗所向，团旗所向就是团校所为。

习近平总书记五四寄语对我们的启示和思考

近期学习了习近平总书记五四寄语精神和共青团中央文件（中青发【2020】9号《共青团中央关于认真学习宣传贯彻习近平总书记五四寄语精神的通知》），同时还学习了《中国青年报》刊发的文章《习近平与大学生朋友们》（一）（二）（三），即《习总书记邀请我们返家乡搞农村调研》《习总书记与我们聊如何做好基层工作》《习近平同志提倡年轻人要“自找苦吃”》等文章，内心受到很大触动，特别是结合习近平总书记在纪念五四运动100周年大会上的讲话内容，就习近平总书记关于青年工作的重要思想形成规律带给我们的启发谈点自己的学习体会。

我们说，一个人的思想并非一夜之间拍脑瓜形成的，必然要经历一个比较漫长的过程，现实呈现给我们的并非笔直的顺畅的发展路线，而是螺旋递进或者反复曲折的，这就是事物发展变化的规律。习近平总书记为什么在《五四寄语新时代青年》中反复强调坚定理想信念、站稳人民立场、练就过硬本领和投身强国伟业，看似简单的24个字，其背后饱含着总书记对当代青年的深切期望，与此同时也是总书记一路走来的深情告白，更是对青年工作规律的深刻总结。

为什么是深切期望？因为要实现中华民族伟大复兴的中国梦，终将要靠一代又一代青年的持续奋斗，而当代青年，2020年风华正茂，到2035年正值壮年，到2050年仍年富力强。中华民族的伟大复兴事业，既是时代赋予当代青年的历史使命，也是当代青年实现全面发展的最好舞台。现在的青年样子是完全可以通过我们的努力而发生改变的，只要他们变得越来越好，那么我们的民族和国家就会变得越来越好。习近平总书记在寄语中充分肯定了广大青年在抗击新冠肺炎疫情中的担当和作为，精准描摹了当代青年向上、向善的精神风貌，明确提出了新时代党和人民事业对广大青年的期许，深刻揭示了青年一代成长的正确道路。总而言之，如习近平总书记所说："青春由磨砺而出彩，人生因奋斗而升华。"

为什么是深情告白？习近平总书记对青年饱含深情地谆谆教导，是源于他的成长经历。当年他才15岁，本可以上完初中上高中，他却只身来到梁家河，一步一步地从基层干起，学会如何与群众打交道，如何搞农村调研让农民欢迎，如何能做好基层工作，如何能自找苦吃甘愿受累。只有这些经历才能说出那些朴实的直触内心的话语，比如1984年他在正定担任县委书记期间，在邀请河北农大正定籍大学生返乡调研的动员会上讲："不要小看了一粒化肥，化肥的用量、离根的远近、播种的深浅、用肥的时候浇不浇水，化肥的效果都是不一样的。""不要小看外面跑的一只鸡，一只鸡如果跑到地里吃了掉落在夏收麦田里的麦粒，鸡生成的肉没有饲料成本，但可能下的蛋不规律，下的蛋少。如果鸡是圈养的话，不让鸡出去，鸡吃的东西都要人工自己给，这个成本就高一点，但是鸡的产蛋多一点儿，长得快一点儿，在当时的价格下，这个养殖方法合适不合适？"还有"什么样农户喜欢配合你的调研就看自己的本事啦"等等，习近平总书记如果没有亲身体验，就很难讲出这种真心朴实的话语。某种程度上，习近平总书记是在以身示范，晓之以理且动之以情。这样生动的告白，能让大学生们认识到到哪里才能获得真知，体现自身的价值并真正地成长进步。这个地方无疑是祖国和人民最需要的地方，即广阔天地大有作为的基层。

为什么是深刻总结呢？1984年7月29日，时任正定县委书记的习近平到县招待所看望前来参加社会实践的中国人民大学的师生们，就"如何做好基层工作"的专题谈了自己的观点。他谈道，要尽快甩掉书生气，尽快适应社会，缩短大学生在基层单位的适应时间。第一，要有忍耐力。这些年他身边的干部年复一年、日复一日在一个岗位上不退缩，把自己的工作做好，这种实在、踏实的品质，就是基本的忍耐力；第二，要有直觉力。这种直觉力虽然有与生俱来的因素，但主要还是靠后天养成。后天学习对行政直觉力的养成至关重要。比如你当了领导，开会的时候大家发言完了，你要马上能够加以归纳总结，这不像在研究室里对理论可以探讨或者建立一个什么模型等，这是要求必须当场、当众做出决策。这种情况下，就需要依靠一个人的直觉力。第三，要有行政力。当思想认识、利益冲突比较多的时候，就需要有牺牲精神、奉献精神和创新精神。干好基层工作要做到四点：一是要有兴趣、有热情，这是基础；二是要有韧劲、有耐力，要做好长期艰苦奋斗的准备；三是要有一点儿组织能力，这种能力主要靠后天锻炼；四是要有一股豁出去的干劲，不但每天要花大量时间工作，而且要敢于负责，大胆创新，不要怕丢官 。实际上习近平总书记这些带有规律性的认识和总结对我们做好青年工作是有很大启发的，某种程度上，也揭示了习近平总书记关于青年工作的重要思想的来龙去脉。一方面源于他几十年如一日的亲身经历、艰苦探索和努力实践；另一方面源于他受到老一辈无产阶级革命家的培养指导、中外先进历史文化的熏陶和红色基因的传承。

当下，党的青年工作需要全社会的关注与参与，共青团是做好党的青年工作的重要力量，而共青团团校则是为党的青年工作提供人力、智力支撑。我们是教干部的干部，更要学习习近平总书记，言传身教，以身示范，真正成为青年朋友的知心人、青年工作的热心人和青年群众的引路人。比如，我们要引导青年干部到基层，自己首先要去基层接受锻炼，正如习近平总书记所讲，“不要把基层当大车店”。沉下心来俯下身子，青年在哪里，我们就到哪里。要教育青年做人做事注重细节，那么我们首先要做到润物细无声，细节见真人。要在与青年群众的实践结合中挤掉理论教学中的水分，改造自己的世界观。

通过学习，我们更加深刻领会习近平总书记关于青年工作重要思想的精髓，更加深刻理解团校是党在青年工作领域里的一所特色鲜明的政治学校这一定位。我们团校要发展就要坚定姓党，牢牢把握政治大方向，按照党的要求和共青团的需要因时而制、因势而谋、因令而动、因为而位。

团的教育工作者应有的风范

中国青年工作院校协会第三届团的教育工作者高级研修班安排在延安举办，的确有恰逢“五四百年”际遇和机缘的巧合，但与延安市团校校长焦鹏的积极争取也有直接的关系。我想表达的是：这么一所成立仅有几年时间的市级团校，且并非独立建制，却为协会做出如此重大的贡献，这是一种什么样的精神在支撑？值得我们每个团校人认真加以思考。

团校人是干什么的？一位老团干曾告诉过我，团校人是永久的团干部。团干部是干什么的呢？他是广大青年的引路人，也就是说，一个团干部的身后有成千上万的青年在跟随。而我们团校承担着教育培训成千上万青年的领头雁的重任，我们是青年引路者的引路者，一旦出现问题，就是灾难性的，这并不是危言耸听。用一个不恰当的比喻，团校是孵化“小鸡”的“母鸡”，如产出的“小鸡”有问题，“母鸡”必有不可推卸的责任。

但就是在这次研修班中，我发现一个特别令人担忧的现象。按照预先设定的体验教学活动环节，安排一个晚上住窑洞，没承想有几位团校人向小组长提出不愿意住窑洞，理由是会睡不好……我们到延安到底是干什么来了？就是要接受心灵的洗礼来了，就是要让大家能实实在在地亲身体验到当年革命前辈的艰苦环境，不忘初心！这还没让您住几天，只是一个晚上的体验，您就受不了，您就要提条件、要待遇了，且不说革命老前辈是如何在延安窑洞待了十三年，期间还有N次飞机、大炮的轰炸。我正在看给咱们授课的中国延安干部学院副院长赵耀宏教授所著的《延安精神及其当代价值》一书，其中第一章“延安精神的原生形态”第一节“抗大精神”内容，让我深受触动。抗大精神对当下办好团校是有着现实指导意义的。抗大的前身是1931年11月在江西瑞金创办的中央军事政治学校。长征开始时，该校被命名为干部团。为什么要办抗大？就是因为中日之间民族矛盾不断加深和激化，中国正处于伟大的抗日战争前夜，为了肩负起救亡图存的历史使命，中国共产党才创办了抗大。我们各级团校也是因党在不同时期的需要而建立的，与党校以及各类干部教育培训学院的成立初衷是共通的。尽管培训的对象有所不同，但在“坚定正确的政治方向”上有着共同一致的要求。毛泽东同志还勉励抗大学员要为实现这一政治方向做好三个牺牲的准备，这就是牺牲升官、牺牲发财、牺牲生命。他还曾形象地讲：抗大像一块“磨刀石”，要把那些小资产阶级意识——感情冲动、粗暴浮躁、没有耐心，等等，磨它个精光，把自己变成一把雪亮的利刃，刺进敌人的心脏。

我特别关注《延安精神及其当代价值》一书中第六页的内容，它讨论的是抗大的教育理念和教学方法问题。主张理论联系实际的办学原则，避免空洞地说教，培训教学要富有针对性、实效性，使学员真正达到改造世界观的目的，同时还掌握一定的实际本领。在教学方法上，要采取启发式、研究式、实践式教学。毛泽东同志曾对抗大学员说，一切客观存在的东西，不管是人是物，是死的、活的、香的、臭的，都是先生；因为马克思主义是空前而不绝后的，将来还有马克思的儿子、孙子、孙孙子的新马克思主义；因为抗大毕业只是拿到了开门的毕业证书，要活到老学到老，才可以拿到真正的毕业证书。关于学员住窑洞，就是那个时代毛泽东同志对学员的要求。他说，到抗大学习有三个阶段，要上三课。从西安到延安要走八百里路，这是第一课；在学校里住窑洞、吃小米、出早操，这是第二课；但是最重要的还是第三课，这便是到斗争中去学习，读一本“无字天书”。

抗大虽离我们很远，但其宝贵的抗大精神是永存的。抗大初创之时，既无外援又无基础，其困难程度在世界教育史上是独一无二的。正如毛泽东同志对抗大学员所说："我们创办红大、抗大的时候，要教员，没有。要房子，没有。要教材，没有。要经费，没有。怎么办？就是艰苦奋斗。要有这种精神。"（夏明星、徐礼田：《毛泽东与抗日军政大学》，《党史博采》2003年第5期）那时候开挖窑洞、修建校舍是抗大学员的必修课。我们来到这里，只是体验一个晚上就不能承受，想想都觉得惭愧得很，如果照此发展下去，真不知道团校该向哪里去。与此同时，也应和了我在前面所提出的问题，延安市团校在没有编制、没有独立账号、没有自己的阵地情况下却成功承办了本期研修班，凭借的是什么精神？就是延安精神，即坚定正确的政治方向，解放思想、实事求是的思想路线，全心全意为人民服务的根本宗旨，自力更生、艰苦奋斗的创业精神。

团校的校训，在"实事求是"基础上多了四个字，即"朝气蓬勃"，团校人要有青年具有的精气神儿，要充满革命的理想主义情怀和乐观主义精神，不然就不能成为青年引路人的引导者。我在学习毛泽东同志于1945年2月15日所写的《党校要反对山头主义》一文时，最直接最深切的感受就是：我们这样一个大党，这样一个大国，今天你这样，明天他那样，没有一个统一的思想和行动，没有团结的力量，就会一盘散沙，最后受难的就是老百姓。正如毛泽东同志所说的：中国共产党经过多年的实践，学会了把自己做的事情加以分析，并且要从团结全党出发。从团结全党出发是第一，加以分析批评是第二，然后再来一个团结。团结、批评、团结，这就是我们的方法，这就是辩证法。我们今天也要开展批评与自我批评，从团结的愿望出发，分析存在的问题，只要意识到自己存在问题，就要及时改进。改进不是为了别的，只是因为我们是团的教育工作者。学延安精神，不是摆摆样子、喊喊口号，而是要真正践行延安精神，从自己做起，从现在做起。

想清楚我们到底是干什么的

人一生中精力十分有限，要把每天的时间安排好并非容易之事，因为很可能受到很多外界的干扰和自身状态的影响，在这种情况下，就需要想清楚我们到底是干什么的？是从哪里来的？最终要到哪里去？

我曾不止一次地问自己这三个问题，当然偶尔也有走偏的时候，怎么办呢？别人的帮助的确可以起到提醒自己的作用。想想正在干的这些事情，是不是退休后仍然可以一直做下去？现在难以预测，因为不知道以后的状态是个什么样子。与其纠结以后，不如现在好好聚焦在自己应该干的事情上。比如做院校协会工作，要多研究和思考，这方面是不能偷懒的，要勤奋努力，这并非要和什么专家去攀比，也不是要出什么名、获什么利，更不是单纯的任务驱动，而是要想清楚自己干的这份事业与我们生存的地球和所处的国家是一个什么关系，如果是息息相关之联系或者安身立命之所为，那么我们所做的一切就是有价值和意义的。

我们到底是干什么的呢？一句话：是从事党的青年工作的。青年工作内容体系十分庞大，我们是广泛涉猎，还是根据自身的实际情况切入一个小角度？我个人选后者。一方面目前所从事的工作岗位是中国青年工作院校协会秘书处，至少要对各个会员单位非常熟悉，特别是对会员单位中绝大多数的团校来龙去脉搞清楚；另一方面要对团校所服务的人群有研究。团校不是一般的普通学校，所服务的对象也不是普通的青年，是善于做青年工作的人群，其中就包括团的干部，准确地说就是要为党的青年工作培养青年政治骨干。

近期在思考如何将自己的研究课题与实际工作结合起来，既要能研究又要能讲课，怎么做到有机地统一呢？只有一个办法“高拎低落，两头延伸”。如何拎起来呢？我常用自问自答的方法让自己警醒。比如连续问自己三次同一个问题：我们是干什么的。

我们是干什么的？我们是从事团干部教育培训工作的；我们是干什么的？我们是做团校工作的；我们是干什么的？我们是服务团干部成长的。

接下来继续发问三个为什么：我们为什么要服务团干部成长？因为团干部是做好共青团工作的骨干力量；我们为什么要做好共青团工作？因为共青团是党的助手和后备军；我们为什么要成为党的助手和后备军？因为要为党的执政巩固和扩大青年群众基础，最终要实现中华民族伟大复兴的中国梦。

我曾一度内心很纠结，思想很迷茫，难道这些问题是靠说出来就能解决的吗？总觉得靠练嘴皮子功夫是不行的，还要到实践中历练才能获得真知和感悟。可是我们吃的就是这碗饭，一方面你如果连一个这样的问题都讲不明白，那团干部一定听不明白，他们又怎能干得明白呢？另一方面思想是行动的先导，如果在思想上、认识上出现偏差，那么行动一定会出大问题。中国共产党之所以走到今天，凭借的就是两个重要的武器，一个是指导思想，另一个是党的领导。正如习近平总书记于2015年12月11日在北京召开的全国党校工作会议上所讲的那样：高扬党的理论信念旗帜是根本，自觉同党中央保持高度一致是关键。 世界社会主义实践的曲折历程告诉我们，马克思主义政党一旦放弃马克思主义信仰、社会主义和共产主义信念，就会土崩瓦解。 如同一个人精神出现“缺钙”，得了“软骨病”。没有高度的理论自觉就难以有坚定的理想信念。这就是为什么我们党反复讲：指导我们事业的理论基础是马克思列宁主义，领导我们事业的核心力量是中国共产党。因此，我们的责任就是要把党的这些执政历史规律向团干部们讲清楚，讲不清楚是我们的失职。有了这样的认识，也就不再变得迷茫和彷徨了。

但是，讲清楚只是做到了知其然，这些还远远不够，还需要知其所以然。如何做到呢？

我们通常要从三个维度进行阐释，即历史逻辑、理论逻辑和实践逻辑。比如讲党对团干部的最新要求是什么？我们就不能就要求而谈要求，讲要求很简单，比如党要求团干部要坚定政治理想、心系广大青年、提高工作本领、锤炼扎实作风。光讲这四句话肯定难以深入人心，因为团干部对这四句话熟得不能再熟了，光就字面谈肯定是不行的，这就考验我们的学术理论功底了。你要在下面做很多功课，首先要收集和梳理相关方面的历史资料，比如中央组织部、团中央关于青年干部的相关文献资料、历届团代会中央领导的祝词、历次团章关于“团的干部”这一章修改的内容、党的总书记接见团中央新一届领导班子的重要讲话等，有了这些基本素材，你才能有底气讲清楚党对团干部的新要求的来龙去脉。在这一基础上，才有可能真正进入透彻地完成对新要求的主要内容的解读。最后还要落在怎么做的实际举措上来。比如你所研究的样本和基本结论，也可以通过与团干部的互动，发挥团干部的主观能动性，让他们结合自己的实际工作进行分享，你只需要及时将这些东西总结和归纳而已。这就是我们前面所谈到的，不仅要能落下去还要能拎起来。落下去是我们的短板，而拎上来则是我们的长项，这就需要相互借力、教学相长。从这个意义上讲，授课是一门艺术，而且是合唱的艺术，这其中没有我，只有我们。那种只管讲授不顾学员的做法是有问题的，达不到好的教学效果，完全忘记了我们到底是干什么的。

团校因何而设立，为何而存在

1982年8月发表在《湖南青运史研究》创刊号上的由陈新宪口述、陈海鸥整理的《我省第一所团校》一文，翔实地记录了1923—1924年湖南省湘区党委和团委创办湖南省第一所团校的经过。资料显示：在建团初期，以及大革命时期和解放战争时期，全国各地先后办过各种形式的团校和团训班，大部分为非行政区划性或临时性的。湖南历史上最早的团校是湘区区委于1923年底举办的。湘区不涵盖全湖南省，但又不仅限于湖南省，如最早的产业工人支部——安源党支部就属湘区区委。当时各地（主要是上海、北京、武昌、长沙等地）的团训班或团校，和当时的工人讲习班、夜校、农民运动讲习所一样，目的都是培训青年、工人、农民积极分子，提高他们的革命觉悟。毛泽东同志曾在广州农讲所、武昌中央农讲所多次授课，并于1926年担任广州农民运动讲习所第六届所长，在此期间，专程回长沙参加工农代表会并给大会做报告，也给湘区团校做了报告。

1982年创办的《湖南青运史研究》是由湖南青运史研究室主办的，由省新闻出版局批准非公开发行的刊物。1984年，和青运史研究室一起由团省委并入团校后交由团校主办，湖南青少年研究所在团校成立后，三位一体合办《湖南青少年研究》季刊（内刊），可惜已停办近十多年了。

我曾于2008年在中央团校共青团工作理论研究所工作期间，因开展“转业团干回头看”课题的需要，先后赴辽宁、山东、浙江、宁夏等十几个省进行调研，与诸多团省委的干部接触，所到之处也会和团干部谈及当地的团校。给我印象比较深的是在宁夏回族自治区团委调研时，时任团委机关的负责人发表了自己的看法，他认为各地根本没有必要成立团校，想培训找一家宾馆，或者到中央团校培训即可，这句话对我刺激还是比较大的。直到2011年前往新疆维吾尔自治区团校之后，我逐渐聚焦团校的研究工作。近期因为配合团中央组织部开始参与团校条例的制定工作，再次听到“市级以下的团校有无建立的必要”的声音，以及各地团校均有老师建议团校应并入党校的说法，让我内心很纠结，也很痛苦。我深知感情不能代替理性，为了把这个问题搞清楚，自2014年我就开始着手团校历史资料的收集和整理工作，并在疫情期间完成了《共青团团校教育史略》和《团校历史画册》初稿等。我们虽然没有资格对各地团校目前的改革现状进行评价，但至少要弄清楚各地团校的来龙去脉，知道它是因何而设立、为何而存在的。这也是协会秘书处需要做的基本案头工作。

我们主要从历史上寻找依据。一是从历届团代会团章的修改过程进行梳理。在1922年4月1日在《先驱》第5号发表的《团一大临时章程》到1978年10月26日团十大通过的《团章》中，都没有涉及团的干部相关内容，直到1982年12月24日团十一大通过的《团章》才首次将“团的干部”一章内容写入，2018年6月29日团十八大通过的《团章》中在“团的干部”一章中，在以往“办好各级团校”的基础上新增了一些内容，比如，“建立正规的培训制度，办好各级团校，突出政治培训，建设党在青年工作领域特色鲜明的政治学校”。(《中国共产主义青年团章程（修正案)》，2018年6月29日）

可以试想：《团章》中所提到的团校不是单指中央级或省级或市级团校，而是各级团校，那有可能还包括县级团校等，不分独立建制还是非独立建制，也不是并入党校或其他单位，而是要聚焦团校的主责主业，即团校到底是干什么的？它不是一般的培训机构，也不是普通意义上的国民系列教育，而是政治学校，而且在众多政治学校里，它是一所以党的青年工作为特色的政治学校。从这个意义上讲，团校与党校既有共同点又有不同点，共同点就是“政治学校”，不同点在于党校聚焦培训党执政的骨干，团校聚焦培训青年政治骨干。

团校教育的历史轨迹足以证明，党的事业要发展，就需要后继有人、薪火相传。团校是党的团校，因党的需要而建立，无论过去、现在和将来，始终要在党的领导下进行青年骨干的政治培训，真正成为青年朋友的知心人、青年工作的热心人和青年群众的领路人。既然要培训“三种人”，就不能局限于团校是不是一定要独立建制？应该是“所有的田和地”都去争取，主动播撒红色基因。历史上曾有过大篷车团校、马背团校等流动团校，丝毫没有影响到团校职能的发挥，团校有看得见的高楼大厦固然令人羡慕，但俯下身子走近青年骨干，用真才实学、真情实感触及其内心，使其觉悟从而发愤图强才是团校的硬实力，因此送培训下到基层是团校未来的走向。要主动跟上去、靠上去并贴上去，而非被动等待。

正如团校的有些领导所说，上要有标准和指导，下要有行动和举措。团中央之所以要制定《中国共产主义青年团团校工作条例》，目的就是通过制度加强团校建设规范化、教育培训体系化、后勤管理社会化、开放办学信息化。与此同时，各级团校还要结合地区特点因地制宜、因材施教，将共通性和特殊性有机结合，并发挥中国青年工作院校协会的交流平台作用，共同致力于党的青年工作事业的发展。

很多事物看透需要一个过程

当下已进入新时代，大家要逐渐适应新的历史时期，这个过渡是必须经历的阶段。对我们个人来说，有的时候还很难接受。因为过去的惯性，刹车或者转弯需要一个过程，从看山是山，看水是水；到看山不是山，看水不是水；再到看山仍是山，看水仍是水，要经历三部曲，即肯定、否定、否定之否定。好像世界上万事万物都与“三”字分不开，一生二,二生三，三生万物。真正到了第三步，很多事就容易看明白了。可是我们往往处在第一步和第二步的时候，就显得不耐烦了，容易急着下结论，结果就变得很糟糕，以为世界是自己想当然的那样或这样，实际上我们的认识离世界本来的面目相差甚远，这种囫囵吞枣、急功近利的现象在我自己身上也时有发生。

世界的变化是我们难以预料的，也是无法掌控的，唯一能做的就是找出其变化的规律，即不变之道。事物总是在运动的，变是必然的，但运动中必有规律可遵循，我们所做的就是要找到这其中的变化规律。也许有的规律早已为前人所揭示，只是我们不知道而已，那么就需要好好去学习，与古人进行心灵上的对话。这种对话不带有任何功利性，而只是一种了解和熟知，其目的在于让自己能站在古人的肩膀上继续前行。如同我们站在山的顶部，俯瞰群山，那真的是一览众山小。假使你站在山腰，就很难有这样的视野了。可是，我们真正懂得这个道理的时候往往比较迟了，在人生的重要关头往往缺乏名师指点或指引，结果很多时候走了很多弯路。本该早日达到山顶的时候，却还在半山腰晃荡。现在想想真的追悔莫及，但好在路还在你的脚下向远方延伸，你还能继续往前走。

我认为自己属于后知不觉者，天生属于笨手笨脚的那类人。过去还有点儿自尊心作怪，生怕别人指出来，自己难以面对，现在似乎脸皮厚了一点儿，别人怎么说都会坦然接受，再不会因别人的不认同而感到难受了。我心里明白了一点：你要活出自己，不可与人攀比。自己到底从哪里来，向哪里去，并非通过自身的努力就能掌控。天赋品性比较难改变，但就其过程而言，你什么时候意识到了或者觉察到了，你是否能马上开始行动，完全取决于你自己，外在的压力或者强行的胁迫只能发挥短期的效果，真正能行稳致远的还在自己，准确地说是内在的一种不可改变的信念在起着关键的作用。那么，这种信念是从何而来的呢？绝非从天上掉下来的，王国维在《人间词话》中云：古今之成大事业、大学问者，必经过三种之境界："昨夜西风凋碧树，独上高楼，望尽天涯路。"此第一境也。"衣带渐宽终不悔，为伊消得人憔悴。"此第二境也。"众里寻他千百度，蓦然回首，那人却在，灯火阑珊处。"此第三境也。实际上，我们很多时候还处在第二阶段，试想，没有"为伊消得人憔悴"的苦难过程，哪有"灯火阑珊处"的辉煌硕果呢？那么，我们与其纠结或者嫉妒别人的成就，不如老老实实地狠练内功、提升实力。你所看到别人的辉煌往往都是水到渠成的最后结果，那么你羡慕也好或者模仿也好，都无济于事。因为即使装得再像，充其量不过是形似而神不似，终究经不起时间的考量，早晚会露出破绽，导致动作变形。

可是，这个世界上就是有那么多的假象，也就是我们常说的假动作，像真的一样，很能迷惑人。那些人自以为这样做无人发现，那真是大错特错，是假的真不了，是真的假不了。真真假假或者假假真真，总有是非分明的那一天，套用一句当下的时髦用语：真相和正义从来不会缺席。因此，只有本本分分，甘愿吃苦受累，用社会劳动平均值以上的付出而获得社会平均值以上成就。

化学方程式中，左右两边要讲究配平，看不见的氧气或者其他气体，虽然我们看不见，但不能说它不存在，它只是以一种别的方式存在。存在的方式可以千变万化，固态、液态还是气态？都改变不了它的本质属性，我们只有牢牢抓住它的本质属性，才不会被其外观所迷惑，才能透过这些表象看清事物的本质。从这个意义上讲，掌握马克思主义的立场、观点和方法是我们党的看家本领。对个人来说也一样，理论的高度自觉是信念坚定的前提。只有找到事物运动变化的规律，掌握一定的科学理论，才能让我们内心的信念建立起来。

是不是只要掌握一定科学理论或者学好马克思的原著甚至熟记其中的词句，就能让内心的信念坚定起来呢？不是的，还要俯下身子沉到下面，如同一个游泳者要知道身处的水池有多深，就需要潜入水底一样。这样做必然会带来很多的风险，其中最大的风险就是安全，重则沉入水底浮不上来了，轻则被水呛着了，以致后来一到水里就害怕。我就属于这类的人，以至于现在还不会游泳。但是学游泳的体验对我进行“青年干部成长规律”课题研究启发很大。特别理解“将马克思列宁主义的普遍真理与中国具体实际相结合”的伟大真谛，如果说理论学习可以借到党校和团校学习的助力，但中间的亲身体验和苦练是任何外力所无法凭借的，关注并投入其中是检验理论价值是否有效的关键。这种体验不仅仅局限在时间的长短上，一定的时间是个基本前提，但关键是要投入真情实感，态度起很大作用，其背后往往内在动机是引擎。这件事你是想简单敷衍地干，还是彻底豁出去地干，其最终的结果完全不一样。

团干部组织力、引领力和服务力的提升

这个问题我准备从三个方面来谈，为什么、是什么和怎么样。

第一，团干部为什么要提升组织力、引领力和服务力？这要从两个方面讲，一是《党章》和《团章》有关“团的干部”内容规定；二是新时代党对团干部的具体要求。

《党章》第十章明确了党和共产主义青年团的关系，特别在第五十二条中提到了：“党的各级委员会要加强对共青团的领导，注意团的干部的选拔和培训等内容。”而对“团的干部”等相关内容的确定可追溯到1982年12月24日团十一大通过的《团章》，之前历届团代会通过的《团章》均未涉及该内容。该《团章》将“团的干部”单列为第六章第二十六条、第二十七条、第二十八条和第二十九条，即分别对团的各级领导干部、团的各级组织和参加党的会议的团干部等提出了明确的要求。之后的《团章》延续了这一章的内容，团十二大通过的《团章》第二十八条新增“主动向党委和团委推荐下级或同级团组织负责人人选，积极为他们的成长和转业创造条件”；团十三大通过的《团章》第二十七条新增“政治上要坚强。具有相应的马克思主义理论水平。掌握建设中国特色社会主义的理论，坚决执行党的基本路线和各项方针政策，立志改革开放，献身社会主义现代化建设事业”；团十四大到团十六大通过的《团章》第二十七条逐步新增“马克思列宁主义、毛泽东思想、邓小平理论、三个代表、科学发展观”等内容；团十七大通过的《团章》第二十六条新增“共青团要按照德才兼备、以德为先的原则，大胆选拔年轻干部”等。(《共青团章程汇编——共青团早期临时章程至共青团十七大章程》江西共青团和江西省团校主编，江西人民出版社，2015年）而团十八大通过的《团章》，该章内容有大幅度新增，原第二十六条改为第二十七条，后面以此类推。在第二十七条新增："必须坚定理想信念、心系广大青年、提高工作本领、锤炼优良作风；坚持五湖四海、任人唯贤，坚持事业为上、公道正派；注意培养选拔优秀年轻干部；建设符合群团组织特点、充满生机活力的团干部队伍。"第二十八条对团的各级领导干部提出"必须做到忠诚、干净、担当，信念坚定、为民服务、勤政务实、敢于担当、清正廉洁；带头贯彻落实习近平新时代中国特色社会主义思想，高扬理想旗帜；向书本学习、向实践学习、向青年学习，努力提高青年群众工作本领；反对官僚主义、享乐主义和奢靡之风，带头直接联系青年"等内容。第二十九条新增"管理、拓宽干部来源渠道，注重在经济社会发展最需要的地方、基层一线和困难艰苦的地方锻炼干部；突出政治培训，建设党在青年工作领域特色鲜明的政治学校；建立健全团干部的考核、监督和问责制度"等内容。

通过对《团章》的修正过程的历史回顾，我们不难看出党对共青团工作的高度重视和对团的干部的殷切期望，结合历届团代会中央领导的祝词和党的总书记接见新一届团中央领导班子时的讲话中有关对团干部要求的论述，归根结底一句话，党要共青团当好自己的助手和后备军。党旗所指，团旗所向；党有号召，团有行动。团的干部是共青团工作的骨干力量，如何在党的领导下开展团的工作？这对团干部来说，不仅是业务考量更是政治考量。具体考量指标有三条：第一是完成根本任务，即培养社会主义建设者和接班人；第二是履行政治责任，即巩固和扩大执政党的青年群众基础；第三是坚持工作主线，即围绕中心，服务大局。这些从字面上理解不难，但在实际操作中还是要下一番功夫的。比如有的团干部对党政中心工作不敏感，不去琢磨中心工作的具体落实，也不及时汇报自己的想法和请示相关工作，那就很难与党政中心工作对接，更谈不上积极融入。有些团干部与上面的沟通做得非常好，问题出在对下面的工作上。他只知道上面的想法，但不知道下面的情况，同样起不到助手和后备军的作用。当好助手可能不难，但做好后备军就不容易了。因为不是你要成为后备军，或者像我们某些团干部所理解的那样，要接替什么重要位置，当个什么大官，而是要为党组织输送大量的新鲜血液，确保党的事业薪火相传。用我们专业的术语表达就是：替执政党探索党的思想政治主张在青年中的传播路径；替执政党探索党的组织行为在青年中的实现途径。这是党对共青团的要求，也是共青团之所以存在的价值。要做到这一点，如果团干部没有组织力、引领力和服务力，很难完成党交给的任务。

第二，什么是组织力、引领力和服务力？顾名思义，所谓的组织力一定是组织的力量。旧中国一盘散沙，落后挨打，自从有了中国共产党，中国人民才有了主心骨，才成为国家的主人。中国共产党自诞生起就没有自己的私利，人民群众对美好生活的向往就是我们党的奋斗目标。如今中国14亿人口，要把他们全组织起来，完成这一庞大的系统治理工程是很艰巨的任务，但我们党完成了这样的历史使命，这就是中国社会主义制度最大的优势，也是中国共产党和世界其他政党的分水岭。而青年占中国总人口的四分之一，党把组织广大青年的工作交付给共青团，这是一项伟大而神圣的光荣使命，我们是不是交出了让党放心、让青年满意的答卷呢？应该说，离党的要求还相差很远。之所以这样，到底问题出在哪里呢？组织力，首先是要有健全的组织，我们在这方面存在短板，如同一个长期高位截瘫的病人。我们的基层组织处于薄弱状态，就像我们的腿脚不能自由行走一样，现在要医治是很难的事情，但如果不能让脚丈量大地，那么党一定不会放心，一个处于高位截瘫的组织怎么能有力量呢？因此，从这个意义上说，健全组织需要靠团干部，而团干部又要到哪里去建组织呢？就是要到基层有青年的地方去建，坐在机关里是不行的。谁都知道，基层缺人、缺地、缺钱，可是你不去上刀山下火海，那谁去呢？“基础不牢，地动山摇”这个道理没有人不知道，能身体力行豁出去干的才是党最需要的团干部。

引领力是什么呢？就是能带着青年向前冲的人。凭什么青年跟着你向前冲？没有真本事很难让青年跟你走，这其中不但要有组织力，还要有个人魅力。让青年发自内心的信服和认同并非一夜之功，而是长期的情感积淀形成的。感情是处出来的，而不是喊出来的。长期的团的工作研究和实践表明：青年之所以能接受党的思想政治主张，很大程度源于对传播者，即团干部自身的接纳和认同。当然不排除那些有极好口才的团干部在青年中的影响力，但那些具有内在厚实理论功底和熟知青年接受方式的团干部某种程度上更胜一筹。与此同时，还需要具备高度的政治敏感和政治智慧，以及敢于担当的魄力，才具备引领其周围的广大青年跟党走的能力。

最后是服务力。不是什么人为青年服务或者为青年做所有的服务都会赢得青年的点赞。如今，青年的需求越来越多元化、小众化和复杂化，我们是不是能满足青年所有的需求？不可能，有些需求，我们怎么努力都是无济于事的，因为那远远超出了我们的职责和能力范围。那是不是就不去做了呢？不是的，我们要关注青年的各种需要，对其分门别类地进行梳理，搞清楚哪些是合理的诉求？哪些是不合理的诉求？哪些是我们自身能做的？还有哪些是我们不能做的？哪些需求需要格外予以关注？哪些需求可以暂时搁置？这些都需要团干部进行分析和判断，并及时将那些重要的，需要党政领导给予特别关注的青年的需要以及应采取的对策建议以各种方式和渠道提交上去，一句话，要及时给党报个准信。这是我们服务党的青年工作应该干的实事。实事求是、朝气蓬勃是团干部最应具备的优良作风。

总之，提升组织力、引领力和服务力是当下党对共青团的要求，更是对团干部的要求。要提升这些能力，需要团干部吃透党的要求精神，特别是习近平总书记的讲话精神，准确理解“坚定理想信念、心系广大青年、提高工作本领和锤炼优良作风”的深刻内涵，真正为党赢得青年之心贡献自己的力量。

要在变局中开新局

疫情还没有结束，工作还要持续。由中国青年工作院校协会主办，重庆市团校和广州市团校承办的第六届全国团属院校和基地教师高级研修班就要开始了，这是一项在变局中开新局的关键举措。

实际上，我们也完全可以找一个理由，等疫情全部结束后再办线下活动。可是未来不是以我们的主观意志所转移的，也并非可预测的，我们不是预言家。我认为，通过努力奋斗未来是可以创造的，只有积极主动作为，在危机中寻找新机，才能更好地由被动转为主动，迎接美好的未来。

令人欣慰的是，新冠肺炎疫情暴发以来，协会为会员单位的服务工作没有间断。从最初收集各会员单位抗击疫情好的做法，到宣传发布其抗疫成果；从研究共青团团校历史，到开设“讲好团校故事”专栏；从提供以抗疫内容为主的学习材料，到提供以青年工作内容为主的学习材料；从去年确定的工作计划，到今年的具体任务实施，等等，这一切都与协会领导的大力支持和广大会员单位的积极响应密不可分。我们的事业是持久的，要在变中学、学中变，每天进步一点点，滴水穿石，只要我们抱着革命理想高于天的家国情怀，就没有什么困难可以吓倒我们。

这次之所以能如期在线上举办教师高研班，要感谢承办单位的辛勤付出。特别是广州市团校前期进行的若干场云培训，为办好此高研班积累了大量丰富的经验，我们完全有理由相信，此次两校的强强联合一定不会辜负大家的期望，也期待参加研修班的所有老师格外珍惜此次学习的机会。

这是一次在特殊时期举办的具有特别意义的研修班，它将是团校历史上浓墨重彩的一笔。与此同时，我们还要感谢承办前五届教师高研班的会员单位，它们是内蒙古自治区团校、山东省团校、青海省团校、广东省团校、红旗渠干部学院、河南省团校等。

古人云：察势者明，趋势者智，驭势者独步天下。让我们不辜负新时代赋予的神圣职责，携手共创美好的明天。预祝此次云培训圆满成功！

高瞻远瞩与脚踏实地

近期读了中国青少年研究中心副主任、中国青年工作院校协会副会长张良驯发表在《青年探索》(2020年03期)的文章《论青年理想信念的含义、内容和功能》,忍不住点赞叫好。这真是一篇难得的好文章。好在哪里?一是结构框架清晰让人明了;二是分析有理有据令人叹服;三是学术规范严谨为人榜样;四是过程复盘导出使人坚信。借此谈点儿自己的思考。

一、青年奋斗的动力源是什么

青年理想信念是我们谈论最多的话题,不可否认的是,曾一段时间人们很少谈及。特别是在前些年,谈理想信念似乎是很另类的怪异举动,人们是难以接受的。与此同时,我自身也不知不觉地生出许多担忧,假使一大批青年每天都在为住房而奔忙、为贷款而拼命,党和国家的未来会是什么样子呢?但如果这些问题没有解决,就像习近平总书记常说的,青年的烦心事和操心事不解决,我们和青年谈理想信念,是不是有点“饱汉子不知饿汉子饥”或者“站着说话不腰疼”之嫌。假使你还像过去一样讲忆苦思甜,讲老一辈的奋斗史,大概率会被青年人群排斥。俗话说,“吃不穷穿不穷,计划不周一辈子穷”。中国从一穷二白到富起来,凭借的是革命加拼命,但从富起来到强起来还有很长的一段路要走,凭借的恐怕还得是革命加拼命,假使青年不这样做,那就会变得相当危险,穷的时候可以豁出去拼命,富的时候凭借什么去拼命呢?这就不得不寻找青年建立理想信念背后的驱动力,这个动力源又在哪里呢?

二、讲理想信念要从自己力行

我们常说，理想很丰满，现实很骨感。在当今的青年群体中，情况千差万别，城市青年和农村青年的境遇完全不同，比如城市中的“富二代”，他们也许还没有走向社会，就什么都有了，乃至延续下一代还有财富积累。可是还有很多的农村青年，他们费尽心力考上大学，想尽办法留在一线城市，父母没有能力帮他们的忙，凭借的只能是个人努力奋斗，每天为了生计而奔忙。这其中也不乏有些精致的利己主义者，但这次突如其来的疫情让我们欣慰地看到，一批年轻的医护战士冒死奔赴抗疫一线，他们的感人举动让世人看到国家的未来和希望。从中也可以得到一个启示，无论现实有多么的不尽如人意，但只要给他们释放能量的空间、平台和机会，他们就一定能发光发热。

反思一下，这些年我们到底给青年储备能量和释放能量提供了哪些有效的去处呢？就自己儿女来讲，我们是不是理直气壮地将他们引向那些艰苦地区呢？不尽然，在我们的意识中还潜伏着不想让自己的孩子吃苦受累的私念，带着这种私念给其他青年讲理想信念就显得不那么自信和坚定。自己心里不认可的或者没有体验过的东西想强加给别人，让人家去接受，肯定无法打动人，因为内心和外在没有统一起来。所以我们对青年讲理想信念，恐怕是要先过自己这一关。

三、理想、信念和信仰的差异

张良驯在这篇文章谈到五个层面的信念，即政治信念、经济信念、科学信念、道德信念和生活信念等，我颇为赞同。理想、信念和信仰还是不同的，如同我们三个动词“想”“念”和“仰”之程度是不一样的。头脑中的想法人人都会有，我想拿舞蹈艺术举例子。比如每个人都可以想跳舞，也都可以把跳舞变成一种理想，但很多人仅仅停留在想这个层面上，每天想、每天看和每天练绝对不是一回事。只有从想到练才能完成“念”。因为每天到一定时间，就像吃饭睡觉一样形成了生物钟，有身体的直接反射，那么内心就会念到该跳舞了，如果不去跳，身体就会带来一种不舒服的感觉。因此到“念”这一层面需要有实际的行为做支撑，而且不是一时的，而是经常的。可以归结为一个关键词——“坚持”。为什么有的人能坚持下去，有的人中途就退却了？那就和“仰”发生了关系。什么是“仰”？这其中有宗教层面的含义。我曾于2011—2014年援疆期间先后数次下到南疆进行调研，特别是农村的青年，他们每天要进行五次的祷告，每次大约10分钟，可以说风雨无阻。一个青年告诉我：如果每天少一次，他必须不睡觉也要完成祷告，不然就如同丢了魂一样。如何解释这一现象？我当时查阅了很多资料也没有完全理清楚，但在前年到中国浦东干部学院学习时，该校的刘哲昕教授把信仰讲得很明白。他说，只有超越生命以外的东西才能成为信仰。我的理解就是：假使你对一件事的坚信没有完全到达可以豁出性命的地步，那就没有资格谈信仰。真正做到以身相许、为国捐躯不是每个人都能做到的，而习近平总书记的“我将无我，不负人民”是对信仰的诠释和践行。

四、复原过程，遵循青年成长规律

我们都是从青年时代走过来的，要想找到青年理想信念的价值和意义，就要从自身的人生体验开始寻根并复盘。如果过多地只用手电筒去照青年，站在第三者的立场指手画脚，青年是不可能接受的。我们需要把自己放在青年的位置上，复原曾经年轻时的自己，顺藤摸瓜地梳理出三个问题，即：从哪里来？现在在哪里？未来要到哪里去？我曾写过一篇随笔《生命的括弧》，大致意思是讲，从哪里来由父母决定，我们是无法改变的，什么时间去见马克思也不是我们自己能确定的，只有中间的过程是我们可以掌控的，你想怎么做？你能怎么做？自然有外部不可或缺的因素，但最终起关键作用的还是自己。我曾看过创建新东方的俞敏洪写的一篇文章，他说自己创建新东方就是受他父亲每天捡破砖头的启发。他说，自己每天干的事就像他父亲捡砖头一样，不同的地方在于，很多时候我们只是把捡的砖头散堆在那里，而他父亲却用一堆破砖头砌成了一个小屋。实际上他想表达的是，有目标和没有目标地捡砖头，结果是不一样的，这其实就是我们通常所说的理想信念。世界上万事万物都是相通的，有想法也只是第一步，变成一种信念需要持久的行动。遇到挫折和干扰还能扛过去，甚至愿冒着丢掉性命的代价坚持下去，这就不仅仅是单纯的想法和信念了，而是升华到一种信仰了。什么力量能让自己豁出性命？一定不是简单的物质层面的东西，也绝对不是单纯的任务驱动，一定是精神层面的东西，某种程度完全上升到广大人民利益的层面上，与全人类的命运相关。我自认为自己离这一境界还有很远的距离，那么我们怎能理直气壮地要求青年？即使要求也是一种很虚化的很表面的敷衍。但是，我们承担着揭示人活着必须追求崇高这一规律的责任，也就是说，那些已经先行先试之人或者先知先觉之人为我们树立了标杆，乃至新时代有所作为的青年榜样都是我们需要讲好的故事素材。

五、聚焦当下，脚踏实地

2020年6月10日，共青团中央、教育部、民政部、农业农村部、国务院国资委等部委联合印发了《关于深化实施青年马克思主义者培养工程的意见》，该文件旨在落实中共中央、国务院于2017年4月13日印发并实施的《中长期青年发展规划（2016—2025）》。其中“青年马克思主义者培养工程”是该规划中十项工程的第一项，要求分全国、省级、省级以下三级实施，每年培养不少于20万人。我特别注意到该文件在强化支持保障的第十二点中特别提到：“优化资源保障。依托党校、团校等教育培训基地，聚集专业资源，在党政机关、厂矿企业、社区农村及青少年爱国主义教育基地中建立一批功能明确、特色鲜明的实施锻炼基地。”这实际上为中国青年工作院校协会的会员单位提供了前所未有的发展空间。我们团校也好，基地也好，都是因党而立，是为党培养青年政治骨干的政治学校，在深化实施青年马克思主义者培养工程方面责无旁贷。具体怎么做呢？第一是要沉下去整合资源建基地。中央团校在前两年先后建立了红旗渠干部学院、大别山干部学院、红船干部学院、焦裕禄干部学院等七家党性教育基地。第二是要组建政治过硬的师资队伍。组建以马克思主义理论学科专家学者、党政领导、高校和科研院所优秀教师为主的师资队伍。第三是开发一批精品课程。中央团校前一阶段安排的主体班次精品课建设试讲的有：习近平总书记关于社会建设的重要论述、习近平生态文明思想、习近平总书记关于党的建设的重要论述、习近平新时代中国特色社会主义思想、坚持和完善党的领导制度体系、习近平总书记关于共青团工作的重要论述、共青团的历史经验与启示、习近平总书记关于青年工作的重要思想、调查研究方法、青年干部的心理调适、跟总书记学担当精神、坚定理想信念、群众工作方法、人民情怀、思维方法等。四是用好既有相关教材。协会应该认真梳理这些年会员单位已有和正在使用的教材，可以编辑一本教材概览，便于会员单位参阅和订购。与此同时还需要组织有关力量编写新的教材。五是开发系列文化产品。拟定于2020年6月17日举办的中国青年工作院校协会第六届全国团属院校和基地教师高研班特别邀请团中央宣传部传播处的肖健为参训学员讲授《网络思想引领》，目的就在于着力研发符合青年干部特点的产品，以此成为授课传播的有力武器。

总之，我们是做好青年工作，需要有革命的理想情怀和高瞻远瞩的伟大目标，但做起来还需要低下头、俯下身，脚踏实地，只有身体力行、自觉自愿，才能当好青年朋友的知心人、青年群众的贴心人和青年工作的热心人。

我们是教干部的干部

2020年6月17日是一个特别的日子，全国团属院校和基地的广大教师代表云集在中国青年工作院校协会这一大家庭中，虽然不能相互握手和拥抱，但相信我们的心已紧紧贴在一起了。

在新冠疫情期间，我们相聚在这里，共同商讨团校改革，创新团干部教育培训的模式有着极为重要的意义。未来在疫情防控常态化的驱动下，团校面向团干部开展云培训也必将成为一种新常态。

自2014年至现在，由中国青年工作院校协会主办，内蒙古自治区团校、山东省团校、青海省团校、广东省团校、红旗渠干部学院和河南省团校先后承办的五届教师高研班，每届都各具特色，可谓精彩纷呈。其中既有理论专家的专题讲授，也有对干部教育培训规律的交流研讨；既有各会员单位派出的精兵强将微团课的展示，也有相关领域专家的精彩点评；既有课程组的集体备课，也有大家成果的共同分享。而本届云培训班的规模超过以往历届，报名参训的教师也相对年轻许多，这是团干部教育培训事业永续发展的标志。团校如何在新时代做好团干部教育培训工作，积极发挥广大教师的主动性、创造性，想借此机会谈几点意见：

团校教师并非一般普通的高校教师，我们是教干部的干部。我们的教育培训对象多为学历层次高、有一定实践阅历的团的干部，我们怎么样才能让他们高兴而来、满意而归呢？这一点对每位教师都是极大的挑战。

团校是因党而立，自成立起就担负着为党培养青年政治骨干的使命。

团校绝非一般的普通高校和一般社会意义的培训机构，它是党在青年工作领域里的一所特色鲜明的政治学校，由此我们所进行的团干部教育培训第一位的就是政治培训，党的理论教育和党性教育内容占据主导地位。2020年6月10日，共青团中央、教育部、民政部、农业农村部、国务院国资委等五部委联合印发了《关于深入实施青年马克思主义者培养工程的意见》，指出“要站在坚持马克思主义在意识形态领域的指导地位，巩固和扩大党执政的青年群众基础，确保党的事业后继有人、兴旺发达的高度，切实增强责任感使命感紧迫感，创新优化体制机制，不断强化‘青马工程’为党育人的政治功能”。这既是对团属院校和基地坚定正确的办学方向的新要求，更是对广大教师政治素质考量的新指标。《意见》中特别强调：“要遵循坚持党的领导、突出核心目标、注重实践导向、遵循育人规律等基本原则，通过持续深化改革和提质增效，在各行业各领域切实为党培养和输送一批具有忠诚的政治品格，浓厚的家国情怀，扎实的理论功底，突出的能力素质，忠恕任事、人品服众的青年政治骨干。”

我们要胜任这项工作，真正成为教干部的干部，就需要身体力行。一是要在政治上具有铁一般的忠诚。增强“四个意识”和坚定“四个自信”毫不含糊，不折不扣地做到“两个维护”。二是在理论上要具有非常扎实的基本功。用学术讲政治，讲清楚人类社会发展的规律、中国共产党执政的规律和社会主义建设发展的规律。理论上的高度自觉是政治信念坚定的前提。三是在情感上具有极为浓厚的家国情怀。我们要求团干部遇大事懂政治、识大局，我们老师更要先行一步，“苟利国家生死以，岂因祸福避趋之”。四是在能力上要具备过强的本领。要能写理论宣传文章、能写咨政建言报告、能写学术理论文章、能写社会调查报告等。还要具有斗争精神，在关键时刻为党为国发声亮剑。五是在人品上要抵得住各种利益的诱惑。要不以恶小而为之，不以善小而不为，养成慎独的习惯。要清清白白做人，坦坦荡荡做事，经得住各种利益的干扰和诱惑。

《意见》最后还指出，“要优化资源保障。依托党校、团校等教育基地，聚焦专业资源，在党政机关、厂矿企业、社区农村及青少年爱国主义教育基地中建立一批功能明确、特色鲜明的实践锻炼基地。组建以马克思主义理论学科专家学者、党政领导、高校和科研院校优秀教师等为主体的师资队伍，用好既有的相关教材成果，不断开发推广精品课程，建设‘青马工程’教学资源库”。作为团校和基地教师，要为“青马工程”教学资源库的建设尽心尽力。如在学术讲政治教学、开展红色教育课程、助力学员实践锻炼等方面发挥自身的优势，不断取得更大的进步！

善于将服务对象变工作力量

共青团第十八次全国代表大会于2018年6月29日胜利闭幕，“以习近平新时代中国特色社会主义思想引领团干部培训工作”专题培训班同时也在中国浦东干部学院开班了。这是特殊历史时期由团中央组织的培训班，是我们在人生特殊时段的一次相遇，因此，其历史背景和价值非同一般。

29日晚上我们召开了培训班预备会，由临时党支部和班委会成员参加，中国浦东干部学院培训部崔晓娟老师和高可老师给大家讲了此次培训班需要注意的事项，特别提到政治站位的问题，要求一定要围绕“以习近平新时代中国特色社会主义思想引领团干部培训工作”这一专题进行所有教学活动，不能偏离教学主题，要凸显忠诚教育、行为训练和严格管理以及人性化服务等特点。学员要自我管理和自我服务，其学习成果体现在专题培训班整体学员的水平上。我作为培训班前期筹备者之一，也为大家报告了筹备过程中一些令人难忘的人和事，比如协会原副会长、中组部干教局副巡视员程霜枫同志为办此班付出的努力，为举办这样一次培训班组织领导的良苦用心，以及在调训中的感人场面和艰辛过程，希望学员们好好珍惜今天来之不易的学习机会，全力以赴把培训班的工作做好。参加预备会的学员也纷纷表示：一定为大家服务好，不辜负组织的重托和学员的期待。

考虑到7月1日是党的生日，经大家共同研究决定：在上午完成教学内容后，举行全体学员重温入党誓词活动，从而不忘初心，牢记使命。

为了将此次专题培训班办得富有成效，大家有四个建议，第一是在周一小组活动环节召开党支部大会，由党支部书记张雪黎同志主持，由参加团十八大代表的学员与大家分享参加团十八大的收获和感悟。他们是河北团省委副书记商黎兵、牡丹江团市委书记周振海、中国宝武钢铁集团有限公司团委书记兼中国宝武团校校长周瑾、浙江团省委副书记王征、安徽团省委副书记杨正、河南团省委副书记李建涛、柳州团市委书记张闰、重庆团市委副书记廖传锦、青海团省委副书记冉清等9位同志。第二是在周二小组活动这一环节，集中讨论团校改革与建设过程中面临的问题、对策与建议，形成主要观点。并结合周三小组讨论“团干部教育培训工作的问题与挑战”的情况，八个组综合讨论情况确定代表小组发言的学员名单。第三是在周四晚上成果汇报展示环节，第一阶段由八个组的学员代表进行汇报，第二阶段由学员自由发言。主持人由副班长俞中担当。第四是在周六上午结业式前，由班长冉清做培训班总结，由党支部和班委会成员最终确定的学员代表全班进行学习体会的分享和交流。

这次预备会开得很成功，真正的智慧在团队，只有紧紧依靠大家的力量，我们才会无往而不胜，相信我们这个培训班在大家的共同努力下一定会办得圆满成功！

对院校协会下一步工作的思考和建议

目前各地团校都陆续进入改革的攻坚时期，从反馈的信息情况看，部分团校拟与当地的党校合并，比如天津市团校、河北省团校、沈阳市团校等，前两所团校原有人员均留在学历教育单位，沈阳市团校原有人员部分划入党校。此外，还出现部分地市级团校被取消的情况，比如枣庄市团校等。这些新的变化带给我们很多的启示和思考，想借此机会谈谈自己的想法和建议。

第一要改变过去陈旧的观点，一切向前看。过去确实存在过团校并入党校后情形不乐观的状况，比如江苏省团校、湖南省团校、南京市团校等，从独立建制变为党校的一个工作处室，当地团委在与团校的协调过程中困难重重，产生团的业务工作特点不突出等结果。当下再看这个问题时，就不能仅仅从团校角度看团校的发展，而是需要打破领域局限和地区局限，心中要有大格局和大境界，要站在为党的青年工作事业大局谋发展的战略高度看待当下的改革。只有这样才能跟得上党中央的要求进度，正如军科书记所讲：与党中央的要求进行赛跑。也只有这样，才能更加凸显团校姓党的鲜明特征。

第二要找准定位和端口，积极有效地契入党和国家的中心工作中。围绕中心服务大局是共青团工作的主线，团校工作是共青团工作的重要组成部分，也要自觉围绕这一主线聚焦主责主业。我们的主责就是培养人，培养什么样的人呢？党的十八大和十九大都明确告诉我们：要培养新时代中国特色社会主义的合格建设者和可靠接班人。在这次共青团第十八次全国代表大会上，中共中央政治局常委、中央书记处书记王沪宁同志在代表党中央的致辞中，特别强调了共青团要破解两个根本性的问题，即培养什么样的青年和怎样培养青年？建设什么样的共青团和怎样建设共青团？党的十九大新修改的《党章》第十章“党和共产主义青年团的关系”中第五十一条就明确规定：中国共产主义青年团是中国共产党领导的先进青年的群团组织，是广大青年在实践中学习中国特色社会主义和共产主义的学校，是党的助手和后备军。在第五十二条中规定：党的各级委员会要加强对共青团的领导，注意团的干部的选拔和培训。党要坚决支持共青团根据广大青年的特点和需要，生动活泼、富于创造性地进行工作，充分发挥团的突击队作用和联系广大青年的桥梁作用。也就是说，新时代的共青团更加强调在党的领导下开展工作，新时代的团校更加强调依照党校办学模式聚焦主责主业。

第三要不忘初心，牢记使命，带领团校人永远跟党走。说一千道一万，巩固和扩大执政党的青年群众基础是共青团的政治使命，那么团校就要勇于担当，为实现这一伟大目标而建功立业。中央团校和地方团校要在青年干部人才培养体系上形成立体交叉、纵横交错的网络结构，如果说中央团校在纵向深入，那么地方团校就需要在横切面上展开，也就是说中央团校在做人才体系中的“分子”，地方团校就要做人才体系中的“分母”，没有“分母”的最大化，就难以凸显“分子”的精英化，它们之间是相互支撑、相互补充和相互完善的关系。正如1990年12月，在就“人的研究在中国——个人的经历”的主题进行演讲时，著名社会学家费孝通先生总结出了“各美其美，美人之美，美美与共，天下大同”这一处理不同文化关系的十六字箴言。我们全国团校都是党在青年工作领域一所特色鲜明的政治学校，但所处地区和地域不同，各级团校还具有当地的民族文化特点，需要加以关注并给予尊重，充分发挥各自的优势和特点。

鉴于上述的认识和考虑，按照协会章程的有关规定，协会秘书处工作要适应新时代的变化，以习近平总书记关于青年工作重要思想武装头脑，先学一步学深悟透，全面服务党的青年工作事业的发展，要懂大局、议大事、管本行，牢牢把握正确的政治方向，增强“四个意识”，坚定“四个自信”，做到“两个维护”。与此同时，协会秘书处一方面要将党的战略部署、路线方针和思想政治主张在会员单位广泛传播，并将其变为会员单位的实际行动，另一方面还要积极创造条件组织会员单位进行共建、共享、共赢协作项目的开展，相互借力，取长补短，形成命运共同体，与党的青年工作事业发展共频共振。为了做好协会秘书处工作，提出几条建议仅供领导参考。

一是为了适应新时代改革的需要，建议由中组部和团中央联合出台党建带团建的相关文件，将做好党的青年工作以制度加以规范，形成长效机制。

二是为了让团校聚焦主责主业，当务之急是要加速团校团课教师队伍的培养和培训，建议团中央尽快出台全国团课教师师资库建设和培养工程规划，并将全国团校团课教师师资培训纳入年度计划内。

三是为让团校人心无旁骛谋事业，需亟待确定团校为公益一类单位，彻底告别团校为生存而战的困境。要从物质的需求转向精神层面的追求，培养团校人理想主义的情怀，坚定他们为党的青年工作事业不懈奋斗的信念，而不再考虑如何赚钱和赚多少钱才能养活团校人的问题。物质决定意识，意识对物质有反作用力。要想方设法，没有条件创造一切条件让团校人一门心思地做党的青年工作。

在这次由团中央组织部、中央团校主办，中国浦东干部学院、中国青年工作院校协会承办的“以习近平新时代中国特色社会主义思想引领团干部培训工作”专题培训班上，有80名学员提交了文章，其中有四篇入选中国浦东干部学院主办的《干部教育培训研究》杂志上。大家还提出了很好的建议和意见，秘书处经过认真梳理编辑整理出了学员文章汇编和《团校改革八条建议和八大原则》，期待以中央团校和团中央组织部的名义报请团中央书记处，作为本期培训班80名学员的学习汇报成果。

团校将向哪里去——思考之一

2016年年底，院校协会年会如期在河南新乡党校召开，当时安排了一个环节，就是邀请部分团校进行教学创新模式方面的经验交流和展示，与此同时，还特别邀请了新乡党校副校长裴竹梅介绍他们在干部教育培训方面好的做法。当时，她一上台就说了一句话：团校的创新做法确实很丰富，可谓“八仙过海，各显其能”。她的这句话给我留下极为深刻的印象。我特别注意到，她那天所讲的内容始终没有离开党性教育，给我直接的感受就是：如果用一棵大树来比喻干部教育培训的话，党校所做的事在大树的根部，而团校这么多年所干的事在大树的叶部，一直随风摇摆、飘忽不定，这为团校生存埋下了“隐患”。

不可否认的是，20世纪80年代，团校已陆续处于恢复阶段，在省级团校开始忙于学历教育的同时，部分城市团校也在办各种各样的社会培训班，一切为了能把日子过下来。即使这样，为了抱团取暖、相互支撑，从1984年开始，以杭州市团校钱永祥校长为首的团校人便开始组织相关城市团校聚在一起共同研讨团校的办学模式和未来发展方向，同时，还有中央团校的黄志坚教授等专家学者组织全国团校一起研讨共青团与青年工作理论学术等问题。据资料显示：1982—2017年，全国团校校长工作会议共举办了30余次；1982—2004年，全国团校共青团与青年工作研讨会共举办了10次。可以说，老团校人为了团校事业的发展鞠躬尽瘁，做出了不可磨灭的贡献。我们要向老前辈们致以崇高的敬意！

当下，团校正处于改革的关键时期，有学历教育的团校，要求剥离学历教育，聚焦主责主业；没有学历教育的团校，特别是城市团校，面临艰难的选择，近期不断传来合并的信息，比如改革后的大连市团校名称是：大连市群团组织综合服务中心创业创新部；改革后的枣庄市团校名称是：枣庄市青年发展中心；成都市团校并入成都市党校并成立团校工作部；沈阳市团校并入沈阳市委党校。还有一些城市团校的情况也发生一些变化，比如广东省团校的杨成副校长到广州市团校任职；深圳市团校的负责人申晓萍老师退休，目前“一把手”还没有到位；杭州市团校校长陆桂英因事辞去领导职务等。可以说，城市团校到底将向何处去，还不是完全清楚。

前段时间到成都市党校调研学习，对城市团校未来发展的思考有所深入，对以往一些主观上的认识有所更新。比如，要将团校改革置于整个改革大环境中去认识，要跳出团校想团校，要充分认识到：改革是一个系统工程，牵一发而动全身，要有“一盘棋”的意识，这就考验每一个团校人如何在具体行动中增强“四个意识”、坚定“四个自信”和做到“两个维护”。坚决落实“党对一切工作的全面领导”，也就是说，无论东西南北中，党是领导一切的，那么团校也不例外，更要在团校姓党方面不能有任何含糊，要做政治上的明白人。尤其要特别清醒地认识到，团校是党在青年工作领域里一所特色鲜明的政治学校这一定位，始终将团校工作置于党的领导之下，而不是仅仅从团校的独立建制、人员编制、一亩三分地儿等局部利益思考问题。曾几何时，自己在这方面有很多想不通的地方，总不能完全接受团校被并入的事实。历史上确实有过被并入后普遍被边缘化的情况，但现在不能停留在对过去问题的认识上，需要重新再认识、再提高。

实际上，学习中国共产党数十年的历史和共青团史稿等相关材料，让我更加清晰地认识到：党有号召，团校必须有行动。一代人有一代人的长征，一代人有一代人的使命，不同的时期，不同的年代，形势和任务都是在变化的，但始终不变的是我们党的初心和使命。坚定跟党走，做好党的青年群众工作，为党培养青年政治骨干始终是团校义不容辞的责任和使命，这是不可改变的。无论是中国共产党建立前的上海外国语学社，还是革命战争年代的瑞金列宁团校、安吴青训班、泽东青年干部学校、延安抗大，还是新中国成立前的中央团校，以及新中国成立初期各地建立的团校等，它们都是青年干部成长的摇篮，那些青年干部都是从这里走出去，为中国共产党的成立，为中国共产党带领全国人民取得抗日战争、解放战争、抗美援朝的胜利，为新中国的建设和发展，为取得改革开放的成果，冲锋在前，立下赫赫战功。如今，党更需要一批能担负起实现中华民族伟大复兴中国梦的时代新人，我们责无旁贷，如何培养青年政治骨干？培养什么样的青年政治骨干？如何建设团校？怎样建设团校？这些根本性问题是摆在我们面前的严峻课题，我们需要早觉悟、早行动，作为团校之家的中国青年工作院校协会更要为此付出努力，做好服务。

团校将向哪里去——思考之二

当下，团校正处于改革的攻坚阶段，不断传来一些团校被并入党校的信息，还有个别团校发生更名的情况。在这种情况下，总忍不住想，这样下去会不会有问题？这绝非从个人角度或者协会角度看这种现象，而是从团校到底是干什么的，从其功能价值定位来判断和预估的。

我们如果将团校的历史放在党的历史和团的历史纵向发展上来思考，将团校的功能定位从《党章》依据、理论依据和现实依据三个维度进行阐述，就能发现团校从成立、建设到发展这一历史脉络中存在着一种必然的规律，这就是：团校因党的需要而成立，其重要价值就在于不同时期为党承担着培养青年政治骨干的任务，也就是要服务于这一特殊群体，他们是要带领青年永远听党话、跟党走的领头雁。普通高校和社会意义的培训机构不具有这一专门的职能，很难按照党的要求完成这一历史责任和政治使命。《党章》规定：共青团是党领导下的先进青年的群团组织，是广大青年在实践中学习中国特色社会主义和共产主义的学校，是党的助手和后备军。短短的三句话就将共青团的政治性、先进性和群众性加以全面概括，而团校是什么呢？是党在青年工作领域一所特色鲜明的政治学校，注意其中的三个关键词，即青年工作、特色鲜明和政治学校，其深刻含义就在这三个关键词上。团校是一所政治学校，是要凸显政治的学校。其次是做青年工作的学校，而非其他工作，服务对象就是将来从事青年工作的青年骨干，因此要找寻和遵循青年工作的规律，要关注与青年相关的一切业务，目标盯住35岁以下的群体。最后，就是特色鲜明，要具备青年喜欢和接受的方式与方法，无论从团校人自身的精神状态，还是团校的文化氛围，都要体现实事求是和朝气蓬勃的校训。这一点和党校是有区别的，这是我不赞同团校完全并入党校的理由。的确，历史上有团校并入党校的先例，其最终结果是，青年工作的规律探寻和共青团事业的发展因此受到很大制约。

团校这些年都做了些什么呢？我们慢慢离开了自己的主业，将关注点放在了学历教育和青年专业技能的培训等工作上，学历教育和技能培训是否有错？在当时是没有问题的，因为那个时候团干部的学历层次普遍偏低，针对团干部的实际情况，按照那个时代党的需要——培养有革命化、年轻化、知识化、专业化的青年干部，团校有义不容辞的政治责任。随着时代的发展和变化，提升团干部学历层次的历史使命已经完成，聚焦主责主业是新时代党对共青团提出的改革要求。我们团校唯有紧紧跟上去、靠上去，才能彻底走出为学历而学历、为生存而生存的困境。现在的我们应该站在时代的潮头，将目光聚焦在“两个一百年”的奋斗目标上，为最终实现中华民族伟大复兴的中国梦培养人才。

问题是，如何做才能不辜负时代赋予我们团校人的历史责任和政治使命呢？

在多次下基层实地调研的过程中，我们发现地方团校开始送课下乡，他们采取“走出去”流动办学的方式，比如大篷车的方式，这给我们很多的启发。如果用“顶天立地”来形容整个团校的体系，那么中央团校就要顶上天去，凸显党的理论和党性教育等政治培训，在这方面真正发挥龙头老大的作用，所谓的“高大上”，即高高地拎上去，地方团校要紧紧跟随不能掉队。与此同时，地方团校还要走脚踏实地的路子，即重重地落下来，中央团校越向上攀登，地方团校就越要向下行走，形成一个高下相应的流动局面，在内部中慢慢形成一个完整的良性循环体系。从整个共青团改革现状看，遵循“减上补下、全团抓学校”的原则。我认为，未来团校整体局面应该是：在县级党校中设立县级团校、中学团校全覆盖，并由市级团校进行指导。这样一来，势必出现这样一种局面，中央团校统领各省份团校及副省级城市的团校，紧跟党中央、团中央对核心任务的战略部署，地方团校则将力量向基层延伸，发展壮大自己的队伍，将培训底盘做强做大。也就是说，到那时，随处可以找到市级团校的分站，并且面向的不仅仅是团干部，而是团干部背后的广大青年和团员。真正实现将上面的力量送到基层的每个细胞和神经末梢。

截至目前，已经有一所县级团校，即山西长治市屯留区团校成立，接下来内蒙古达拉特旗团校也即将成立。近期，还收到了中学团校要建立联盟的建议，所有这些信息告诉我们，团校人的激情将在基层点燃，可谓“星星之火，可以燎原”。改革是机遇更是挑战，逆水行舟不进则退。今后团校人还要有自己的校歌，像延安抗大一样，要引吭高歌，从精神层面提升团校人的士气，而不是陷入一种为生存利益驱动的狭隘境地。

2019年是五四运动100周年，正值团校改革、青春接力的关键时期。团校在这历史关头，唯有大有作为才能彰显其存在价值。这两天，全国上下广泛传诵“排雷英雄”杜富国的故事，在庆祝中华人民共和国成立70周年之际，开展“我与我的祖国”群众宣传教育主题活动，这一切都说明以习近平同志为核心的党中央的用心良苦。青年一代再不抓就来不及了，团校此时不作为，何以对得住美好的时代？何以向党中央、团中央交上满意的答卷？党有号召，团有行动，党考验我们的时候到了！

团校人的初心和使命

——党创办安吴青训班和泽东青年干校的历史启示

团校因党而立，从建立初期就拥有红色的基因、革命的灵魂和独特的政治品格。团校的发展历史，是我们党教育培养青年工作干部历史进程的缩影。我们可从党创办安吴青训班和泽东青年干校的故事中获得一些启示。

当时，抗日战争全面爆发，蒋介石在内外压力下，于1937年9月23日承认了中国共产党的合法地位，开始释放一批“政治犯”。时任党中央青年部部长、西北救国会主任冯文彬同志受张闻天同志的委派，从延安来到了八路军一一五师留守处和中共陕西省委驻地云阳镇，参加接收和安置从国民党监狱释放出来的同志。他接受了时任陕西省委贾拓夫、欧阳钦等负责同志的建议，决定对陕西一批抗日救国积极分子进行培训，使他们在马列主义基本理论和抗战军事、政治知识方面得到进一步的提升。1937年10月12日，经党中央批准同意，在国民党元老于右任的农场所在地开办了“战时青年短期训练班”。冯文彬同志亲自任班主任，胡乔木同志曾担任副主任。后来，随着国内局势的变化，国民党在华北战场节节败退，身处沦陷区的大批流亡学生奔向西北，涌向八路军办事处表达心向延安的愿望。毛泽东同志知道这个情况后，要求青训班要大办，对广大青年要来者不拒，并支持从抗大和中央党校等单位抽调一批干部加强青训班的教学力量。由于学员数量的增加、青训班规模的扩大，1938年1月便迁至安吴堡，进入了青训班的大发展时期，除了全国四面八方流亡到陕西的学生，还有从新加坡、马来西亚、印尼、菲律宾、泰国、缅甸等地回来的华侨青年。时任中央青委书记的陈云同志提出：青训班不只是对青年进行战时军事政治常识和抗战本领训练的学校，还应该是青年运动的大本营和基地。他还指出：现在青训班的任务就是向全国撒种子，开展青年运动。

这个时期，青训班有的放矢地在教学上进行抗日民族统一战线基本理论和策略原则、军事训练和游击战术，以及群众运动、群众路线和工作方法教育、马列主义理论启蒙教育，等等。把教青年增加抗战本领同人生观教育联系起来，把授课与组织学员参加实践活动结合起来，使学员一毕业就能投入抗战，成为有理想、有纪律、有专长、能战斗的抗日战士。青训班的创办业绩引起著名教育家、山西民族革命大学校长李公朴的关注，他到青训班考察后，便写了《西北青年救国联合会怎样办战时训练班—— 一个战时教育的参考》一文，内容包括青训班创办的过程、组织特点、课程种类、教育方法、管理方法以及存在的困难等，发表在当时汉口读书生活出版社出版的《抗战教育的理论与实践》上。1938年3月，党中央做出积极稳妥地在知识分子中发展党员的决定后，青训班在两年多的时间里先后发展2000名青年加入党组织，为党输送了一批新鲜血液。特别需要强调的是青训班的实践性特点，在1939年1月至4月，按照党中央的要求，为贯彻党的六届六中全会精神，从青训班抽调一批学员组成了六个青年战地工作组，分赴晋东南和晋察冀两个敌后根据地开展青年抗日救亡运动，让他们在革命现实斗争的大熔炉中经受考验和锻炼。

在国民党顽固派掀起第一次反共高潮时，为了确保青训班在安吴堡的安全，党中央和中央青委着手在延安筹办一所真正意义上的青年干部学校，以适应坚持长期抗战、进一步扩大青年运动的需要，这就是历史上的泽东青年干部学校。1940年4月，党中央命令安吴青训班撤回延安，学员进入泽东青干校继续学习。后因形势发展的需要，党中央于1941年8月决定将泽东青年干校、女子大学、陕北公学等合并为延安大学。

安吴青训班和泽东青年干校前后历时三年十个月，办了16期，共培训了一万三千多名青年干部。他们像种子一样撒向各地，并在各地开花结果。正如1987年陈云同志在《安吴古堡的钟声》史料集的题词中所写的那样：安吴青训班培养青年干部的方针和方法，至今仍有现实意义。

从这个意义上讲，“团校人的初心和使命是什么”这一问题我们就不难回答了，那就是：激发青年干部替党探索党的思想政治主张在青年中的传播路径，替党探索党的组织行为在青年中的实现途径。我们团校人不是单一知识技能的输送者，而是价值观、世界观的传递者，还是播种思想的耕耘者，更是耐心浇灌的陪护者，期待这些种子在广袤的田野上生根开花结果，进而形成一种“星星之火，可以燎原”“聚是一团火，散作满天星”“星向太阳，月明星灿”的局面。到那时，我们可以毫不夸张地说：中华民族伟大复兴的中国梦的实现将指日可待。

中央团校基地一家亲

9月3日是一个特别的日子，中央团校2018年秋季学期开学典礼在团中央报告厅举行，主席台两侧宣传板醒目地写着：建设党在青年工作领域特色鲜明的政治学校。这是继中央团校改革以来，首次正式举行开学典礼，具有划时代的历史意义，可谓新团校新征程、扬帆再起航的标志。

这次开学典礼，中央团校特邀14家基地，即大别山干部学院、红旗渠干部学院、焦裕禄干部学院、浙江红船干部学院、浙江大陈岛干部学院、延安干部培训学院、河南省团校、浙江省团校、广东省团校、山东省团校、上海市团校、重庆市团校、全国青少年井冈山革命传统教育基地、中国少年儿童服务中心等单位参加，中央团校校长、团中央书记军科同志为中央团校14家基地授牌。之所以请大家齐聚中央团校，目的就是一起共同谱写新时代青年干部教育培训事业的华彩篇章。

在下午的中央团校校外基地建设工作座谈会上，14家基地的负责人纷纷踊跃发言，介绍了本基地与中央团校结亲的历史渊源，以及本基地相对独特的资源优势和培训特点，满怀激情地表达了今后开展合作的信心，同时还提出了不少积极的合理化建议。在认真梳理领导们的发言内容后，我有如下思考和体会。

一是要深入挖掘不同时期与青年成长相关的历史人物和事件。比如大别山干部学院党委副书记林志成同志谈到的大型近代革命题材电视剧《铁血红安》，其中的主要情节描写的就是红军早期著名将领陈昌浩的故事。

1934年，红四方面军攻打黄安(今红安)，缴获了国民党军队的一架高级教练机。在攻打敌军阵地时，陈昌浩坐在飞行员身后，将座舱里的手榴弹一枚一枚地投掷下去，为红军攻下黄安立下汗马功劳。历史资料显示，1932年7月，国民党军队对鄂豫皖边区发动第四次“围剿”，红四方面军被迫向西转移，将“列宁号”飞机拆散埋入大别山中。还有红旗渠的青年洞、铁娘子突击队等，其他基地类似这样的感人故事还有很多，都需要我们下大力气联合组建团队进行深入挖掘。这些珍贵的历史资源无疑为青年干部坚定理想信念提供了真实生动的教材。

二是发挥艺术元素在青年干部培训中的功效。延安干部培训学院联络处处长杨晓红特别背诵了何其芳的诗歌《我歌唱延安》中的一段。“延安的城门成天开着，成天有从各个方向走过来的青年，背着行李，燃烧着希望，走进这城门。学习，歌唱，过着紧张的快活的日子。然后一群一群地，穿着军服，燃烧着热情，走散到各个方向去。在青年们的嘴里、耳里、想象里、回忆里，延安像一支崇高的名曲的开端，响着洪亮的动人的音调。”这就是70年前作家何其芳对延安的描绘。这曲“洪亮的动人的音调”就源于主张抗日的中共中央所在地延安。西安事变和平解决后，国共两党初步建立了抗日统一战线，中共中央迁到延安，这个寂静的小镇从此就变成了革命的圣地。我想说的是，在青年干部培训的课堂上，用艺术的表达形式更能起到如虎添翼的最佳效果。

三是建立价值认同并达成共识。首先，要从国家战略的高度关注重视青年干部的成长，要充分认识到：加强政治培训是青年干部成长过程中很关键的一环。其次，要加强自己的核心竞争力，要有自己的主阵地、主战场，能自主研发课程，有自己优质的骨干队伍。不当二传手，不去打酱油，聚焦主责主业。再次，要建立省级上下联合的培训体系。比如重庆市团校提出的1（团校）+X（基层培训基地）+Y（现场教学基地）模式，一体联动发力，发挥整合优势。最后要办一所没有围墙和无限延伸的学院。“志之所趋，无远弗届，穷山距海，不能限也。”

各基地还提出了非常好的建议，比如依托中央团校对全国团校和基地的师资进行系统培训；安排地方团校教师到中央团校进修和挂职学习；由中央团校牵头开展集体备课活动；组织相关专家进行辅导和中央团校教师赴基层开展公益培训活动，等等。还有部分基地负责人提出：要关注团员骨干、少先队骨干和普通青少年等群体的服务培训工作，加大有关课程的研发力度，用足、用活有限资源，力争达到具有政治定位的公益性培训对象全覆盖，真正体现中央团校基地一家亲，共同完成培养中华民族伟大复兴大业的继任者这一神圣而艰巨的历史使命。

对地方团校改革中出现的几个认识问题再思考

当前，全国团校正处于改革的攻坚阶段，人们难免在许多问题的认识上存在这样或那样的疑问，这是很正常的。因为按照马克思辩证唯物主义理论，人的认识是要经历一定的过程，从感性认识到理性认识，不是一次完成的，往往要经历若干个阶段，有的时候还会出现曲折倒退的情形，这就要求我们做出实事求是的判断。近些年，协会秘书处先后走访各地团校了解情况，通过拜见分管团校的团委领导，了解他们对团校建设、改革和发展等工作的想法；通过深入访谈团校老校长、老教师，特别是20世纪80年代在团校恢复时期走进团校，见证了改革开放四十年来团校发展变化的一批老同志，请他们讲团校的故事；通过查阅各种有关团校历史的文件资料，尤其对1953年、1955年、1983年和1987年召开的四次全国团校工作会议的资料进行了收集整理，力求搞清团校的来龙去脉，知道团校是怎么一步步走到现在的。做这些工作并不是任务驱动，而是职责所为，因为在团校改革的过程中，有很多萦绕在团校人内心挥之不去的疑惑，我们必须先学一步、学深一步，否则就谈不上切实有效的服务，更谈不上正确的引导。以下针对团校人目前存在的疑惑，将自己的一点认识与大家分享，请领导和同志们批评和指正！

第一，如何看待团校并入党校的问题。党校和团校都是因党而立的，都是因党的需要而产生的，这一点毫无疑问。但它们之间最大的区别表现在三个方面：一是学员对象不同。党校面向的是已在执政位置上的党政领导，而团校面对的是群团组织的领头雁，前者源于党委系统和行政机构，后者源于团委系统和群团组织；前者在位相对稳定，后者在岗不断流动；前者的培训是在实践积淀后的稳固提升，后者很大程度上是缺乏实践积淀的启发引导。二是培训产品不同。党校培训提供的是“通用产品”，而团校提供的是“定制产品”。从党校和团校的校训内容足以看出其差异，前者是“实事求是”，后者是“实事求是，朝气蓬勃”，也就是说，团校是专门培养青年工作者的阵地。什么是青年工作？习近平总书记讲得很明确：着眼的是当下，传承的是命脉，面向的是未来。也就是说，我们所从事的工作与国家、民族的未来息息相关。毛泽东同志早在1953年所写的《青年工作要照顾青年特点》一文中一语道破。服务中心是我们的工作主线，但要遵循青年成长的规律，分类施策，而不能眉毛胡子一把抓。三是内容形式不同。党校的培训内容同样适用团校，但不能完全照搬，需要做一定的转化，不能上下一般粗。特别是地方团校，培训内容的比重也有所不同。关键是教学方法，团校应该多用青言青语，比如启发式、互动式和讨论式，等等。因此，在团校并入党校这件事上，一定要保持一种清醒、谨慎的态度，一定要防止那种简单行事的态度，杜绝仅从个人利益出发而忽视青年工作特点的行为。

第二，团校为什么要与学历教育剥离问题。两年前，当听到团校改革要剥离学历教育时，我自己也是一头雾水，2016年开始对重庆市团校进行深度调研，重庆市团校原党委书记黄捷同志说：“我这些年全都把精力扑到学历教育上了。”这句话让我第一次真正意识到党中央做出这一安排完全是基于党的事业薪火相传这一战略高度考虑的。近期看到时任团中央书记刘奇葆同志于1987年6月18日对《关于实现团校正规化的意见》（讨论稿）的说明一文中表明：“今后相当长的一个时期内，团校教育本身无法完全解决团干部来源问题，甚至只能解决较少的一部分。百分之九十几必须借助社会教育为我们培养，然后经过团内培训，成为有专业知识的团干部。团校建设如果离开了这个基本估计，脱离了团的事业和团干部队伍建设这样一个特点，就会出现盲目发展，造成回过头来进行调整等波折，给团的事业带来损失。因此，要把握百分之九十几同百分之一的关系，不是一个局部结构问题，是全团教育的战略问题，各地不可忽视，必须抓好。”现在再看这段话，很多提醒得到验证，不得不承认，部分团校在这次改革中深感其潜在付出的成本远远超出预估。

第三，团校定位问题。中央团校改革方案明确指出：团校是党在青年工作领域一所特色鲜明的政治学校。这句话来之不易，团校是从何而来的，并非人人都能说得清、道得明。这中间历经了三个阶段。第一阶段是1932—1949年。江西省团校为了搞清楚中央团校的由来下了不少苦功夫。“早在共青团苏区第一次代表大会召开以后，为了培养根据地的共青团干部，团苏区中央局于1932年下半年在中央革命根据地的瑞金开始筹办列宁团校。当时12月24日，列宁团校第一期在江西瑞金叶坪洋溪村开学。”据2009年中共党史出版社出版的《中央苏区青年运动史》一书记载：“列宁团校是中国共产主义青年团最早的中央团校，创办于1932年12月24日，地址在江西瑞金叶坪洋溪村，第一期共有学员124人，其中女学员35名，年龄14至25岁。团校校长是顾作霖。”1937年10月12日，经党中央批准，在国民党元老于右任的农场所在地开办了“战时青年短期训练班”，冯文彬同志亲自任班主任，胡乔木同志曾担任副主任。后续由于学员数量的增加，青训班规模的扩大，1938年1月迁至安吴堡，从此，中国共产党的青年培训工作进入了大发展时期。当时，除了从全国四面八方流亡到陕西的学生，还有从新加坡、马来西亚、印尼、菲律宾、泰国、缅甸等地回来的华侨青年。时任中央青委书记陈云同志提出：青训班不只是对青年进行战时军事政治常识和抗战本领训练的学校，还应该是青年运动的大本营和基地。他还指出：现在青训班的任务就是向全国撒种子，开展青年运动。在国民党顽固派掀起第一次反共高潮时，为了确保青训班在安吴堡的安全，党中央和中央青委着手在延安筹办一所真正意义上的青年干部学校，以此来适应坚持长期抗战、进一步扩大青年运动的需要，这就是历史上有名的泽东青年干部学校。这个时期我们可以将团校的定位总结为青年运动的大本营和基地，为根据地培养青年革命骨干的阵地。第二阶段是1949—1987年。团中央先后召开四次全国团校工作会议，团校到底是干什么的？团校如何定位？我们可以从时任团中央书记胡耀邦同志于1955年1月17日在第二次全国团校工作会议上的讲话可以了解到。他说："团校是培养和训练青年工作干部的学校。在团校里不讲青年运动的历史，这实际上就是违背了团校的性质和办团校的方针、目的。"共青团中央文件（88）中青字第01号《全团干部培训工作规划要点》中指出：各级团校是培养训练团干部和其他青少年工作者的基地。时任团中央书记刘延东于1987年6月21日在《全国团校工作会议上的讲话》中指出：共青团是中国青年唯一的社会政治组织。团校是培训团干部的基地。各级团校是团干部培训工作的主要基地，应该在全团干部培训中发挥骨干作用。她还着重强调了三点：一是团校要在发展中形成和强化自己的特点；二是要形成具有团校特点的教学方法；三是要努力创造一种实事求是、朝气蓬勃、联系青年、奋发进取的团校作风。第三阶段是1987—2012年。这期间，团校融入市场经济的大潮中，陷入为生存而战的困境。这期间，呈现八仙过海、各显神通的办学态势，基本的办学模式有三大类：一是团干部短期业务培训即岗位职务培训；二是在职团干部学历教育或高等教育；三是社会招生培养青少年工作者的普通高等教育（包括普通中等专业教育）等。总体情况是在主责主业方面有所弱化，对团校的定位把握不足。特别是对团校正规化建设在理解上还存在偏差。因而不可避免地认为：团校无长不稳，无短不富。这使得团校人将大部分的精力用来办学历教育，去从事那些能产生经济效益的培训项目。第四阶段是2012—2019年。团校改革发展阶段要剥离学历教育，聚焦主责主业。重新定位团校的功能，团校姓党姓马。团校是党在青年工作领域里一所特色鲜明政治学校。要用学术讲政治，重点对团干部加强党的理论、党性教育、实践教学和党纪党规党章教育等。

总之，我们对团校的认识是要不断深化的，要经历一个再学习再提高的过程。在我看来，如果共青团是播撒思想种子的地方，那么团校则是提供思想种子的地方，这种子是带有红色基因的，而且还是高度精良的不带任何杂质的，它能否如期开花结果，并形成月星明灿，“聚是一团火，散作满天星”的局面，就看团校人如何精心培育和呵护了。正如习近平总书记所讲的那样，这不是一个轻轻松松、敲锣打鼓就能成就的事业，相反它需要一代代团校人的不懈奋斗、永续奋斗、顽强奋斗。我想，只要团校人思想认识统一，大家拧成一股绳，就没有克服不了的困难，到那时，我们可以问心无愧地说：我们把整个生命都献给了人类最壮丽的事业，为共产主义事业而奋斗终生！

对团校定位的再思考

团校到底是做什么的？这是很久以来团校人一直在思考的问题。我们经常会提到，团校是团干部教育培训的主渠道和主阵地。从字面上分析，这只是对团校要做什么给出的基本判断，本以为团系统里的人应该是明白清楚的，但经过几年来的调研，发现有一部分团干部并不是十分清楚团校就是培训团干部的主阵地。比如，在某些团干部任职期间，团校这块阵地在无形中渐渐被边缘化，甚至被丢弃。现在我们很难去追责，因为其中有诸多的复杂因素。抛开一切是非，其最核心的一点就是我们一直没有一个依规依法办校的条例。是不是我们团校人就没有此想法呢？绝对不是，可以说，几代团校人从来没有放弃这样的期待，希望《团校工作条例》能尽快出台，特别是以杭州团校钱永祥老校长为代表的城市团校人自20世纪80年代就苦苦期盼《团校工作条例》的问世。我查看了一下城市团校校长工作研讨会1982—2012年的会议纪要，这一探索从来就没有间断过。

那么，团校到底是干什么的呢？我在前几年曾采访过时任共青团江西省委书记王少玄，他的回答第一次让我感到团校的非同一般。他说："在一个地方，团校是唯一的，它不是一所普通的高等院校，更不是一个社会上普通意义上的培训机构，它是共青团历史的书写者和见证者，没有团校，共青团历史将会中断。"当时我的心情比较复杂，觉得自己作为一名团校人，的确从没有坐下来认真思考这一严肃的问题。也就是在那次采访后，我才愈发关注团校在共青团历史梳理和书写方面的工作，每去一个团校，都首先去看它有没有共青团历史的资料，有没有记录本团校从成立到发展的过程，哪怕是几张老照片也好。协会秘书处收集团校历史的工作一直没有间断，可喜可贺的是，目前已有25家团校提交了自己团校的历史资料，这些资料十分宝贵，是为后来者留下的一笔宝贵的精神遗产。

值得一提的是，2015年协会在山东省团校的全力支持下，在举办第三届理事会第三次会议期间，我们利用该校的图书馆举办了“激情燃烧的青春岁月”——团青资料展，此次展览办得非常成功。山东省团校为此付出了极大的努力，中国青年政治学院李明龙老师特地将自己多年收藏的近2000件宝贝运了过去，还有个别团校也将自己团校的历史实物带到了展览室。直至今日，这些宝贵的历史资料和实物仍然闪烁着光芒，它们在向人们展示着共青团的一个个历史瞬间。

可以说讲好团校故事是协会秘书处一直坚守的事业。为了这一事业，每到一个地方，我们都要去拜见20世纪80年代的团校老校长，他们有的已经走不动了，有的病魔缠身，有的刚采访完，人就病逝了。于是我们加快了采访的脚步，恨不能采访到所有还在世的这些老校长们，及早将他们的口述史记载下来，只是一切远没有事前想象得那么便利。从这些访谈的资料中，我们深深感受到这些团校老人对团校的满腔热情，看到他们坚守团校阵地的毅力，他们将自己最宝贵的青春年华全部奉献给了共青团事业，每每听到感人处，我的泪水总在眼眶里打转。先不说他们有什么惊天动人的举动，单就为了团校的建设和发展，那种住在潮湿的地下室，啃着方便面，一趟趟穿梭于团中央、国家教委和兄弟团校等单位之间的毅力就让我叹服，团校就像他们自家的孩子，那种由衷的喜爱、天然的亲近，似乎是任何力量都无法阻隔的。

让我们从历史回到现实，现在的团校正处于改革的关键时期，我们要重新开始思考“团校是什么”的这一问题。2017年9月8日，团中央书记处常务书记贺军科同志来到中央团校，他的一番话给了大家很多启示。他说，深刻理解中央团校改革的逻辑和中央对中央团校改革发展的目标要求，围绕建设党在青年工作领域特色鲜明的政治学校这一根本定位，不断提升政治素养和党性修养，牢固树立“四个意识”，做到理想信念坚定、对党绝对忠诚；要提高专业能力，要有强烈的“本领恐慌”，自觉加强学习，既要学理论，又要向实践学习、向培训对象学习，切实提升承担团干部教育培养职责的能力；要提高研究水平，着眼于建设青年和共青团工作高端智库，多研究真问题，对青年和共青团工作多提有意义的建议。这其中基本明确了团校就是一所政治学校，而且并非其他领域的政治学校，而是党在青年工作领域的政治学校。同时要求团校人要具备承担教育培养团干部职责的能力，具备对青年和共青团工作建言献策的能力。其中特别提到的“真问题”，实际上就是提醒我们的团校研究工作要面向团的实际，用学术的力量解决现实存在的问题，而非就理论谈理论。

对中央团校的过去，贺军科书记的评价是准确的。他说，中央团校成立以来，适应不同历史时期党和国家事业发展需要和共青团事业发展需要，既承担着为党的青年群众工作教育培养干部骨干这一重要使命，同时也创办了中国青年政治学院，我们其他团校也依然如此。现在按照党中央和团中央的要求，在新的历史时期，团校要聚焦主业，对团校办学模式进行改革，这是大局，也是使命。正如军科书记所言：我们看事要看得长远些，勇敢迎接新的挑战。要提高政治站位，为党的事业培养青年政治骨干和团的业务骨干。要对自己有不一般的要求，经受各种考验，让培训学员对团校和团校人有发自内心的认同。

现在，我们可以说是赶上了一个好的时代和好的机遇，我们要奋力加强学习和研究，首先制定好《团校工作条例》。当然，《团校工作条例》的制定工作还有很长一段路要走，其价值意义不必多说，打铁还需自身硬。期待所有的团校人都能行动起来，积极为此贡献自己的智慧，因为这是咱们团校未来的希望。

更加坚定做好社会组织服务工作的信心

由民政部社会组织管理局和民政部社会组织服务中心主办的2018年第二期社会组织负责人培训暨助力“三区三州脱贫攻坚交流班”在新疆和田举办，其意义极为重大和深远。参加交流班的社会组织负责人普遍意识到：社会组织为国家出力的时机到了，特别是在国家脱贫攻坚战役中，社会组织要始终围绕党的中心工作，服务大局，积极投身其中。

培训期间，认真聆听了四川省社会科学院研究生院郭虹教授的课，受益匪浅，尤其她谈到社会组织在开展精准扶贫中的重要作用。其中涉及社会组织的定位和功能，即多种利益诉求的表达机制和利益协调机制，化解社会矛盾，减少社会冲突，弥合社会疏离，维护社会的和谐稳定。对此我感触颇多，有几点想法想与大家分享。

社会是一门大学问，如何进行社会治理，是对中国共产党人的严峻挑战和考验。从管理到治理，一字之差，体现着我们党为人民服务的鲜明特征。人民，只有人民，才是历史的创造者，社会治理若离开了人民大众的参与，如同鱼水分离，终将陷入被动的局面。随着我国的经济发展，应运而生的社会组织如雨后春笋般蓬勃兴起，以一种锐不可当的力量融入中国现代化建设的洪流中。

历史前进的车轮将社会组织推向一个崭新阶段。以习近平新时代中国特色社会主义思想统领社会组织党建工作，牢牢把握正确的政治方向成为社会组织的工作主线。与此同时，以人民为本，倡导人人皆愿为、人人皆可为、人人皆能为，充分调动一切可以调动的力量，从而形成政府、市场、社会组织协同推进国家治理的大格局。

2017年11月，国务院扶贫开发领导小组《关于广泛引导和动员社会组织参与脱贫攻坚的通知》让我们备感振奋，更加坚定了做好社会组织服务工作的信心。通知中明确提出：社会组织是我国社会主义现代化建设的重要力量，是联系爱心企业、爱心人士等社会帮扶资源与农村贫困人口的重要纽带，是动员组织社会力量参与脱贫攻坚的重要载体，是构建专项扶贫、行业扶贫、社会扶贫“三位一体”大扶贫格局的重要组成部分。

作为社会组织的一员，能够有幸参与到脱贫攻坚的战役中，感到无比的自豪。这既是社会组织的重要责任，又是社会组织服务国家、服务社会、服务群众、服务行业的重要体现，更是社会组织发展壮大的重要舞台和现实途径。

最让我感动的是，在社会组织如何支持新疆扶贫工作的交流中，大家在认真听取当地政府有关部门进行的深度贫困地区扶贫工作的介绍和答疑之后，积极回应，及时对接。比如，一组的中国青少年发展基金会希望小学建设管理部部长戴金海、中华社会职业救助基金会筹资总监高俊旭，还有中华思源工程扶贫基金会副秘书长陶鸣等，当场对接具体项目，并与当地有关人员进行了深入沟通，为项目的落地打下了良好的基础。还有很多社会组织负责人积极响应，提出建议和意见，并表明今后一定要加强对接和联系，愿意为新疆和田的脱贫攻坚竭尽全力。

接下来，我们还会到会员单位的驻村点调研，实地了解他们的所思所想，期待能汲取更多的能量，为他们的扶贫工作助力！

聚焦主责主业，要从解决问题入手

中国青年工作院校协会第四届全国团属院校和基地研究者高级研修班虽然结束了，但学员带来的问题却始终萦绕在我的脑海里。首先，要向提交问题清单的22家会员单位表达敬意，他们是：中央团校张鹏、全国青少年井冈山革命传统教育基地滕永琛、天津市团校刘竞和纪宁、北京市团校田宏杰和高艳蓉、河北青年干部管理学院弭龙、辽宁省团校王铁、吉林市团校周迎春、济南市团校王延华、江西省团校戴婕、贵州省团校邹立春、铜仁团校雷先政，以及浙江省团校、温州市团校、安徽省团校、镇江市团校、杭州市团校、枣庄市团校、合肥市团校、广州市团校、武汉市团校、桂林市团校、青海省团校。

下面对会员单位提交的所有问题进行了简单梳理，涉及不同的方面。

一、教

1.精准培训，协调内容与需求

① 如何更好地把握团干部和青年培训需求，精准培训内容和培训方式，提升培训效果？

② 如何能更加完善地做好基层团员青年的精准培训内容和培训形式？

③ 教师培训的内容与学员的迫切需要有较大出入怎么办？

④ 如何用学术讲好政治，同时让我们的培训课程真正对学员有吸引力？

⑤ 在学习和借鉴党校培训经验的前提下，要探索建设既有别于党校同

时又凸显团校特色的党性教育培训内容。

⑥ 基层团干部更多的是参加组织安排的各种培训，自主性选择培训相对较少，供需是否真正匹配？

2. 理论与实践统一

① 培训内容略显单一，基本停留在理论培训、时政宣讲，接地气的内容太少，类似经济形势、意识形态的课程几乎看不见。现在的团干部和青年朋友思维非常活跃，时常感到跟不上他们的脚步，停留在理论层面的授课并不受欢迎，如何解决？

② 在团课设计与开发时，面对基层团干部，怎么处理好理论内容和实务内容的比例，保证理论性和实践性两方面的教学需要？

③ 课程设置很丰富，但过于宏观，培训结束后，感到接受了很多新的知识点、信息量，但真正能带到课堂上的东西不够多，这是为什么？

④ 深入基层团干实施调研，离做到菜单式课表还有点儿距离，如何解决？

3. 青年的心理疏导

① 在新形势下的青年发展过程中，要首先去发现年轻人面对的新形势、新变化，在设计和开发的课程中体现出对青年的尊重和关爱。在传统教育模式下，应该增加一些如何让年轻人减压的课题，疏导他们面临的竞争压力和各种精神层面的问题，如何研发此类课程？

② 如何设计引领青年团员干部去帮助更多的年轻人建立健康的生活和工作模式的课程内容？

4. 多种教学形式

① 现场教学和实践教学环节的开发，以及教学方法的运用需要如何增强相互交流和形式创新？

② 整合力量，加强线上培训课程的建设与分享，如何加强课程内容的针对性，注重分层分类设置培训课程？

二、学

1. 如何做好思想引领

① 在团干部教育培训中如何用科学真理的力量引导团干部主动要求学习，在工作中学，在生活中学，持之以恒地学，去感悟，去实践，做到每一次理论学习都有收获，激励自己不断探究人类社会的真理？

② 在团干部教育培训中，如何把理论学懂、弄通、做实，如何让习近平新时代中国特色社会主义思想入脑、入耳、入心？

③ 如何让团干部从学习于形内化到学习于心？

④ 培训团干部时如何做到思想引领？

2. 多种教学方式提高学习兴趣

① 如何将最新的教学方式融入团干部培训中，从而提升团课的吸引力、感染力和渗透力？

② 新媒体时代，团干部获取知识和信息的途径更多元，更便捷，接受能力也更强，向团干部授业解惑如何更有效？

③ 如何运用历奇教育方式进行习近平新时代中国特色社会主义思想讲授？

④ 智能化时代，年轻人普遍患有手机依赖症，基本是手机不能脱离手，坐下来更是必须三五分钟就要刷一下手机。如何保持他们的学习兴趣？

⑤ 培训形式仍有提升空间。破冰、小组会、听讲座、参观考察是培训的常规动作，但已缺乏活力。如何创新培训形式激发学员的学习热情？

三、评（评估与研究）

1. 评估的有效性

① 团干部理想信念教育有效性的基本规定有哪些？如何进行评估？

② 团干部教育培训有效性研究范式缺乏，包括理论框架和分析路径

等。如何进行有效度研究？

③ 团干部培训课，如何挖掘学员的兴趣点和兴奋点？

2. 课程结构体系

① 如何在课程体系的结构化建设及特色建设上，建设凸显共青团教育培训特点的结构化课程体系，并形成各个结构化课程模块的基本内容框架，据此形成课程标准及评价标准？

② 团青培训的教育体系到底由哪些组成？推进团校培训工作科学化、规范化、制度化的依据是什么？（培训教育体系研究）

③ 培训的专业化、规范化不足，在具体培训项目中课程研发能力不强，不能贴合青年岗位的需要。在课程中，排名靠前的有团史、团情，青年培养，团建工作，这样的教育培训产品，适应性和不可替代性不强，且与青年参训人员实务技能结合度不够，影响学员对团校的认知——理论强、实践脱的问题，如何解决？

④ 培训包的开发进展缓慢，没有形成特色培训资源体系，课程深度、广度及针对性等方面需进一步提高，如何破解？

⑤ 培训体系完善上，基层团员培训覆盖面力度不够；培训周期缺乏统筹和制度性约束；缺乏团干部培训和党性锻炼效果的衡量评价机制和标准，如何解决？

⑥ 培训工作当中，如何解决团干部培训缺乏系统性和专业性，没有统一的课程体系和课程标准的问题？

3. 课程开发和教材建设

① 对于习近平总书记7.2重要讲话精神和关于青年工作重要思想等内容缺乏权威统一的宣讲口径，如何解决？

② 如何跟农村青年讲马克思主义？

③ 如何解决团干部教育培训缺乏统一的课程大纲和教材的问题？

④ 教材上，要在规范培训课程体系的基础上实现统编培训教材建设，

中央团校如何加强统筹，院校协会如何搭建平台？

四、师资

1. 师资力量

① 师资力量缺乏，专兼结合的教师体系构建进程缓慢，专职教师数量少，成熟度低，与兼职教师的关联度低，培训成本高，如何解决？

② 如何解决人员严重老化，教师队伍青黄不接的问题？

2. 教师的实践经验

① 团校教师基层实践经验不足，在构建教学体系中，只有理论做框架，没有实践做支撑，很难把课讲得丰满生动。如何想办法增加团校教师的实践机会，如何解决？

② 团校教师有相当一部分没有从事过共青团的工作，没有从事过团的工作的实际经验，如何讲好操作性的课程，比如加强基层团组织建设等课程有一定困难，从而会影响到团干部培训的效果。如何解决这些面临的问题与困惑？

3. 职称评定问题

① 在评职称的时候也没有相应的职称系列。看似百花齐放、百家争鸣，但长此以往会让团校教师感到迷惘、困惑。另外，大部分教师兼着行政工作，难免会顾此失彼，找不到一个长期坚持下去的落脚点，导致团校很多工作人员成为“万金油”，而不是高精专！如何解决这些问题？

② 由于撤销了学历教育的牌子，教师职称评定问题凸显，不知到底走哪个系列？

③ 团干部培训专职工作人员少，如何在工作中提升科研能力？

五、组织

1. 由于团的干部，尤其是基层干部兼职现象较为普遍，为了承担繁重的兼职工作，不得不经常放弃培训，或者难以集中精力参加长时间培训，工学矛盾如何解决？

2. 主管部门调训力度不足。团市委忙于自身事务和工作，如何加强团干部培训调训力度？

3. 基层团干部参训积极性不高，培训对实际工作指导性不强。目前基层专职团干部基本没有，他们三分之二以上的时间都在从事与共青团不相干的工作，参加过的培训也普遍感觉对实际工作帮助不大，如何解决？

4. 如何让团干部按照我们下发的培训通知准时到位来参加培训？

5. 基层团组织人员紧缺，工作量大且杂，团干部培训（尤其是长训班）调训人员困难。如何解决？

六、团校改革

1. 事业单位改革，团校的发展和未来何去何从？（发展和未来）

2. 聚焦主责主业，人才培养问题是影响团校发展的关键。团课教师的培养不是一朝一夕可以完成的，确实存在很多困难和现实问题。如何有效解决？（困难和现实）

3. 团校改革前，学校进行市场化运作，承担了大量社会培训项目，培训效果显著，同时也弥补了团校生存发展的资金缺口。但改革后不能承接社会培训项目，使得相关培训资质及设施闲置，同时也造成了经费紧张，给选派教师外出培训学习、工作交流等方面造成困难。如何解决？（改革前与改革后）

七、培训保障

1. 从体制内获得的支持不足，培训场地建设、住宿用餐条件等还有待改善，如何破解？

2. 校外特色、稳定的培训基地不足，基地类型和数量无法完全满足培训需要，如何解决？

以上问题需要有团校人去研究，并提出解决问题的建议。还是一句话，问题的解决不能完全等、靠、要，而是要靠所有会员单位群策群力去推动。一只筷子易折，一把筷子难断，只要我们大家齐心协力，办法一定比困难多。当下，我们要做得就是：如何找到解决问题的支点，做到“四两拨千斤”，而不是眉毛胡子一起抓。那么破解所有问题的关键在哪里呢？还是一句话：智慧在大家那里，只要对问题用心再梳理，必定能找到解决问题的钥匙。协会所关注的不是各单位自己独有的问题，一定是所有会员单位普遍存在的问题。要找到最大公约数，并抓住其中最关键的一个点来进行突破。正如协会常务副会长陆玉林教授所提出的：提升团校核心竞争力、时刻瞄准团校关键领域、实施团校问题重点突破。期待学员们回去多认真琢磨，并对以上问题进行再次梳理，理性地提出自己的建议，特别是找到解决问题的突破口，这才是我们举办此次研修班的最终目的。

团校人要练就笔力

团中央书记处第一书记贺军科于2019年9月26日在《中国青年报》头版发表署名文章，论述团干部的政治理论学习问题，其中特别表明：共青团是广大青年在实践中学习中国特色社会主义和共产主义的学校。在这所学校里，团员青年是学生，团干部就是教职员工，就应该传道授业解惑。每一名团干部都要不断增强脚力、眼力、脑力、笔力，在政治理论学习上达到融会贯通的程度，具备宣讲者的水平，做够格的“解经人”、热心的“布道者”。对此，结合近期刚刚结束的，由中国青年工作院校协会在湖南长沙主办的第四届全国团属院校和基地研究者高级研修班的课程内容，想谈谈自己对笔力的一点思考和体会。

一、笔力是团校人和团干部政治素养的外在体现

中央团校改革方案中，明确定位团校是党在青年工作领域里一所特色鲜明的政治学校。我们团校人是培养青年领头雁的，这个领头雁并非单纯意义上业务或技术方面的骨干，而是政治方面的骨干，如何使青年领头雁勇立潮头、担当重任，最关键的就是要解决团干部政治信念坚定的问题。内心若没有建立厚实的理论根基，无论如何难以解决信念坚定的问题。那么这项事业该由谁来做呢？是社会上的培训机构？非也。是普通的高等学府？不完全是也。必须由团校来承担，这是团校义不容辞的神圣使命。那么，这就带来一个问题，团校人应该是些什么样的人呢？一定不是在理论

功底上不如团干部，实践经验上赶不上团干部的人，那样的话，我们有什么资格去面对一批理论素养和实践历练都远远高于我们的团干部呢？而这恰恰是当下团校一定要进行改革的逻辑起点，因为团校人和团干部之间出现了各方面的不匹配，才使得团校人一定要下大力气彻底进行自我革命。

军科书记在这篇文章中虽然针对的是团干部，但某种程度上，其实是给团校人提出的警示，高度重视团校人自身政治理论修养将是全国团校今后一个时期乃至永恒的重点课题，这是打牢政治理想信念过程中关键一环。试想，团校人是培养团干部的干部，我们的政治理想信念坚定程度如何，将很大意义上决定着受训的团干部政治理想信念坚定的程度。怎么样理直气壮讲政治？如何用学术讲政治？是团校人必须要回答的问题。

二、团校人要练就笔力

对团干部的要求，我们常用“铜头铁嘴蛤蟆肚子飞毛腿”来形容，其实，团校人更要胜于一筹，不然难以让团干部真正认同和服气。铜头铁嘴自然不必多说，飞毛腿不一定赶得上年轻的团干部，蛤蟆肚子还是要有的，至少视野要更开阔，胸襟要更宽广。这里，我想说的是：我们要比团干部在笔力上更强些。本届研究者高级研修班邀请的专家有几位，他们分别是：湖南省社会科学院《求索》杂志社社长兼主编黄海、曾任《光明日报》理论部主任和《光明日报》智库研究与发布中心主任李向军、南京大学特聘教授兼国家社会科学基金社会学评审组成员风笑天、《中国青年社会科学》主编和中国青年政治学院教授周晓燕、共青团中央特聘青年讲师管雷等，他们可谓是倾其所有地为各位研究者献计献策，手把手地传递技艺。就在9月25日中央团校科研部举办的2019年中央团校教师共青团工作高端智库建设培训班第2次专题授课班上，我们还聆听了来自中央党校（国家行政学院）智库管理处处长黄伟同志介绍该校高端智库建设的内容，听后很受启发。下面，我将几位大家和黄伟处长所讲的内容进行了梳理，有几点是他们都提到并特别强调的。

一是强调选题的重要性。一个好的选题是一篇文章成功的一半甚至是一多半。选题的依据是什么呢？首先，要具有时代和历史价值意义；其次，是别人没有涉猎的；最后，还要有能力掌控。风笑天教授归纳了六点，即找准问题的大方向、问题的角度要新颖、现实性问题要突出、问题与学科概念相关、自己有较好的前期成果、大背景中的小问题，力求达到让人看得懂、亮点能凸显的效果。

二是形式顺序要讲究。专家们普遍强调，写文章要心中有别人，要说别人能听懂的话，解别人内心的疑惑，比如什么人做过、前面有什么类似的研究成果和结论、前人的研究还存在哪些短板、你想怎么干，等等。阐述参考文献的顺序也很关键，先从远到近，比如国外的研究成果、国内的研究成果，然后聚焦当下近期的研究成果，最后还要加一小段小结。总之，要达到给别人一种直观的感受：你对这一领域非常熟悉，重要文献和重要结论都很清楚。

三是主要内容是王道。写清楚是什么、为什么、怎么办。要有清晰的脉络，逻辑严密，文字生动，做到言之有物。研究很大程度上不是操作，而是在“问”，要具备产生思想与想法的冲动和解决问题的能力，比如构思、规划、选择、运筹各方面的能力。这些都不是教出来的，而是磨砺出来的。总之，研究就是构筑通向目标的桥梁和过河的船。这个本领不是挂在口头上的，而是实实在在干出来的。

三、聚焦当下要做并一定要做好的事

中国青年工作院校协会是全国团校之家，发现地方团校的优势，并将这些优势资源加以整合，形成一个力量，就能干成很多的事和很大的事。尽管每位专家分别从研究者的个体实践角度、办刊方向和主导的角度以及从建设高端智库的角度为我们答疑解惑、指点迷津，但最终都要落在自己

的本职工作和实际情况上，我也想趁机与大家谈谈对协会未来研究工作的考虑。

一是写好团校的故事。确实如黄海教授所说，田野叙事研究为我们研究者打开了眼界，过去曾有一段时期，总觉得这样的研究登不上大雅之堂，不足以体现研究的学术含量，总觉得低人一等。现在，我不这么看了，身为团校人，我们不去书写团校的历史故事，还指着谁去写呢？我们在岗的时候本可以完成的事业，为什么要等后来人去写呢？的确，并非所有人都要去做高大上的纯学术理论研究，即使做，我们也要有自知之明，也要量力而行，还是扎扎实实干自己能干的事为好。想想从当初一个人单枪匹马，到现在终于可以动员会员单位所有研究者一起来写《团校人的情怀》，这种局势哪是一个“情”字了得，哪是一个“令”字使得，若自身没有一种团校人的情怀，单纯凭借一种任务驱动，其价值意义就会大打折扣。

二是做好团校改革研究。特别值得指出的是：安徽省团校举全校之力在推动团校改革的研究工作，要给他们点赞。我们协会是干什么的呢？当下团校改革面临如此严峻的形势，协会不去研究，如何体现为会员单位做好服务的宗旨？不但要研究，还要深入到各会员单位中去，倾听他们的想法，想他们之所急，盼他们之所愿，紧贴会员单位的需要，为他们的期待和希望提供切实有效的服务。从2015年开始，协会秘书处开始着手这方面的研究工作，先后利用各种机会召开团校改革方面工作的交流座谈会，收集与此相关的问题，形成调研报告。

三是建设团校系统的高端智库。仅有前两项研究还远远不够，按照黄伟处长授课中提出的，国家高端智库的定位是决策咨询、理论创新、舆论引导、公共外交等。具体职能是服务党的理论创新工作，及时进课堂、进教材、进头脑，讲好总书记故事；开展重大研究问题、研发专门教材和撰写理论文章等。那么我们团校也要对标中央党校（国家行政学院），用习近平新时代中国特色社会主义思想统领协会工作，发挥团校和基地的优势，在青年和政治特色上下足功夫，越是在团校改革的关键时期，越要聚精会神、心无旁骛地尽好主责、做好主业。坚持每年举办全国团属院校和基地研究者、教师、团的教育工作者等高级研修班。与此同时，还要积极配合团中央做好学习习近平总书记关于青年工作重要思想专题培训班，要将教学工作与研究工作结合起来，要将队伍建设与智库建设结合起来，要将当前工作与长远工作结合起来。将服务对象变为工作对象，将会员单位的优势集合起来，打造协会自身的核心竞争力，形成新型的、富有特色的系统核心研究力量，进一步发挥退休老同志的作用，让他们贡献自己的智慧。

总之，当务之急是要依托协会副会长单位，打通报送内参报告的渠道，关键要善于写内参报告。一方面及时反映会员单位的心声，抒发团校人的情怀；另一方面为党的青年工作提供智力保障和支撑。一要发声，二要育人，两者均不可忽视。如黄伟处长提出的：抓住问题是关键，学理基础是功夫。作为团校人，要练就过硬的笔力功夫，重点在于平时一点一滴的积累，掌握足够的事实依据，具备缜密的论证能力，从而形成具有独特创新的见解。还要做到在内容上抓准问题、分析到位、措施可行；在形式上开门见山、逻辑清晰、言简意赅。内参报告要写协会正在做的事，要聚焦会员单位的关注点、突出点、难点和热点，要深刻而不尖刻，理性而不偏激，从实际出发，不超越阶段和可能，用平实的语言阐述深刻的道理，“立片言以居要，乃一篇之警策”。

团结、服务和引导会员单位不忘初心跟党走

（中国青年工作院校协会秘书处）

习近平总书记在参观“伟大历程辉煌成就——庆祝中华人民共和国成立70周年大型成就展”时的重要讲话中提到：“新中国成立70年来，我们党不忘初心、牢记使命，团结带领全国各族人民战胜了一个又一个艰难险阻，创造了一个又一个彪炳史册的人间奇迹，中华民族迎来了从站起来、富起来到强起来的伟大飞跃。”回顾中华人民共和国成立70年来我国所取得的历史成就，深切地感受到这些成就的背后是革命先辈和烈士们为民族独立和人民解放、国家富强和人民幸福建立的不朽功勋和伟大智慧的积淀。70年后的今天，面对人民英雄纪念碑，面对那些为新中国的成立付出生命代价的成千上万名烈士的墓碑，不禁感慨：雄关漫道真如铁，而今迈步从头越。那么，我们将如何继承先辈和烈士们的遗志，走好新时代的长征路?

习近平总书记在国家勋章和国家荣誉称号颁奖仪式上的重要讲话中说道：“一切伟大成就都是接续奋斗的结果，一切伟大事业都需要在继往开来中推进。新时代必将是大有作为的时代。”作为中国青年工作院校协会，团结、服务和引导会员单位不忘初心，永跟党走，比任何时期都更为急迫。因为时间不等人，机遇转瞬即逝，我们不抓住机会，将无法告慰先辈和先烈们，也无法向新人后人交代。

中国青年工作院校是1994年由团中央发起并在民政部注册登记的国家

一级社团，其70多家会员单位遍及全国，它们拥有共同的红色基因和校训，它们因党的需要而建立，因团的业务而立足。议大事、懂大局、管本行是对其服务对象——青年团干部，也是对会员单位的所有教职员工基本素质的考量，特别是正处于改革攻坚时期的会员单位，如何聚焦团干部教育培训的主责主业，如何成为能教好干部的干部是重中之重。“实现第一个百年奋斗目标、全面建成小康社会，进而实现第二个百年奋斗目标、实现中华民族伟大复兴的中国梦，关键在于培养造就一支具有铁一般信仰、铁一般信念、铁一般纪律、铁一般担当的干部队伍。”（习近平在全国党校工作会议上的讲话，《求是》2016年第9期）对于共青团，《党章》在第十章第五十一条明确规定：“中国共产主义青年团是中国共产党领导的先进青年的群团组织，是广大青年在实践中学习中国特色社会主义和共产主义的学校，是党的助手和后备军。共青团中央委员会受党中央委员会领导。共青团的地方各级组织受同级党的委员会领导，同时受共青团上级组织领导。”从这个意义上讲，中国青年工作院校协会不同于社会上的一般性社会组织，其政治属性和功能更应该凸显和强调，在坚持党的领导，对党绝对忠诚，做政治上的清醒者和明白人方面比任何社会组织都要更加严格，并要成为一条铁律，做不到这一条，协会就失去了存在的价值和意义。当前，协会目前还有很多亟待解决的问题，离党的要求、时代的需要、青年的期盼还有很大的差距。对协会来说，时代是出卷人，我们是答卷人，党和青年是评卷人，要交出一份满意的答卷，需要首先审题搞清楚出卷人的意图。笔者拟从出卷、答卷和评卷三个方面谈点自己的思考和想法。

一、时代出卷人

“这是一个最好的时代，这是一个最坏的时代；这是一个智慧的年代，这是一个愚蠢的年代；这是一个光明的季节，这是一个黑暗的季节；这是希望之春，这是失望之冬；人们面前应有尽有，人们面前一无所有；人们正踏上天堂之路，人们正走向地狱之门。”这段来自英国作家查尔斯·狄更斯所著的一部以法国大革命为背景所写成的长篇历史小说《双城记》中的经典语句，很多人耳熟能详，记忆深刻。该书首次出版于1859年。而我们现在所处的时代又是怎样的呢？此时此刻，我们距离“中国梦”的目标比任何时候都更接近，实现“中国梦”的信心比任何时候都更坚定。我们距离民族复兴的目标从来没有像今天这样接近（党的十九大报告）。可以肯定地说，这样的判断无疑是明智和准确的。但是，所有目标的实现，都是一代又一代人不懈努力、顽强奋斗、前仆后继换来的，并非敲锣打鼓、轻轻松松得到的，最终的成功往往取决于最后的坚持，可谓“行百里路者半九十”。作为中国青年工作院校协会这一社会组织更是如此，需要的不是口头上对会员单位的承诺，而是实实在在的行动。这就需要我们明确新形势、新任务，了解党对干部教育培训院校提出了哪些新要求；会员单位的新发展、新变化对协会的发挥作用提出了什么样的新期待；新时代，国家对协会自身建设提出了哪些新标准。

（一）新形势、新任务对干部教育培训院校提出了哪些新要求。

中国青年工作院校协会的组成单位多为青年干部教育培训院校，其主责就是办好党在青年工作领域里的特色鲜明的政治学校，其主业就是做好青年干部教育培训工作，为党和国家输送绝对忠诚、做人干净和勇于担当的青年政治骨干。那么如何做好新形势下干部教育培训工作呢？首先，“要突出抓好马克思主义理论教育特别是中国特色社会主义理论体系教育和党性教育，着力提高干部思想政治素质和道德品质”（习近平同志2010年9月27日在中国浦东干部学院座谈会上的讲话）。他还说：“马克思主义理论素养是领导干部的看家本领，是我们党克敌制胜的根本法宝。历史无数次的经验和教训告诉我们：没有政治理论高度的自觉，就难以有坚定的理想信念。”（习近平同志2010年9月27日在中国浦东干部学院座谈会上的讲话）“马克思主义经典著作是马克思主义理论的本源。学习马克思主义经典著作，有利于从源头上完整准确地理解马克思主义，系统掌握马克思主义科学真理，也有利于深化对中国特色社会主义理论体系的理解和运用。”（习近平同志2010年9月27日在中国浦东干部学院座谈会上的讲话）其次要对青年干部加强党史、国史方面的认知教育。在讲清楚“马克思主义理论为什么行”的基础上，进一步讲清楚“中国共产党为什么能”“中国特色的社会主义制度为什么好”。这些回答并非泛泛而谈，而是要有理有据，从历史、理论和现实等三个维度阐释明白且逻辑清晰。“在干部教育培训中，要把继承和弘扬党的优良传统作为一门必修课，教育干部牢固树立正确的世界观、权力观、事业观，忠于党、忠于祖国、忠于人民、忠于中国特色社会主义事业，永做人民公仆，始终保持艰苦奋斗精神和锐意进取的激情，始终保持政治上清醒和坚定，尽职尽责干好工作，经受住各种风浪和诱惑的考验。”最后是在青年干部教育培训中，“进一步强化实践培训的分量。实践的历练对干部健康成长必不可少，实践也是干部教育培训最好的课堂”。（习近平同志2010年9月27日在中国浦东干部学院座谈会上的讲话）这里需要特别指出的是：青年工作院校不同于普通的高等院校，也不完全等同于党校和行政干部学院，它所服务的对象是要培养从事青年工作的骨干，因此其教育培训方式更要凸显实践的特点。毛泽东同志曾于1953年6月30日在《青年工作要照顾青年特点》一文中指出：“青年团对党闹独立性的问题早已过去了。现在的问题是缺乏团的独立工作，而不是闹独立性。青年团要配合党的中心工作，但在配合党的中心工作当中，要有自己的独立工作，要照顾青年的特点。”因此，从这个意义上讲，青年工作院校所采用的教育培训方式将更加带有浓厚的青年味道，正如这类院校的校训内容一样：“实事求是，朝气蓬勃”。实事求是，“就是做老实人，说老实话，办老实事”，“就是工作要扎扎实实，具有革命的坚持性”，“多做打基础的工作，讲究工作实效”，“学会善于做细致的工作，特别是要善于一点一滴地去做思想工作”。朝气蓬勃，“就是要有勇于跟困难做斗争的革命干劲”，“开动脑筋，敢于和善于提出问题，有负责精神和创造精神”，“有努力学习，永不自满的精神”，“防止脱离实际，脱离群众和沾染官僚主义习气”。（中国共产主义青年团第九次全国代表大会，1964年6月11日—29日在北京召开，胡耀邦代表上届中央委员会作了《为我国青年革命化而斗争》的工作报告，上文为其所强调的主要内容）目前，会员单位所采用的教学形式主要有十种——现场教学、仪式教学、体验教学、情景教学、访谈教学、互动教学、案例教学、实践教学、演出教学、影像教学，等等。这些教学方法在某种程度上通过潜移默化的渗透和春风化雨般的引导，使理论学习和党性修养成为青年干部的自觉行动。

（二）会员单位的新发展、新变化对协会的发挥作用提出了什么样的新期待。

当前，会员单位正处于改革的关键时期，一方面要对标中央团校改革方案，开始思考自身的改革对策；另一方面，在前所未有之大变局的背景下，又往往不知所措、迷惘前行，此时，会员单位对协会寄予了无限的期待，期盼在迷茫中看到希望，在行进中有所收获。他们更多的期待是团中央领导能亲自走近他们，倾听他们的心声；期待中央团校发挥龙头老大的作用，给他们出实招、破难题；期待中国共产主义青年团团校条例的制定和出台等，能在他们与相关部委和部门在进行改革工作协调的关键时刻提供重要的参考依据，为他们争取话语权。协会是干什么的？就是急会员单位之所急，想会员单位之所想，解会员单位之所难，对于协会秘书处每一位工作人员来说，无论你的能力大小，都必须从内心深处建立全心全意为会员单位服务的理念，从随时走访到实地调研，了解每一个会员单位的真实情况。中央团校也竭尽全力回应兄弟团校进行的改革之问，真诚分享改革经验和体会，团中央领导亲自视察试点重庆市团校等单位，亲力亲为、用心指导。与此同时，协会还创造一切条件，搭建交流平台，推动会员单位之间彼此加强沟通，相互观摩。协会主动做好问题梳理，汇集大家提出建议，并形成会员单位改革动态报告，及时向协会领导报送。

（三）新时代，国家对协会自身建设提出了哪些新标准。

民政部近几年关于社会组织自身建设方面先后出台了若干个通知和有关文件，比如《民政部关于社会组织党建工作意见》《民政部关于在社会组织章程增加党的建设和社会主义核心价值观有关内容的通知》民政部办公厅印发的《关于在社会组织登记管理工作中加强名称管理有关问题的通知》、民政部等9部委印发的《关于社会智库健康发展的若干意见》等。特别是2019年9月27日，中央和国家机关工委召开整顿社会组织软弱涣散党组织的工作推进会。会议贯彻落实中央组织部关于整顿社会组织软弱涣散党组织工作的部署要求，把中央和国家机关整顿社会组织软弱涣散党组织工作作为扎实推进“不忘初心、牢记使命”主题教育的一项重要内容进行再动员、再部署。

总体上有如下具体要求和标准规范：一是完善法人治理结构和运行机制。建立健全劳动人事、党建、财务、印章、档案等内部管理制度，健全内部监督机制，加强自我管理，提高治理能力。二是加强党建工作。发挥党组织的政治核心作用。党组织要对社会组织重要事项决策、重要业务活动、主要经费开支、接受大额捐赠、开展涉外活动等提出意见，确保社会组织正确的政治方向。三是强化主体责任。社会组织应当严格遵守国家宪法法律法规和本组织章程，所从事的各项活动应当符合党的路线方针政策，要紧紧围绕党和政府的决策开展活动；建立社会组织负责人管理制度，规范任职条件、产生程序、任职年限等，实行法定代表人离任审计制度。四是加强队伍建设。围绕社会组织自身定位与功能领域，分别建立专业研究人才和行政管理人才招聘、使用、培养、考核、激励机制，形成政治可靠、素质优良、德才兼备的社会组织人才队伍，以及具备现代社会组织和科研项目管理经验、综合协调能力较强的行政管理人员队伍。五是健全财务制度。坚持社会组织的非营利属性，社会组织应当严格执行民间非营利组织会计制度，依法进行会计核算，建立健全内部会计监督制度。社会组织筹集和使用业务经费，应当符合章程规定的宗旨和业务范围。任何个人和单位不得私分、挪用、侵占社会组织财产。六是提升服务能力。社会组织要紧紧围绕服务党和政府决策这一中心任务，着力提升信息采集能力、资源整合能力、综合研判能力、战略谋划能力，着力提高政策研究的专业性、针对性、储备性，着力增强政策建议的前瞻性、建设性、操作性，形成过硬、切实有效的研究成果。有条件的社会组织应结合自身特点和优势，努力建设有较大影响力和知名度的智库品牌。

二、我们答卷人

在过去的一年中，院校协会在团中央书记处的正确领导下，在各会员单位的努力下，取得了长足的进步。但是，距离团中央对院校协会的工作要求、距离各会员单位对院校协会所能提供的服务的希望，以及国家对协会建设的标准和要求还存在着不小差距，我们要认真总结过去一年工作的成功经验，认真分析存在的问题和不足，齐心协力为党的干部教育培训事业做出更大的贡献。

（一）协会要坚持将政治建设放在首位，引领会员单位加强政治建设。

旗帜鲜明地讲政治是我们党作为马克思主义政党的根本要求。“马克思主义政党具有崇高政治理想、高尚政治追求、纯洁政治品质、严明政治纪律。”（《习近平新时代中国特色社会主义思想学习纲要》，中共中央宣传部，学习出版社、人民出版社，第225页）我们党把政治建设纳入党的建设总体布局并将其放在首位，就是因为党的政治建设决定党的建设方向和效果，如果马克思主义政党政治上的先进性丧失了，党的先进性和纯洁性就无从谈起。“大量事实表明，党内存在各种问题，从根本上讲，都与政治建设软弱乏力、政治生活不严肃不健康有关。”

协会要积极引导会员单位加强党的政治建设，积极引导会员单位把智慧和力量凝聚到新时代坚持和发展中国特色社会主义伟大事业中来，牢牢把握办会的政治方向。政治方向在协会的生存发展中是第一位。所以，我们协会要积极引导会员单位始终坚定马克思主义立场，坚决站稳党性立场和人民立场。坚持以党的旗帜为旗帜、以党的方向为方向、以党的意志为意志，始终做到在党言党、在党忧党、在党为党，坚持以人民为中心，践行全心全意为人民服务的根本宗旨。引导会员单位积极营造良好的政治生态环境。严格执行新形势下党内政治生活若干准则，弘扬忠诚老实、公道正派、实事求是、勤政廉洁的价值观。引导会员单位不断增强政治能力。善于从政治上分析问题、解决问题，看清本质，抓住根本。增强“四个意识”，坚定“四个自信”，做到“两个维护”，进一步坚定政治信仰，强化政治领导，提高政治能力，在思想上、组织上和行动上与以习近平同志为核心的党中央保持高度的一致，不折不扣地执行党的路线、方针和政策。

协会把党的政治建设摆在首位所采取的重要举措就是：要积极引导会员单位聚焦对青年干部的政治培训主责主业，将其落到实处。青年干部如果不接受政治培训，很难在政治上成熟起来。“比如，有的干部自己认为最缺的是新知识，但事实上他最缺的是理想信念、党性修养等。现在在干部特别是年轻干部中，相当一部分人最需要解决好的是理想信念问题，最缺乏的是马克思主义基础理论教育和道德品行教育。各级组织部门和各个干部教育培训机构要准确把握干部队伍现状，更有针对性地开展干部教育培训工作。要适应经济社会发展的需要和知识更新越来越快的趋势，紧密结合学员的思想、知识和工作能力的实际，建立培训内容的更新机制，把党的理论创新最新成果、改革开放和社会主义现代化建设新鲜经验、改革发展稳定面临的重点难点问题，及时地转化为培训内容，及时地进课堂、进教材、进学员头脑。”（习近平同志2010年9月22日在中国浦东干部学院座谈会上的讲话）那么，协会要做的就是积极组织动员会员单位建言献策，研究如何建立把党的理论创新最新成果、改革开放和社会主义现代化建设新鲜经验、改革发展稳定面临的重点难点问题及时地转化为培训内容的机制，这是当前乃至今后很长一段时期的重点任务。

（二）协会要把业务建设作为核心，服务各会员单位，提高业务水平。

从来没有脱离政治的业务，也没有脱离业务的政治。如果把会员单位比喻成一架战斗机，那么协会就是一艘航空母舰，承载战斗机的航空母舰驶向哪里是关乎党和国家事业兴衰的大事，决定其生存命运的根本，但如何保证行驶精确，保持航母平稳平衡，则取决于核心技术。前者是“道”，后者是“术”，道术不可偏废，本末不可倒置。截至目前，协会共有70余家会员单位，无论在办学规模还是体制机制方面都各有其特色，情况千差万别，但会员单位提升自身核心业务水平的强烈愿望是一致的，协会必须想方设法去满足会员单位的这一需求，坚持倡导团结就是力量的精神，相互支撑，彼此共助，尽可能调动会员单位一切可以调动的积极因素，成立业务课程组，比如团史课程组、团务（团建）课程组、团干部素质提升课程组、中学团课课程组、少先队辅导员课程组、历奇教学方法课程组，等等。定期开展线上或线下集体备课活动，从团课说课比赛到精品业务课展示，协会都紧紧依靠会员单位，将服务对象转变为工作力量，大家的事大家商量着办。通过开展各类擂台赛和分享课等活动，使会员单位从中掌握业务技能提高业务水平，让会员单位有获得感是协会存在的价值和意义。

（三）协会要把队伍建设作为基础，帮助各会员单位提高师资队伍质量。

协会始终坚持以人为本的理念，把抓好队伍建设当作头等大事来做。从2012年开始举办首届全国团属院校和基地教师高级研修班起，坚持每年定期为会员单位的教师进行专门培训，特别是在会员单位改革期间，为适应学历教育剥离、部分学历教育的教师转型的需要，协会加大会员单位师资人员的培训力度，有效提升会员单位整体师资队伍质量。与此同时，还依托中组部计划内培训班次，推动会员单位一把手的队伍建设工程。实践证明，会员单位的发展好坏与其一把手的精神状态有很大的关系，他们的工作激情与治校能力某种程度上对该单位的未来起着直接的作用。另外，协会还抓了两支队伍，一个是团的教育工作者队伍；一个是研究者队伍，定期适时举办高级研修班，强化队伍建设，提升会员单位对协会的认同感。

（四）协会要以自身建设为依托，全面建设好自身职能。

协会作为国家一级社会组织，没有任何行政权力，协会和会员单位之间也没有任何行政性的隶属关系，唯有通过提供有效服务并长期陪伴，协会才能取得立足的资本。打铁还需自身硬，要想获得社会平均值以上的成就，我们就要付出社会平均值以上的劳动。很多时候，我们需要像对待自己的亲人一样对待会员单位，保证随叫随到，会员单位有所呼，我们就要有所应，而且必须是全身心投入，心无旁骛地干好每一件会员单位交办的事项。除此以外，还要紧跟形势的发展，关注民政部等有关部门出台的政策和条规，加以研究认真执行，不能有丝毫松懈。其次还要左顾右盼，一手抓培训，一手抓研究，既不能陷入纯实务性和繁杂性的工作中，也不能忽视对会员单位所提出问题的研究工作，两者要兼顾并进。一方面要能为会员单位解实难；另一方面还能为上级部门建言献策。

（五）协会要鼓励各会员单位和专委会发挥作用，开展更多更有实效性和影响力的工作。

协会自身资源是十分有限的，没权、没钱、没人，但要干成事，就要在协会的领导下，紧紧依靠会员单位，特别是依靠各专委会的力量，用专业的人干专业的事，正如常用的一句广告词：我们只是大自然的搬运工。协会凭借“人心齐，泰山移”，广泛凝聚会员单位的人心，“坚持大团结大联合，坚持一致性和多样性统一，不断巩固共同的思想政治基础，加强思想政治引领，广泛凝聚共识，努力寻求最大公约数、画出最大同心圆，汇聚起实现民族复兴的磅礴力量”。协会今后要加强与会员单位和专委会的民主协商，多做争取人心的工作，“坚持发扬民主和增进团结相互贯通，建言资政和凝聚共识双向发力”。（习近平总书记在中央政协工作会议暨庆祝中国人民政治协商会议成立70周年大会上的重要讲话）与此同时，要能倾听会员单位的不同意见，敢于接受会员单位提出的批评，有则改之，无则加勉，要有闻过则喜的博大胸怀和气量。要积极营造既有集中又有民主，既有纪律又有自由，既有统一意志又有个人心情舒畅的生动活泼的政治局面，让协会真正成为会员单位温馨而愉悦的家。在这个大家庭中，彼此要做到相互尊重、平等交流、遵循规则、有序协商，做到真诚而不设防，理性而不偏激。实践证明：协会对会员单位的号召力很多时候源于会员单位对协会的情感认同，从情感认同上升到理性认同，还需要协会开展更多更有实效性和影响力的工作才能实现。而真正决定协会生命力的是政治信仰的认同，没有理论认同、思想认同和政治认同，就很难有坚定和持久的政治信念。

三、党和青年评卷人

青年工作做得好与不好，不是自己说了算的，也不是领导能下结论的，而是要由党和青年来评价的。党、团、青三者的关系是青年工作始终绕不开的主线，一头连着党、一头连着青年。在不同的历史时期，党有不同的要求，形势变了，任务就会跟着变。但无论时代、形势、任务如何变，有一条是始终不变的，这就是：坚持党的绝对领导和坚持以青年为本。我们通常用“顶天立地”来概括，上接天线，下接地气，任何时候搞一头沉，都会出问题，如同跷跷板一样失去平衡。团组织在其中就是起着一个纽带、桥梁、支点作用，有为才能有位，这个有位不是找寻官位，而是找准切入的位置，才能起到四两拨千斤的作用。如同一根扁担挑着两桶水，找到扁担和肩膀接触的支点，我们才能将两个水桶平稳地挑起来。

在党、团、青三者关系中，还需要处理好可变和不变之间的关系。什么是不变的，前面我们说过是坚持党的绝对领导和坚持以青年为本，也就是说，脑袋里有两根弦要紧紧地绷着，丝毫不能松懈；还有一个是可变的，那就是：青年的接受方式，它会随着时代的变化和形势的变化而改变，那么做青年工作就不能无视这种情况的改变，而是要积极主动靠上去，对原有的相对不变的内容进行各种方式的转化。所要传播的内容是党说了算，而传播的形式是青年说了算，而我们只是要将内容和形式进行无缝对接，就像完成一幅精美的画作一样，共同呈现给他们，只有他们双方都认为好，那才是真正的好。

协会工作也是如此，上级主管部门放不放心，会员单位满不满意，直接决定着协会的声誉。因此，既要抬头看路，还要低头拉车。只要我们为了共同的事业淡泊明志，砥砺前行，就一定能在平凡的工作岗位上创造出不平凡的业绩。

拾遗补阙，长期陪伴

社会组织到底是干什么的？如果想不明白这个问题，就一定做不好这项工作。

从接手做协会秘书处工作以来，我自己就一门心思地想着怎么样服务好党的青年群众工作？怎么样服务好会员单位？怎么样服务好共青团事业？离开“服务”两字，协会就会名存实亡。

一年一度的中国青年工作院校协会第四届理事会第三次会长办公会议就要召开了，如何向协会的领导汇报一年来协会的工作？讲清楚未来一年协会准备要干些什么？以及讲清楚在当下大背景下协会如何围绕党政中心工作服务大局？这次出席参加协会会长办公会议的领导和代表与以往有所不同，他们对协会的过去、现在和将来并不十分了解，很可能搞成单纯地走走程序，这样就失去了开会长办公会议的目的和意义，这是我们大家都不愿意看到的。为了避免这一缺憾的出现，会前秘书处将中国青年工作院校协会的大事记和组成单位以及章程等资料发到工作群里。与此同时，为了提高会议效率，提前还将第四届理事会年度工作报告发给领导们审阅。我不知道有多少领导和代表看了，这是我们无法掌控的，但是如何抓紧2019年10月19日半天的黄金时段，让领导和代表们了解和熟悉协会的情况，是我们需要努力做到的。

会议有规定的内容，要通过一些事项，比如章程新增内容的说明、新增会员单位的说明和专委会调整的说明。看似简单的议程，实际就把协会工作的依据(章程)、组成单位（10个副会长单位、28个常务理事单位、34个理事单位、去年增加7个会员单位以及今年新增5个会员单位）和组织架构（9大专业委员会）等内容说明白了。这里面要讲清楚，协会是实行单位会员制，比如会员单位截至目前有75家。理事单位有62家，2017年12月换届确认的理事单位代表数是174人。这就是目前协会的基本情况。

接下来要就今年年底即将召开的第四届理事会第三次会议等有关事项进行汇报。也就是说，当前我们正在进行的工作，这就涉及理事会年度工作报告、财务工作报告和会议议程以及参会人员报名的情况，一方面由承办方红旗渠干部学院做前期会议筹备工作的情况汇报，比如接受的参会人员报名情况和提供参会人员的吃住行等物质保障等情况；另一方面是协会秘书处需要补充说明的情况，比如以训代会内容安排，强化学员的党性教育内容，同时展示会员单位合作开展团干部教育培训模式创新成果。将内容和形式有机统一起来。

最后要聚焦协会未来一年工作的计划事项上。很期待协会领导提出更多的意见和建议，我们要积极汲取和改进，不断完善和充实2020年工作计划。这部分内容需要给领导们和代表们讲清楚，协会自2010年从团中央组织部移交到中央团校以来一直坚持开展的几项品牌工作。

第一是全国团校书记校长培训班。2015年7月6日中央党的群团工作会议以来，该培训班纳入中组部计划内培训班次，每年由团中央组织部申请培训计划，经团中央书记处批准后报请中组部干教局核准通过，由中组部培训基地承办。截至目前已举办过两期（2016年和2018年在中国浦东干部学院），2019年10月22—31日在中国延安干部学院举办学习习近平总书记关于青年工作的重要思想专题培训班。

第二是全国团属院校和基地团的教育工作者高级研修班。面向会员单位分管培训工作的领导和培训教学管理人员。2015年和2018年在全国青少年井冈山革命传统教育基地举办前二届，2019年5月在延安团校举办了第三届。

第三是全国团属院校和基地教师高级研修班。直接面向会员单位授课教师进行培训。先后于2014年、2015年、2017年、2018年分别依托内蒙古自治区团校、山东省团校、青海省团校和广东省团校举办四届，2019年11月18日在红旗渠干部学院召开协会理事会前举办第五届。

第四是全国团属院校和基地研究者高级研修班。面向会员单位的研究青年工作和共青团工作的学者和专家，特别是青年研究者，针对他们的实际所需邀请青年工作领域的知名大家进行答疑解惑。先后于2012年、2013年、2015年在中央团校和浙江省团校举办三届，第四届于2019年9月在湖南省团校举办。

第五是讲好团校故事。收集整理团校历史资料，编辑完成《全国团校历史资料汇编》。并对20世纪80年代团校恢复期间的老校长、老同志进行深入访谈，正在编辑《团校人的情怀》一书。

第六是开展青年成长成才公开课项目。面向社会各领域的青年，整合青年工作资源力量，为他们成长助力。截至目前已进行到第十四期。

随着群团组织改革的深入，考虑到协会会员单位的结构日趋丰富等因素，从明年开始，将品牌项目的名称统一，都称之为中国青年工作院校会员单位团的教育工作、教师、研究者等高级研修班。比如2020年将举办第四届会员单位团的教育工作者高研班（大别山干部学院）、第六届会员单位教师高级研修班（重庆市团校）。另外，还要发挥好各专委会的积极作用，用专业的人做专业的事。比如开好城市团校专委会的年会，就城市团校的建设和发展进行专题研讨。与此同时，根据党和国家关于青年工作指示和政策等要求，根据国内和国际形势发展的需要，灵活机动地开展相关主题活动。

总之，协会工作就是拾遗补阙和长期陪伴，一是要找准党和政府中心工作的切入口进行发力，摆正协会自身的定位，只帮忙不添乱；二要长期与会员单位融通感情，创造一切条件走近会员单位，跟进他们的脚步，倾听他们的呼声，随时将他们的所需所愿第一时间向协会领导进行表达；三要通过开展有影响的活动将会员单位代表凝聚起来，搭建舞台让他们尽情展示，做到彼此相互欣赏、经验交流分享、成果运用共享。为了做到这些，我们就需要不遗余力地学习、研究和实践。

与英魂对话

2019年10月前往四·八烈士陵园，站在长眠于酒泉的烈士墓前，内心非常感动。他们生前干出了惊天动地的大事，正如延安干部学院曹琨老师所讲，他们都是一批有坚定信仰的共产党员，是向党发过誓言，提交过绝命书的人。

历史总是由后人来书写的，什么人能在历史上留下印记？一定是那些为党为人民大众做过贡献的人，一定是为民族谋复兴，为人民谋幸福的人。我在想：一个总想轻轻松松地躺着就能干成事的人，上天是一定不会眷顾他的，因为一切都是需要靠奋斗获得的。当我们感到有些吃亏，感到自己委屈，感到身心疲惫的时候，想想这些烈士，真是说不出口。

人的经历是不可复制的，也就是说前人的故事我们不能只是听听而已，而是要通过与历史人物对话，回到历史现场，问问自己如果面对敌人的残暴酷刑，自己是否能挺得过去？为什么那些革命烈士能扛过去？难道他们不知道自己的命宝贵吗？难道他们不知道人的生命只有一次吗？我认为这其中的差距就在于信念的坚定上。人的出生无法改变，而选择的道路是可以改变的，当一个人决定将自己有限的生命投入到无限的为人民服务中，那么他就会将所有的付出视为理所当然，他就不会为之痛苦，不会斤斤计较，而是会乐此不疲。反之，如果是为了捞取好处，他就会想方设法地投机钻营，甚至耍小聪明，以为这个世界上别人都是傻瓜。

我们学英雄，要学他们留下的宝贵精神财富，要学他们勇于牺牲、勇于吃亏、勇于奉献的精神，我们现在的幸福生活无疑是他们用生命换来的，难道我们不该心存感激吗？在这些英魂面前，我们还有什么资格发牢骚、摆功劳，我们所认为的自己的那一点点可怜的“辉煌”根本不值得一提。

如何学英雄？我认为还是要付诸行动，比如就从自己的实际情况出发，首先确定目标。你要成为什么样的人？是普通平常的人还是崇高卓越的人？当确定奋斗的目标以后，还要实打实干，说一千道一万，不行动一点儿意义都没有，行动才是货真价实的。最后就是坚守，就像人爬山，有的人一直在爬，有的人爬到一半就折回来了，还有的人快到山顶时坚持不住了。在爬山的过程，什么样的心态都有，这山望着那山高的，中途改旗易帜或背道而驰的，而有的人则一往无前、坚持到底，到底谁是最后的赢家，一定是后者。导致最终结果的其实就是毅力和勇气，而这毅力和勇气是从哪里来的？并非物质利益驱动，很大程度上源于精神的支撑。而精神力量又是从哪里来的呢？根本上源于一个人的信仰，说到底就是世界观、人生观和价值观，正如习近平总书记所说的“总开关”。一个人对世界是如何看待的？你如何界定人活着的价值和意义？这些问题在内心不解决，外在行为上迟早是要表现出来的，一切只是时间问题。我们学英烈，就是要从思想深处和灵魂深处彻底解决信念筑牢的问题。只有想明白，才能说明白和干明白，很难想象一个口是心非的人会生活得很快乐很幸福。

今天瞻仰英烈，就是要从他们身上汲取精神营养，克服自己身上的“骄娇”二气，学会低调做人，克服不自觉地抬高自己的毛病。不要动不动总想着个人的利害得失，而忽视那些默默无闻、埋头苦干的人，不能让老实人吃亏。如果说英雄向党交上的是绝命书，我们是否可以向党递交一份决心书和宣誓书呢？如果连这都不能做到，我们又如何告慰那些无名烈士的在天之灵呢？

一个人还是要把自己的姿态放低点，多想着怎么干好事，而不是想着怎么让别人知道，关键是自己内心是不是真心愿意干，你不干也会有人干，而且干得还很好。还是那句话，不要把自己太当回事，但一定要尊重别人，特别要善于听取别人的意见和建议，只有这样，才能调动一切可以调动的力量，一同把党和人民的事业做好。

天下大事必作于细

院校协会秘书处的一项很重要的职责就是要了解会员单位的所思所盼，并想尽一切办法找到解决问题的途径。

2018年10月29日晚，协会趁举办共青团中央学习习近平总书记关于青年工作的重要思想培训班之机，安排了参训的部分会员单位学员一起就团校改革的现状和建议等专题进行了座谈交流。大家提出了很多比较好的意见，认真梳理，主要有如下若干问题：

一是关于团校工作条例的制定工作。这项工作持续的时间比较长，目前还在进行之中。

二是师资骨干的培训工作。今年已列入团中央的干部教育培训计划中，上半年和下半年有两期培训班。协会在此基础上坚持每年举办会员单位教师高级研修班，2019年11月15—19日在红旗渠干部学院举办第五届。

三是关于协会课题科研成果认定问题。受这次2018年10月参加大陈岛青年志愿垦荒精神研讨会的启发，院校协会要做好科研工作，服务好会员单位，就必须与中国特色社会主义理论中心和中央团校科研部等实体部门积极合作，而非单打独斗。与此同时，还要与中国青少年研究中心和中央社会主义学院科研部等副会长单位积极协调，跟进到有关的科研项目中。

四是关于师资库建设、提供特色课程包等问题。这项工作一直在进行中，目前因团校改革，机构和人员变化比较大，师资库建设还需要一定时间，但特色课程包是可以依托学科与教学专委会进行的。

五是关于班次体系、教学体系、课程体系以及教材体系的构建问题。各团校具体情况差异很大，建议拟出一个原则性的大纲，供各团校参照。

六是关于团校改革的指导性意见。抓住在中国延安干部学院举办共青团学习习近平总书记关于青年工作的重要思想专题培训班的契机，建议团中央协调中组部干教局，就会员单位如何学有所思、学有所悟、学有所获，做出实际的行动，而《团校改革工作指导性的意见》无疑是恰逢其时。

这些意见和建议，一方面要及时向协会领导报告；另一方面要下功夫加以研究。要弄清楚哪些问题是可以通过努力解决的，我们称其为可控制的问题；还有哪些是多年的老问题，我们称其为不可控制的问题，但起码要搞清楚其根子在哪里，暂时解决不了的，需要一步一步地趋近之。还有一些问题，眼前看似比较难，但长远看，并非难事，只是需要我们多些耐心，并掌握好节奏。

《道德经》中说："天下难事必作于易，天下大事必作于细。"大至国家，小到单位，道理共通。作为院校协会，要积极调动一切可以调动的力量，大家的事大家来办，智慧在基层，我们要做的就是要紧紧依靠党组织，依靠会员单位，要勇于担当，多为党做赢得人心的工作，只要大家团结一心，就没有克服不了的困难。就让我们从现在做起，从细节入手，一点一滴做好服务工作。

汲取能量，汇集力量

我们每天都要新陈代谢，只要活着，就要汲取能量，补充自己，还要释放能量，帮助他人。

生物学告诉我们：吐故纳新是人的本性。俗话讲，要吃得好，还要排得净，光进不出，身体是要出毛病的。当然，这里我们谈的不是生物功能，而是我们头脑里的东西，它不像物质那样一目了然，相反，它是无声无息的。但之所以重要，因为它是我们从自然人过渡到社会人的标志。如果说，物质是第一位的，意识是第二位的，但不要忘了，意识对物质有反作用。

最近，大家都在谈中国力量，什么是中国力量呢？就字面而言，就是凝聚在一起的力量，可谓是一种气势磅礴的力量，可谓是一种发生裂变的力量，怎么形容都不为过。但是中国力量必定是由一个个中国人汇集在一起的力量。所以，我们要先从个体力量谈起，把个体的力量到底从哪里来这一问题搞清楚，才能谈及整个群体的力量。

前一段时间，课程组对校青年教师的演讲发表意见，大家一致认为，从他们的演讲中汲取了很多力量。通过归纳并大致梳理了一下，有方向的力量、人格的力量、理性的力量、情感的力量、历史的力量、现实的力量、逻辑的力量、青春的力量等。当然，这些力量是从不同的视角切入看待的，无论从哪个层面讲，都是一种向上和向善的能量，对一个人的成长无疑具有积极的作用。

我一直在思考一个问题，我们人之所以能活下来，除了物质上的能量摄入以外，很大程度上还要依靠精神能量。这些能量都不是从天上掉下来的，而是要靠我们用心发现并汲取的，如果你自己主观上不认为这些是对自己有益的能量，很可能就会熟视无睹，与它们擦肩而过，这样的话，你是什么能量也吸收不到自己身体内的，更谈不上成长与进步。当然，生活中也并不全是这些正向的能量，有的时候我们还会接收到负面的能量。这是客观存在的，你躲也躲不过。那么，怎么办呢？纠结其中，自寻烦恼是没有意义的，最明智的办法就是理性待之，学会转化能量。进一步讲，就是依据马克思主义哲学辩证法的原理，认识到任何事物都是发展变化的，变化就有规律可循，不是从量变到质变，就是从肯定、否定到否定之否定。世界上没有绝对的一成不变的东西，有反必有正，有正必有反，只是需要我们创造条件，将反向的东西转化为正向的东西。生活中也是这样的，废物还可以回收再利用，同样，反向的力量经过改造，完全可以变为正向的力量。

古人云：三人行，必有我师焉。我们总是可以从身边人那里汲取能量，无论是好的还是坏的，只要善于发现，就可以从一个人身上找到其闪光点，用心汲取；同时，也可以从一个人身上发现其灰暗处，警醒自己。没有哪个人是完美无缺的，当我们用手电筒照向他人时，就会让对方不舒服。我们应该用手电筒多照照自己，多暴露自己的瑕疵，勇于承认自己的不足，这才是强者的表现。

人与动物最大的区别，就是人是有思想的，想明白汲取能量是为了更好地生活和工作，那么，你就不会拒绝周边每一个人与生俱来携带的能量，你会从中发现并鉴别、汲取，或警醒自己。同时，你也不会吝惜释放自己的正能量给别人，因为，不及时释放能量，也就没办法腾出空间去汲取能量。我们正是在这一“呼”和一“吸”中，悄然完成了一次次的自我革命，这就是我们的成长和进步。也正是无数个体力量的形成，才汇集成一股势不可当的中国力量，这股力量还将推动中国日益走上世界的舞台。

要办好会员单位教师高级研修班

一年一届的会员单位教师高级研修班又要举办了，想起来就很兴奋。这一届与往届有什么不同呢？其主题有什么样的特点呢？这是我近期重点思考的问题。

自2014年，协会就开始举办全国团课教师高级研修班，首届就由内蒙古自治区团校承办，那一年我因为援疆工作，很遗憾未能抽出时间参加。2015年是我正式接手协会秘书处工作的第二年，由山东省团校承办的第二届全国团校团课教师高级研修班如期举行。应该说，这一届最大的亮点是团课说课比赛，邀请的评委都是共青团系统和青年工作领域的大咖，他们以精益求精的治学态度，为参训学员亲自进行示范教学。后来因为民政部社会组织管理局对评选表彰有严格的规定要求，协会没有继续开展类似的比赛项目。山东省团校为办此活动举全校之力，投入了极大的热情，与此同时，还承办了协会第三届理事会第三次会议和“激情燃烧的青春岁月”团史资料展以及校园广场文化活动展演，无论举办规模和产生效果都堪称第一。

2016年，全国团校进入全面改革阶段，机构和人员的变化是大家始料不及的，协会很多活动都因此未能及时举办，原本计划要进行协会换届的工作，也不得不延迟到2017年，但这一年最大的成效就是：全国团校书记校长培训班被纳入中组部干教局计划内培训班次，这很大程度上得益于中央党的群团工作会议的召开，我们赶上了一个好的机会。2017年，在青海省团校的积极努力下，第三届全国团属院校团课教师高级研修班如期举行，这次按照有关规定，我们将团课说课大赛改为教师的基本功展示，特邀团中央组织部、中国青少年研究中心和中央团校等单位领导专家以及基层的团干部代表为课程交流展示的学员进行了精彩点评。

实际上，团校无论怎么改革，但有一点是不会改变的，那就是抓好团校骨干教师队伍，能讲团课的教师是团校最大的人力资本，协会能做的就是：始终坚定不移地为会员单位的教师提供教学水平提升的机会和分享展示的平台。带着这样的认识，我们于2018年在广东省团校成功举办了第四届全国团属院校和基地教师高级研修班，本届研修班的特点是：将历奇教育引入政治理论课，用青言青语的方式，也就是青年喜欢和接受的表达，将习近平新时代中国特色社会主义思想入脑入心，这既是一次尝试，也是一次探索。

2019年是中华人民共和国成立70周年的特殊日子，举办地之所以选择在红旗渠干部学院，就是通过培训使参训学员增强“四个意识”、坚定“四个自信”，做到“两个维护”，进一步强化学员不忘初心、牢记使命的责任和担当。本届研修班的课程安排是红旗渠干部学院精心设置的，很多课程都是该学院非常成熟的精品课程。尤其让我感动的是，红旗渠干部学院的领导对此届研修班的承办给予了高度的重视，并在培训班次超负荷的工作强度下，专门安排工作人员和老师承接学员报名和咨询服务等事务，这些繁杂而琐碎的工作是很消耗精力的，但他们无怨无悔，甘愿为会员单位做好服务，我们要很好地向他们学习，给他们点个大大的赞！

我关注到这次参训的学员有很多都是新面孔，年龄都比较小，怎么让学员在短时间内快速相互了解和熟悉，并及时发现优秀人才以发挥他们的特长优势，做好教学创新模式交流分享展示，这就要在开班前做一些功课和准备。一方面要把教师高级研修班的故事讲清楚，另一方面要安排学员完成“两带来”的作业：一是分享一个视频（不超过4分钟，微信发送，短视频包含姓名、单位、授课基本内容、有特色有亮点有创新的教学方式等元素呈现即可）；二是提出一个需要。什么需要都可以提，协会秘书处要汇总这些需要，便于今后有针对性地开展服务工作。

我们说，一个研修班举办成功，很大程度取决于前期的筹备工作，这需要80%的力量投入，真正到了开班，只是学员成果呈现而已，正所谓“台上一分钟，台下十年功”。我们真心期待，每届研修班都能办得与以往不同，都能给参训学员带来刻骨铭心的精彩瞬间和令人难忘的美好记忆！

充分发挥社会组织在脱贫攻坚中的作用

——参加2018年第三期社会组织负责人培训暨助力“三区三州”脱贫攻坚云南镇雄交流班的体会

民政部社会组织管理局将此培训班安排在云南镇雄县是有特殊意义的。镇雄县地处高寒区，贫困面大、贫困程度深，是“贫中之贫、困中之困、难中之难、坚中之坚”的深度贫困县。截至目前，全县还有17个贫困乡镇、167个贫困村、29.1万贫困人口。可想而知，要到2020年全面建成小康社会，还有很艰难的一段路要走。

社会组织到底在这场脱贫攻坚战役中能发挥什么样的作用？这是我一直以来思考的问题。以中国青年工作院校协会为例，如果用通常意义上的精准扶贫类型来说，有产业扶贫、医疗扶贫、教育扶贫等，我们协会可以在教育扶贫工作中有所作为；如果用物质扶贫和精神扶贫来分类的话，我们协会一定可以在精神扶贫方面发挥作用；如果以精准帮扶对象来划分，我们协会一定要在关注青少年的成长和发展方面做出贡献。

经常有人问到我协会是做什么的？单从协会名称就一目了然，是从事青年工作的。习近平总书记在2018年团十八大后，接见团中央新一届领导班子的时候曾语重心长地说道：“青年工作，抓住的是当下，传承的是根脉，面向的是未来，攸关党和国家前途命运。”青年的精神状态是国家未来好与不好的晴雨表，他们的精神状态绝非单纯的物质利益所带来的，因此物质扶贫，特别是金钱扶贫虽然不是我们协会擅长的，但通过整合社会资源是可以做到的。

我所要表达的是：我们能给青年传递什么和带去什么？这是我们协会特别关注的。我们能做的是：传递正能量无疑是正确的导向，要让他们的精神世界充满阳光，要让他们深切感受到党的温暖和关怀，要让他们对未来充满向往和憧憬。传递价值和态度，助力青少年的健康和发展，助力青年的成长成才，使他们坚定理想、提升本领，早日担负起实现中华民族伟大复兴的时代责任。

我们协会自2015年，即第一次中央党的群团工作会议召开之后，就开始着力广泛动员全社会的力量，走近青年，通过举办不定期的青年成长成才公开课，举办关注青少年成长的公益活动。就在前天，刚刚组织了由我协会主办、共青团镇雄县委承办的第十一期青年成长成才公开课暨社会组织秘书长走进镇雄青年的公益活动。截至目前，先后有近百名社会爱心人士与青年共同分享成长故事，给他们精神上极大的激励和鞭策，将政治上的大道理转化为生活中的小道理，现身说法，娓娓道来，真正达到与青年面对面和心贴心。我以为这样的扶贫工作看似不像物质扶贫那样立竿见影，但却可以起到慢慢浸润青年的内心世界、滋润他们的心灵之作用。

这次来到镇雄县，收获满满，很多的社会组织都积极参与到镇雄扶贫项目的对接工作中，作为该培训班临时党支部的负责人，我为能为大家提供服务而深感荣幸。感谢民政部社会组织管理局服务中心为大家提供的学习机会，感谢镇雄县党政领导和同志们对此次培训班给予的高度重视和提供的周到服务。也特别感谢参加培训班的同伴们自始至终的坚守，没有大家的积极配合，就没有此次培训班的圆满成功。

让我们共同努力，积极助力“三区三州”脱贫攻坚，为打赢这场战役，从我做起，从现在做起，用我们的激情点燃孩子们的内心希望，用我们的智慧照亮孩子们的内心世界，用我们的热情感染孩子们的整个生命，帮助孩子一阵子，影响孩子一辈子。他们是祖国的希望，青年强则国强，赢得青年才能赢得未来。

衷心祝愿各位领导、老师和同学们归途愉快！期待再会！

往心里学，往深里学，往实里学

全党上下正在进行的“不忘初心，牢记使命”主题教育活动，的的确确让我们每一个党员内心世界受到很大的触动，学习理论的风气蔚然成风，党内的政治生态得到根本好转。这是全国人民有目共睹的，相信我们党一定能带领全国人民抵御各种风险，迎接各种挑战，为实现“两个一百年”而奋斗。

历史的经验告诉我们，政治信念的坚定源于理论上的高度自觉。不断学习，才能不断进步。这个时代，不能想象不及时学习所带来的隐患和后果，如果跟不上时代的步伐，必将被时代所淘汰，这是摆在我们每个党员面前的严峻课题。正如毛泽东同志所讲的：要学习、学习、再学习，实践、实践、再实践。

很多时候，我们在学习上会存在这样或那样的问题，比如内心会感觉学习负担过重了；为了完成组织交付的学习任务简单应付；没有联系实际学；把工作与学习分家，以为干好工作才是第一位的，至于学习，有时间就学，没有时间就放放。我自己也有过类似的情况，实际上，这显然是没有搞清楚学习的动机和目的。其实，我们不是为学习而学习，也不是学给别人看的，学习不是一个任务的驱动，而是一个要内化于心、践之于行的过程。从自身成长来说，主观世界的改造不是一时一地的，而需要长期的过程，来不得半点儿虚假。如同每天给屋子打扫卫生，每天洗脸一样，今天打扫了，今天洗脸了，那么屋子和脸就会干净，但不代表会永远保持干净一样，只要你还活在这个世界上，待在这个屋子里，你就不能偷懒。与其被动，叫人喊着动一下，或者鞭子抽一下，不如积极主动地行动起来，那样，你的心情是愉悦的，带给别人的感受也是阳光的，甚至与周边环境或整个世界的关系是和谐和美妙的。从这个意义上讲，学习和实践是何以起到这个作用的，这是我对学习的一点儿粗浅认识。

近期支部安排党员认真学习《中共中央关于坚持和完善中国特色社会主义制度推进国家治理体系和治理能力现代化若干重大问题的决定》（以下简称“决定”）和《中国共产党党校（行政学院）工作条例》（以下简称“条例”）等，该如何掌握这两份材料的实质，我认为必须结合自己的工作进行思考和领会。

首先，决定和条例的出台太及时了。因为2019年的国庆阅兵让全中国人民和世界人民看到了中国的精神，它是任何力量所无法替代的，其背后就是中国特色社会主义制度的光辉写照。我们这个制度的最大优势就是能集中力量办大事，谁来组织和发动呢？总要有一个核心，这就是中国共产党的领导，有以习近平同志为核心的党中央的坚强领导，就能汇集14亿中国人民磅礴之力，攻坚克难，一往无前。中国模式和中国方案对世界的和平在某种意义上可以说是一种巨大的贡献，试想：如果中国一旦陷入一盘散沙的境地，世界将会怎样？因此，中国强起来，对世界人民只有好处，那些生怕中国崛起的国家并不是从世界和平和发展的大局出发，而完全是精致的利己主义的表现，是气量不够大、格局不够宽的表现，我们无须与其争辩，唯有专注做好自己的事情。相信事实终究会让世人看到，谁是他们真正的朋友，谁是他们真正的敌人。

其次，决定和条例对我们的实际工作非常有指导意义。近期正在替团中央组织部草拟报给中组部干教局专题培训班的计划，可以说决定是我们确定培训班主题的依据，在以往三次培训专题的基础上（2016年和2018年在中国浦东干部学院举办的全国团校书记校长培训班和以习近平新时代中国特色社会主义思想统领团干部教育培训工作专题培训班，以及今年刚刚在中国延安干部学院举办的学习习近平总书记关于青年工作的重要思想专题培训班），明年要设一个什么主题内容呢？我们从决定中领会到整体发力、一起联动的价值和要义，如果说我们过去的工作仅仅是局部，如同在战场上炸碉堡，是各个击破，那么现在就需要连成一片，集成合力、共享战果、开创未来。同样，共青团工作也是如此，不能单单就共青团谈共青团，而是要从过去单纯的夯基垒台、积累成势，向系统集成、协同高效的方向迈进，这就势必要对共青团组织在党和国家推进国家治理体系和治理能力现代化方面，如何做好助手和后备军这一问题上进行再认识。这就需要再次学习和领会习近平总书记的7·2讲话精神，要抓住三个根本性的问题，即必须把培养社会主义建设者和接班人作为根本任务，把巩固和扩大党执政的青年群众基础作为政治责任，把围绕中心、服务大局作为工作主线。要从五个方面具体做好团的工作：一是要加强对青年政治引领，党旗所指就是团旗所向；要在广大青年中加强和改进理论武装工作，引导广大青年运用马克思主义立场、观点、方法观察分析问题，从而坚定正确的政治方向，坚定道路自信、理论自信、制度自信、文化自信，坚定听党话、跟党走的人生追求；要广泛动员青年建功新时代，全面贯彻党的十九大精神，围绕统筹推进“五位一体”总体布局和协调推进“四个全面”战略布局，主动配合党和国家重大工作部署，动员广大青年把报国之志转化为实际行动，努力成为担当民族复兴大任的时代新人；要更好地联系服务青年，扩大团的工作覆盖面，强化服务意识、提升服务能力，千方百计为青年排忧解难，做广大青年信得过、靠得住、离不开的贴心人，增强团的吸引力和凝聚力；要落实好《中长期青年发展规划（2016—2025年）》。过去，很多时候只是就字面去理解，似乎语言文字似曾相识，但没有真正走心，似乎总也不能落到实处，可谓知其然而不知其所以然。如今再次重温习近平总书记的谆谆教导，备感其背后深刻的历史逻辑、理论逻辑和实践逻辑。

说一千道一万，如果我们的青少年没有培养好，没有引导好，心里想的和实际做的不是党和国家期待的那样，那么未来的中国将向哪里去就很值得担忧，我们今天所做的一切都将是无用之功，这就是习近平总书记这番话背后的良苦用心。

再次，将决定和条例的指导意义转化为实际工作的具体举措。如果说共青团是广大青年学习共产主义的大学校，那么中国青年工作院校协会中的会员单位——全国团属院校和基地，就是学校中的学校，我们要做的就是要对广大青年的领军人物进行政治培训。前几次被列入中组部计划类培训班次的共青团中央专题培训班，其学员有地市党政领导、团中央委员和候补委员、部分协会会员单位领导等，都只是从团系统内部考虑问题的，但如今还需要从深刻领会习近平总书记关于青年工作的重要思想这一战略高度思考和落实团的工作。我认为，我们要将视野和格局再拓展一些，将青年工作放在党的群团工作的大格局中进行谋划，放在党建带团建这一制度性安排上进行思考，放在对标党校用学术讲政治这一具体要求上来施策。如此看来，培训班的学员不光是团系统的人员，还要有面向分管共青团工作的党委领导，面向党校（行政学院）、社会主义学院等系统的教学管理人员，面向群团组织的领导等，只有形成资源的整合优势，才能做好青年工作，才能帮助共青团完成好党的青年群众工作的任务。我们认为，只有运用系统化的思维，才能从外表深入内在，真正从战术层面进入战略层面，达到全社会关注青年工作就是关注国家未来的目的。鉴于此次培训班的重大意义，建议将共青团中央专题培训班以中组部干教局的名义进行调训，没有这样的组织力度，很难形成集合优势，这才是真正将决定和条例落实到位的具体举措。与此同时，我们还于2019年11月18日在红旗渠干部学院举办的中国青年工作院校协会第四届理事会第三次会议上，邀请中央党校（国家行政学院）研究室巡视员李清泉教授到会上为会员单位深入解读条例，为进一步制定好《中国共产主义青年团团校工作条例》奠定基础，这些无疑也是我们学习条例的具体步骤。

总之，学习是无止境的，是我们一辈子要做的功课。关键还是要会学会用，不能把脑袋当仓库，什么都往里塞，必须边学边清理，只有存下来的才是精华的，不要期待什么都学，那是不现实的。有时候哪怕听完一个讲座，听完别人好的建议，哪怕对自己有一点儿帮助和启发都是好的，如能再转化为自己的语言表达出来，这样的学习就是富有成效的。

参加民政部举办社会组织扶贫宣传暨新闻发言人培训班有感

11月8日，民政部社会组织管理局在北京举办了2019年社会组织扶贫宣传暨新闻发言人培训班，来自260家社会组织的新闻发言人参加了培训。民政部社会组织管理局副局长陈小勇出席开班仪式，并进行了动员讲话。社会组织管理局介绍了2019年社会组织新闻宣传工作基本情况和2020年的初步工作安排，要求广大社会组织把学习宣传贯彻党的十九届四中全会精神作为重要政治任务，把思想和行动统一到中央的决策部署上来，掀起学习宣传贯彻热潮，推动全会精神在社会组织中落地生根、见到实效；提出社会组织新闻发言人要加强学习，提高站位，带头坚定理想信念；要拥抱时代，守正创新，传播社会组织好故事；要激浊扬清，引导舆论，彰显社会组织正能量。培训班注重政策与理论相结合、专业化与大众化携手，组织学习了党的十九届四中全会精神、习近平总书记关于扶贫工作的重要论述和关于民政工作的重要指示精神，以及社会组织参与脱贫攻坚的有关政策；围绕“社会组织扶贫宣传和新闻发言人制度建设”主题，安排了丰富翔实、层次鲜明的授课内容。培训班既有脱贫攻坚政策的宣讲，也有社会组织开展脱贫攻坚经验的交流；既有社会组织领域宣传平台综合情况的介绍，也有其他媒体成功运营经验的分享。共青团中央新媒体中心、新华社、中央电视台、中国青年报社、字节跳动、晋商行科技的有关专家老师进行了精心授课。中国矿业联合会、中国优质农产品开发服务协会、中国儿童少年基金会、中国器官移植发展基金会等四家社会组织，代表全国社会组织宣传伙伴计划参与机构交流了新闻宣传、发言人制度建设等方面的工作经验。培训班还就国家政务服务平台、中国社会组织融媒体平台和《中国社会组织》杂志的有关情况做了介绍，并为学员发放了结业证书和图书——《社会组织新闻发言人工作指南》。

一天的培训，虽然时间很短，收获满满的我却备感到身上的责任和压力，深深地意识到，要做好协会的工作，要时刻紧跟时代的脚步，不能有任何的精神懈怠，要及时了解党和国家对社会组织的有关要求，严格履行，坚决不折不扣地执行。比如对社会组织积极投身脱贫攻坚任务的要求，作为协会更要主动响应。会后，我们根据民政部社会组织管理局确定的“三区三州”深度贫困地区及民政部定点扶贫县脱贫攻坚项目需求，结合我们协会的实际情况，拟定依托江西省团校承接江西萍乡市脱贫攻坚项目需求任务，即社会组织主要负责人能力提升计划；依托青海省团校承接青海脱贫攻坚项目需求任务，即社会组织能力将设专题培训项目——黄南州社会组织能力建设专题培训项目和海北州社会组织能力建设专题培训项目；依托西藏团区委承接西藏脱贫攻坚项目需求，即社会组织能力专题培训项目。近日，我试着与有关对接人员进行沟通，发现对方的需要还是很迫切的，特别是当地社会组织负责人的能力提升，很大程度上是要落实在实际的业务能力上，比如社会组织的财务管理等方面的技能等，这让我很有信心，既然我们做了社会组织的服务工作，就要在这方面深入钻研下去，咬定青山不放松。与此同时，帮人如帮己，别人的需要也是我们自己的需要。盯住这个项目干下去，就一定能趋近目标的实现，比如推动团中央与民政部联合开展全国社会组织青年负责人能力提升专项培训项目，可以先期与民政部社会组织管理局沟通，能否成功，完全要看我们能否把这次脱贫攻坚的任务完成好。所以，这次的工作就相当于提前的预热和试点，需要我们投入极大的热忱，积极发动会员单位参与到其中。

参加这次培训班还有一个收获，就是对如何做好宣传工作有了进一步的认识，这是我们做好共青团工作必备的一项基本功。什么是宣传？共青团中央新闻媒体中心主编肖健讲得好，好好说话，是这个时代的新媒体宣传。他从一个视频开始，以4个故事为例，整个过程都在诠释什么是好的宣传：有态度、有温度、有深度。他说："好的宣传不是高喊口号，而是制作精良地演示意图。找准角度进行宣传是门大学问，要影响那些容易受到影响的人、要影响那些有影响力的人、要影响那些能影响别人的人。"他说："我们虽不是媒体，但还要为党赢得青年，那么我们该怎么做？我们的关注点并不在技术层面，而一定要关注灵魂层面的东西。""此生无悔入华夏，来世还生种花家。"确实，不是媒体的共青团，要成为媒体中的媒体，什么意思？就是要将所有的媒体为我所用，不排斥任何媒体，要去影响那些能影响青年媒体的媒体。我还关注到了新华社微信公众号主编王朝所讲的内容，他说："讲好故事关键在于强调与人的关联性，要有情、有趣、有用，这是通用的法则和规律，不可违背。同时还要关注短视频主导未来，要在完播率和互动率上下功夫，前者是开头、结尾、节奏、音乐、时长，后者是评说、点赞、转发、简介和封面，等等。"《中国青年报》国内时事部副主任王亦君提出：要避免三大坑，一是思维局限，一定不要给自己设限；二是要克服数据的诱惑，外在的呈现并非是真实的，避免做号大于做人，核心还是要对生命体进行关注。要有深度、有趣味、接地气。短视频要更具社交属性，记录美好生活，向善、向上并富有真情；三是同时还要站在用户角度思考问题，达到"三贴近"，即贴近实际、贴近生活和贴近群众。绝对不要只想我怎么编导，而是要立足用户会怎么想、怎么做，用户的需求是第一位的。要想方设法根据用户思维的痛点，找到解决问题的路径。

我们无论做什么，都需要得到大家的广泛认同，要在场景、情绪和心理上达到大家的认同着实不易，不宣传绝对是不行的，宣传做得不到位，受众无法认同。因此，我们既要会宣传，还要能立足在实干上，没有实干做支撑，再好的宣传也如同无米之炊，难以成事。

以上就是我参加此次培训的一点收获，与大家分享！

团校教师的使命和责任

中国青年工作院校协会第五届全国团属院校和基地教师高级研修班于2019年11月15日就要在红旗渠干部学院正式开班了，这是协会自2014年以来先后在内蒙古自治区团校、山东省团校、青海省团校、广东省团校举办四届教师高研班之后，第一次将教师高研班安排在中央团校党性教育基地之一——红旗渠干部学院，可谓具有深远的历史意义和深刻的现实意义。

红旗渠干部学院是一所集精神传承、党性教育、宗旨践行为一体的党性教育特色基地，大家一进红旗渠干部学院的大门，就会看到正门镌刻着的十六个字："自力更生、艰苦奋斗、团结协作、无私奉献"，内心就会油然升起一种敬畏之感，正如习近平总书记所讲的：红旗渠精神是我们党的性质和宗旨的集中体现，历久弥新，永远不会过时。

我们常常会思考这样三个问题:我们是干什么的？我们从哪里来？最终要到哪里去？中央团校的改革方案中明确指出：我们团校是党在青年工作领域里的一所特色鲜明的政治学校，那么我们团校和基地的人就是教干部的干部，这并非一般人所能胜任的，需要你在各个方面都要起表率作用，至少要做到"四个铁一般"，即铁一般的理想信念、铁一般的责任担当、铁一般的过硬本领、铁一般的纪律作风。我们要常常问一问自己：我做到了吗？答案肯定是：没有完全做到！那么怎么办呢？唯有学习、学习、再学习，实践、实践、再实践，除此无捷径可走。我们此届研修班就是要从红旗渠精神中找寻答案，移植其红色基因，强筋骨、练意志，真正达到学有所思、心有所悟、行有所明的目的。

中国青年工作院校协会成立于1994年，是由团中央发起，国家民政部注册的一级协会，会员单位共计75家，遍布全国各地。协会秘书处设在中央团校教务部，其宗旨就是要为广大的会员单位提供务实有效的服务，搭建平台相互交流，促进合作共建共享。会员单位的需要就是协会为之奋斗的目标，引领会员单位永远听党话、知党恩、跟党走。

本届报名参训的会员单位共计45家，派出的教学人员约91人，比起历届教师研修班，具有会员单位覆盖面广、参训学员较年轻和综合素质较高的特点，我们要向一直以来支持协会工作的会员单位表达崇高的敬意！与此同时，还要特别感谢红旗渠干部学院为本届高研班前期筹备所付出的努力，他们从领导到工作人员，都投入了极大的热忱和精力，他们自始至终都在诠释着、践行着“不忘初心，牢记使命”和红旗渠精神。希望广大学员们要珍惜这次难得的学习机会，心无旁骛，专注其中，严格遵照班级规定，服从带班主任的指挥，完成规定的课程。还是那句话：我们是教干部的干部，只要我们放松一寸，下面就会宽出一尺。

从现在开始，我们就要一起开启研修班愉快之旅，向着我们预定的目标前进！衷心祝愿各位学员学有所获，祝愿红旗渠干部学院发展得越来越好！

调研篇

讲好城市团校的故事

2019年12月5日的前两天，我刚刚参加完由中国青少年研究中心、中央团校、中国青少年研究会主办的第十五届全国青少年发展论坛。我是作为一名普通青年工作者和研究者，带着自己的问题去参加这个论坛的。人们常说，干什么就会关注什么。比如中国青年工作院校协会有75家会员单位，到底有多少会员单位和代表报名参会、提交论文、获奖？主办方在部署明年的重点研究工作涉及哪些关键内容？获得一等奖的作者所提交的论文选题传递了怎样的信号？分论坛为什么要增加新中国成立70周年青年运动发展专题？这些问题，都与我们所从事的职业密不可分。大家也许要问：我们是干什么的呢？从哪里来？要到哪里去？在这里我想讲讲咱们城市团校的故事。讲之前首先要介绍一下中国青年工作院校协会是一个什么社会组织。

中国青年工作院校协会成立于1994年，由共青团中央发起，民政部注册的国家一级社团。协会实行会员单位制。

该协会于2010年正式移交中央团校管理，协会会长为中央团校党委书记倪邦文，常务副会长为中央团校党委常委、副校长陆玉林教授。中央团校改革后，秘书处设在中央团校教务部内。我们协会这个大家庭中有75家兄弟姐妹，它们分布在全国各地，今天在场的中央团校、广州市团校、杭州市团校以及济南市团校等都是这个大家庭中的一员，中央团校是这个大家庭中的龙头老大，担负着对地方团校的业务指导重任。

这里我想特别提到的是这个家庭中的34家市级团校，他们非常了不起，他们用自己的青春和汗水书写了城市团校30年的光辉历史。从20世纪70年代末到80年代初，全国团校陆续恢复阶段，以原杭州团校钱永祥校长为代表的一代团校人，不畏艰难，勤于打拼，带着44家城市团校从困境中走了出来，这期间他们经历了怎样的坎坷，并非一两句话说明白，我们可以从老校长用心完成的《城市团校三十年发展回顾与选择》中深深体会。虽然它只是一部回忆录，但从中可以看出城市团校在中国改革开放四十年中建设和发展的规律，这就是：党的要求、时代的变化、服务对象的需要和我们的作为，是我们做好一切工作的根本准则。

不同时代，党对我们的要求是不同的。这两天在学习十九届四中全会精神时，我清醒地意识到：增强“四个意识”、坚定“四个自信”、做到“两个维护”是以习近平同志为核心的党中央从国家未来的战略高度考虑并确定的，也就是说，一盘散沙的话是绝对实现不了“两个一百年”的奋斗目标。团校是干什么的？团校人是什么人？团校是党在青年工作领域里一所特色鲜明的政治学校，我们团校人是教干部的干部，那我们就是要学习好、贯彻好和宣传好党的十九届四中全会精神，要先学一步，再深一步，并要向青年团员和团干部把党的十九届四中全会精神讲深、讲透。与此同时，我们还要随时了解服务对象的需要。比如2019年12月3日，团中央书记处傅振邦书记到中央团校为学员讲授“中国青年发展政策体系的构建与完善”，从中我领会到：未来的服务要从活动力量凝聚向政策制度提供迈进，那么，我们就要针对这些问题进行政策学习、熟知并善于运用好这方面下足功夫。当然，最重要的还是我们自身的作为，而且是主动发力。比如刚才进行的济南市团校与八家城市团校签订战略合作框架协议就是主动作为的积极举措。

总之，心存敬畏是我们生存的宽度，理想情怀是我们事业的高度，专注投入是我们生命的长度。高高地领上去，就会让我们活得很有神圣感，找到生命的价值和意义。低低地落下去，就会让我们活得很有踏实感，找到生命的慰藉和依托。紧紧地跟党走，让我们活得很有获得感，找到生命的延续和永恒。团干部教育培训事业也是如此，教学工作是我们生存的基础，理论研究是我们做好团干部教育培训工作的重要支撑，而及时的舆情反馈和建言献策则决定着我们的地位，让我们携起手来，共创我们团校的美好明天！

别把自己的出生证搞没了

我们说团校是因党而设，在历史上，团校的建设和发展始终受到我们党的高度重视。1932年12月，在党中央的统一部署下，少年共青团中央在中央革命根据地首府瑞金创办了第一所正规化的青年干部学校——列宁团校。1933年2月25日，毛泽东来到列宁团校勉励学员："要在工作上、学习上起模范作用，做好党的助手，扎扎实实做好苏维埃、红军中的青年工作，调动广大青年的积极性，为革命战争服务。"1937年10月，由中共中央青年部实际领导的西北青年救国联合会在国民党控制区创办了战时青年训练班，后统称安吴青训班。1939年10月，毛泽东同志为安吴青训班两周年纪念题词："带着新鲜血液与朝气加入革命队伍的青年们，无论他们是共产党员与非党员，都是可贵的，没有他们，革命队伍就不能发展，革命就不能胜利。但青年同志的自然的缺点是缺乏经验，而革命经验是必须亲身参加革命斗争，从最下层工作做起，切实地不带一点虚伪地经过若干年之后，经验就属于没有经验的人们了。"1940年春，安吴青训班与中央党校青年班共同组成泽东青年干部学校，继续教育培养党的青年干部。1941年春节，毛泽东同志为泽东青年干部学校的青年学员题词："肯学肯干，又是革命的，必定是有益的，必定是有前途的。"1948年9月，党中央创办中央团校，校址位于河北省平山县。1949年7月4日，中央团校第一期学员在中南海怀仁堂举行隆重的毕业典礼。毛泽东同志发表了热情洋溢的讲话：我们共产党有二十八年了，在第一次代表大会只有几个人、几十个党员，第二年一九二二年不过一二百人。今天你们团校就有五百人，而且还全是干部，这说明是发展！你们不是学了唯物史观吗？这就是唯物史观上所说的发展。(《雄关漫道真如铁，而今迈步从头越》,《中国青年报》，2018年4月20日）。

据资料显示，全国有近三分之一的团校均成立于中华人民共和国成立初期。他们都为新中国的建设和发展做出了积极的贡献，这是毋庸置疑的。1978年党的十一届三中全会召开以后，团校也和全国一样，逐步进入恢复阶段，全国团校再次响应党的号召，培训青年骨干。当时的团干部整体学历水平有待提高，团校为了满足团干部渴望改善学历的要求，纷纷开始举办各种不同层次的学历班，特别是省级团校，比如山东省团校、广东省团校、江西省团校、河北省团校、陕西省团校、山西省团校等都在学历教育方面走在前列。这期间，也发生了部分省级团校并入党校的情况，比如湖南省团校、江苏省团校、宁夏回族自治区团校等。还有黑龙江省团校与司法警官学校合并，云南省团校与工会、妇联合并。团校开始进入各自发展的模式，历史上曾出现十余种办学模式。

2015年7月6日，中央党的群团工作会议召开以后，团校面临新的改革攻坚任务。这期间经历了三个阶段：第一是在群团改革的背景下，重庆市团校和上海市团校被确定为全国改革的试点单位（2015—2016年），改革举措就是剥离学历教育。第二阶段是确定中央团校的改革方案（2017—2018年），即剥离学历教育，聚焦主责主业。第三阶段是各团校开始进入实质性的改革。

此后，团校改革传来各种不同信息，比如哈尔滨市团校和天津市团校等，采取了团校并入当地党校的做法，对此我有些难以理解。因为在近几年的深入调研中，有一个不争的事实，团校并入过去以后，普遍存在不是加强了青年工作，而是弱化了青年工作。正如党校相关人士所讲的那样：大家彼此服务的对象是不同的，青年骨干和中年老年领导是有区别的，青年干部的培训要有特点。正如并入党校的团校人所讲，他们彻底摆脱了为生存而战的困境，个人没有一点损失。实际调研的情况普遍不乐观，团的业务基本被边缘化。

如今的再次并入，也许会和以往有所不同。但我最想表达的是：要防止对群团改革的误解和曲解，防止在高喊加强群团工作时弱化团校。与此同时，我们团校也要反思所做的一切，据我了解，个别团校这些年来把自己的出生证搞没了，比如成立的时间、编制人数和成立文本等资料都消失无踪，乃至团校历史这一块基本空白。不能不自我查找问题，根子还在我们团校本身。现在要并入党校，喜忧参半，未来的情况现在还不能确定，但至少有一点可以确定：团校并过去一定有其根本性的内因，待以后我们再慢慢领悟，这需要从访谈团校老领导那找寻团校历史发展的脉络，事实就是事实，我们要多一点儿反思才能更好地前进。

在团校的改革大潮中，我们不是旁观者，而是积极思考的践行者，要深入其中，对每个团校的历史由来有更多的了解。无论怎么变化，其成立团校的初衷是不会改变的，那就是在历史不同时期，要紧紧围绕党政的中心任务做好青年政治骨干的教育培养工作，牢牢把握党的需要和青年干部的特点，缺什么补什么。当下就需要加强政治培训，用习近平新时代中国特色社会主义思想武装青年骨干的头脑。为此，我们团校人要先学一步，认识上要提前一步，要从党和国家的战略高度提升政治站位，要有强烈的责任感和使命感，将自己有限的生命投入到这一崇高而伟大的事业中去。

与安徽省团校领导和教师的交流

这次安徽之行一个最大的愿望就是到安徽省团校和合肥市团校看看，从自身的工作出发，协会秘书处最基本的职能就是要对会员单位有所了解，如果仅凭会员单位的自身介绍或者网络资料的查阅，了解到的只是皮毛，与其浮在表面，不如真正深入会员单位进行了解。我们协会这些年利用一切可以利用的机会，先后走访了各会员单位，五年过去了，现在没有走过的团校不多了，预计今年年底能全部走完。

协会秘书处承担着上传下达和下情上知的重任，对上要能对会员单位的情况了如指掌，随时能讲出基层实情，对下能准确传达党的声音，特别是党的指示。当然，这一点有些会员单位做得比我们好，所以，我们协会也要抱着学习的态度加以改进。与此同时，还要积极作为，在其位谋其政。协会不是行政机构，与会员单位不是行政隶属关系，而是服务与被服务的关系，很大程度上就是拾遗补阙、亲情陪伴，没有硬资源，就要用软资源替补上去。那这个软资源是什么呢？这么多年的工作带给我的体会就是：服务、服务、再服务。因为，就算你说破了天，没有提供好服务，你就什么也不是，你服务好了，会员单位就会跟随你，才会听你讲什么。从这个意义上，服务的根本内核就是：会员单位有所呼，协会就要有所应。有的时候，协会秘书处还要及时发现会员单位的隐性诉求，主动给予回应。而且功夫要下在平时，感情是处出来的，服务是垒出来的，不在于干了什么惊天动人的大事，而是在于平时一点一滴的投入。

这次到安徽省团校，能与教师面对面地进行座谈，机会难得。倾听团校老师心声，对协会秘书处来说非常必要。我将大家提到的问题进行了梳理，有如下几个方面。

一是关于教师职称问题。涉及改革后团校教师职称如何评定。安徽省团校改革期间职称工作暂处于冻结阶段，大家有些担心，比较焦虑。一方面想恳请上级能有顶层考虑；另一方面也希望组织上能给大家提供一个职业发展的通道和平台。比如学习深造的机会，可以自费，总之要能明确下来。

二是关于课题研究问题。期待协会能提供团校老师参与团中央、中国青少年研究中心、中央团校等单位重大课题的机会。

三是关于团校教师师资培训的问题。期待协会进一步加强对团校教师系统进行师资培训的工作。可以分片区、分专业、分层级进行，越精细、越规范、越到位越好。

四是关于提供团校办学的依据问题。特别是涉及团校阵地、人员编制和图书资料等硬件指标，需要加以明确。

五是关于开展团校后勤保障工作等方面的交流活动。继承全国团校大后勤好的传统，加强联系和交流，建议多开展这方面的活动。

协会秘书处到会员单位就是要多听多看，把问题带回去加以研究，以便更好地推动工作，增强服务的针对性和有效性。尽管很多问题是老问题，过去没有得到解决，现在解决起来仍旧很困难，但也要从思想上、态度上高度重视。会员单位的利益无小事，无论有多难解决，协会秘书处都要想方设法尽全力一点点地向前推动，因为这是我们义不容辞的责任。只要有机会，就要代表会员单位发声，反映大家的所思、所想和所愿，相信一切皆有可能；只要我们不放弃、不退缩，紧紧依靠上级党组织，将服务对象转化为工作力量，我们就能战胜一切困难，并赢得会员单位对协会工作的鼎力支持。

全国团校和基地相亲相爱一家人

——三天教学体验课程带给我们的启示

中国青年工作院校协会第三届全国团属院校和基地团的教育工作者高级研修班在延安已经落下帷幕，回顾三天的教学内容，到底给我们留下了什么？我们将学员们在群里的所思、所感进行了梳理，在此呈现，相信你从中会有新的认识生成。

Day1

河北省团校魏立中：

信天游·延安学习感怀

蓝个灵灵的天清个凌凌的水，
米脂的婆姨都说美。
高高的山尖尖有宝塔，
绥德的汉子人人夸。
黄土的坡坡遍地沟，
陕北人爱把秦腔吼。
呼啦啦的红旗迎来的客，
山旮旯打出个新中国。

山丹丹花开靠太阳，
老百姓的好日子全靠共产党。
千万条路来那一条条走，
社会主义大道有奔头。
羊羔羔吃草看头羊，
习大大带我们奔小康，
习大大带我们奔小康！

安徽省团校戴玉忠：

首日体验教学，感触很深。延安，作为中国革命进程中的落脚点，稳定了困境时期党的大局，使其成为全民族抗战的中流砥柱，让延安成为全国革命的指挥中心。延安，作为出发点，拉开了解放全中国的序幕；圣地延安的青年运动，也成为全中国青年运动的发展方向。

重庆市团校周仕付：

在杨家岭，在枣园，在黄土地的坡坡坎坎，更能领悟到实事求是、理论联系实际，全心全意为人民服务和自力更生艰苦奋斗的延安精神，让我们以发扬革命传统、争取更大光荣的坚毅笃定，践行珍惜韶华、不负青春的铮铮誓言。

北京市团校李云玮：

今天第一次来到延安，丰富多样的课程形式让我实实在在感受到了延安精神、革命精神。通过重温当年那段艰苦曲折的革命历史，缅怀先烈，让我深刻体会到：作为新时代的青年有责任将红色革命精神传承下去，心中有信仰、脚下有力量、肩上有担当，为实现中华民族伟大复兴砥砺前行。

广西壮族自治区团校文雅：

今天上午开班仪式上黄鹤书记在讲话中指出：作为共青团工作的重要组成部分，各级团校、基地要牢牢把握团校姓党的根本原则，深刻领会习近平总书记和党中央对新时代青年工作和共青团工作的重要要求。黄鹤书记的讲话给我以深刻启发，在此次培训中，我一定通过结合对革命圣地的了解，自觉学习理论，提升对团干部的培训能力。

广西壮族自治区团校潘堃盈：

两条革命的血脉交汇在这里流向远方，三座宝山到处都是红色印记，这就是延安，这座革命圣地给我的最初印象。走在这里的每一条山路上，都呼吸得到空气里的延安精神，在一系列旧址中，我们一边慢慢品味着战争年代的艰苦卓绝，一边在新城市里体会着延安精神的全新诠释。从自己动手到实事求是，从为人民服务到自我批评，每一条都值得我们在培训期间好好体会。

湖北省团校沈莉：

今天一天的行程，内心受到很大的震动，延安精神深入人心，我想，只要我们心中有党、心中有民、心中有责、心中有戒、求真务实、真抓实干，就能做到心底无私天地宽，就能创造出无愧于时代、无愧于人民的业绩。这也正是我们作为共产党员需要经常探寻初心、叩问初心、不忘初心、坚守初心的原因所在。感谢今天一天的安排，期待明天到来！

中央团校张琳：

非常有幸来到延安参加此次培训，通过参观杨家岭、延安革命纪念馆、枣园革命旧址，聆听薛主任和宋教授的详细讲解和专题讲座，在革命烈士张思德塑像前集体诵读《为人民服务》，观看红秀延安舞台剧等丰富多彩的学习活动，让我体会到延安时期那惊心动魄、艰苦卓绝的革命历程，领略了老一辈革命家的雄韬伟略，了解了延安精神的深刻内涵。作为一名团校教师，深感自己肩上责任重大，如何深入了解青年，做青年的知心人、热心人、领路人，是值得我们思考的问题。

天津市团校纪宁：

非常感谢大家让我成为此次延安培训中我们青创班的旗手，能在延安圣地成为一名旗手感觉意义非同一般。尤其在今晚看到延安红秀演出中无数先烈用生命捍卫的那面红旗后，更让我感到手中的班旗不仅仅是一面简单的旗子，它代表了一种延安精神的传承。在今后几天的培训中我会让我们青创班的旗帜在延安继续高高飘扬！

广西壮族自治区团校梁存翊：

在延安第一天，从杨家岭到枣园，从延安革命纪念馆到现场教学中学习延安精神，感悟延安红色文化特别是党和团的历史，让我有了新的认识。在以前的印象中，延安是红军长征胜利的落脚点，现在我知道了它更是建立抗日民族统一战线、赢得抗日战争胜利和解放战争的出发点。这让我感到在团校改革时期不断充电、提升个人修养的必要性和紧迫性。

中铁团校郑光儒：

我乃铁匠零零后，
在此熏陶没个够。
延续精神永相传，
安心阔步跟团走。
西北之行人来凑，
行军一日衣湿透。
漫山飘落服务心，
记牢悲史现红秀。

山西省团校康万林：

今天延安一日行，最深感受是聆听宋教授讲授毛泽东的《为人民服务》。这篇文章曾经读过，曾经背过，也曾努力实践过，但从没有认真思考过。三心二意不能为人民服务，一心半意也不能为人民服务，只有全心全意才能为人民服务。为人民服务是为人民利益服务，只要是对人民有益的坚决做，哪怕抛头颅洒热血。为人民服务不一定轰轰烈烈，平凡中为人民服务才见真章。中国共产党之所以伟大就因为党性和人民性绝对统一，我们党的利益就是人民的利益，这是我们共产党人的价值观。新时代是和平幸福的时代，生死观考验少，价值观考验更多，每个共产党员只有做到全心全意为人民服务，才能叫党性强，才是合格的共产党员。一度我们这样的教育少了些，频率低了些，方式简单了些，正面典型弘扬得少了些。全党加强党性锤炼事关我们党生死存亡，事关人民利益能否得到根本保障。从我做起，从小事做起，做合格党员。

青岛市团校孙强训：

巍巍宝塔山，清清延河水。初来延安，就被这片黄土地深深地吸引住。五月的延安，处处青山绿水，清幽的槐花香让人心旷神怡。一天下来，边走、边看、边学，对延安的热爱和崇敬油然而生。一处处革命旧址，一张张历史照片，一个个感人的故事，让我更加深刻地理解了延安精神，更加深刻地理解了为人民服务的意义。今天的幸福生活来之不易，作为新时代的青年人，我要时时向革命前辈们学习，在工作中不断发扬艰苦奋斗的精神，踏踏实实做好每一件事情。不忘初心，牢记使命，勇于担负起新时代赋予我们的使命任务，坚定理想信念，勤奋学习，做一名新时代的追梦人。

Day2

广州市团校黄伟萍：

参加在延安举行的专题培训，置身中国革命圣地，访故地、览史馆、听讲座，重忆伟大的中国共产党所经历的峥嵘岁月，体味我们的党在延安时期的这段艰苦卓绝的革命历程。学习使我长了见识，深了思考，坚定了在岗位上弘扬伟大的延安精神，不忘为人民服务的本质，踏实工作，创新方法，引领广大青少年为伟大的社会主义事业做出新贡献的信心和决心。

甘肃恒团校迟恒：

从中国社会主义青年团到中国共产主义青年团，从第一个团支部的成立到《团支部工作条例》的颁布，共青团与党同呼吸共命运，始终在政治上保持绝对一致。今天，我们一定要不忘初心，牢记使命，传承延安精神，创新培训工作，全心全意为青年服务。

贵州省团校邹立春：

今天我们从过去走进了现代，从以往的硝烟弥漫来到了今天的太平安稳，这其中无不体现了一句话:中国共产党人心底无私天地宽。正是因为他们的浴血奋战、无私奉献、自力更生、艰苦奋斗，才有了中国人民现今红红火火的好日子。今天去往梁家河的路途中，听着代老师的歌曲和故事，内心受到极大的触动:苍凉的信天游，有着对那个苦难年代的记忆；激昂的信天游，更是彰显了时代翻天覆地的变化!

广州市团校黄伟萍：

今天，培训班安排我们深入梁家河进行实地参观和现场教学。我们认真参观了习近平总书记当年插队时住过的窑洞、土炕，修建的陕西省第一口沼气池、淤地坝，以及村党支部及村史馆，《习近平的七年知青岁月》一书中所描述的习近平同志与乡亲们一起劳动、生活，切实解决村民们生产和生活问题的朴实感人场景，如电影般浮现在我的眼前，作为一名党员，我必须向习近平总书记学习，带头在前，真心实干，在岗位上砥砺奋进！

青海省团校霍莉：

今天和全国各地团校老师一起走进梁家河村，感受总书记七年知青岁月，看到了高产的淤地坝、陕西第一口沼气池、磨坊和裁缝铺、知青居住的窑洞……一处处旧址、一件件实物、一个个故事，无不诉说着七年知青生活的艰辛。但更令我感受深刻的是习近平总书记在基层的成长经历，它告诉我们：在基层锤炼要做到心随党旗在基层，情系群众共生长，为民服务敢干事，在基层磨炼中不断升华精神、检验作风、提高能力。我们要勇于扎根基层这片沃土，在基层中汲取养分，努力干事创业，打好坚实基础，才能成长为遮风避雨的“大树”。

贵州省团校帅亚洪：

今天很高兴能和小伙伴儿们一起走进梁家河，感知大学问，详细了解《习近平七年知青岁月》，聆听了习近平总书记当年在条件如此艰苦的梁家河，如何渡过跳蚤关、饮食关、劳动关和思想关，最终扎根农村的真实故事，让我深深感动，真切体会到青年习近平身上艰苦奋斗的精神和战天斗地的顽强意志，明白了我们要走好群众路线的重要意义。这些伟大精神和优良传统都来源于基层、来源于群众，是我们党永不过时的宝贵财富，也将是激励我以后做好青年工作的重要法宝。在下一步的工作中，我会坚持走好青年群众路线，向群众学，向实践学，把今天的所学所思所悟落实于自己的工作实践。

湖北省团校张红：

伴随着嘹亮的歌声，我们乘车前往习近平总书记插队七年的梁家河村。在梁家河，通过上课、参观、宣誓、寻访等活动，深刻了解总书记在梁家河七年的奋斗历程，学习梁家河大学问，坚定理想信念，锻炼意志品质。晚上，通过学习赵院长“延安精神及其时代价值”专题讲座，对延安精神有了更深入的感悟。

青岛市团校孙强训：

今天怀着对梁家河的向往之情，乘坐大巴前往梁家河。大巴在一座座黄土高坡间穿行，我的心却早已飞到了梁家河。读过《习近平七年知青岁月》，知道梁家河的环境很苦，当真正踏上梁家河的黄土地，看到当年知青住过的窑洞后，才深深地体会到当年知青的艰苦生活。下乡时只有15岁的习近平总书记，用稚嫩的肩膀扛起了生活的重担，他克服艰难困苦，坚定对共产主义的信仰，深入群众，扎根群众，和当地的群众共同劳动，共同面对困难解决困难，最后带领群众过上了好日子。习近平总书记曾经讲到，青年时期多经历一点摔打、挫折、考验，有利于走好一生的路。我想，我应该学习总书记面对困难百折不挠、积极向上的精神。在干事创业中，不断摸爬滚打，锤炼意志，锻炼自己。坚定理想信念，鼓足干劲，以青春之我，敢于担当，勇于奉献，为人民群众做实事，为祖国的发展贡献自己的一分力量。

河北省团校魏立中：

巍巍宝塔阅千年，

多少英雄今未还。
历尽沧桑求济世，
无奈佛道尚空谈。
更有儒家盼明主，
范公传世有名篇。
出将入相真才子，
先忧后乐为清官。
朝代更迭民最苦，
一己之力岂回天。
自从有了共产党，
救世济民有灵丹。
百姓当家齐筑梦，
天下从此无烽烟！

Day3

青岛市团校孙强训：

感悟延安的夜

延安的夜清爽美丽，
一轮明月高高地挂起，
红色的宝塔山熠熠生辉。
我们在延安，
围坐在黄土地上，
青春般火热的篝火熊熊燃烧，
嘹亮的歌声彰显青春的力量，
精彩感人的小组活动，

让我们回忆起，
革命前辈的艰苦岁月。
我爱你中国，
唱出了我们对祖国无限的爱。
奋斗的青春最美丽，
以青春之我奋斗之我，
砥砺前行担当作为。
不忘初心跟党走，
青春建功新时代。

本期研修班虽然结束了，但延安精神带给我们的力量是无穷的。抗大精神、白求恩精神、南泥湾精神、延安整风精神、张思德精神、延安劳模精神等，这些精神都是延安精神的本源和根基。如果说，这些精神留给我最深的记忆是什么，这就是《抗大校歌》。让我们再次重温歌词的内容，以激励更多的团校和基地人秉承1938年毛主席为抗大规定的“坚定正确的政治方向、灵活机动的战略战术、艰苦奋斗的工作作风”办学方针和“团结、紧张、严肃，活泼”的校训，以习近平新时代中国特色社会主义思想引领团干部教育培训工作，为实现“两个一百年”的奋斗目标，为实现中华民族伟大复兴的中国梦，青春心向党，建功新时代！

黄河之滨集合着一群中华民族优秀的子孙，
人类解放救国的责任全靠我们自己来担承。
同学们，努力学习，团结、紧张、严肃、活泼，我们的作风，
同学们，积极工作、艰苦奋斗、英勇牺牲，我们的传统，
像黄河之水汹涌澎湃，把日寇驱逐于国土之东，
向着新社会前进，前进！
我们是抗日者的先锋！

会费字面背后的故事

记得在2015年9月22日由山东省团校承办的中国青年工作院校协会第三届理事会第二次会议时，协会秘书处受协会领导委托，向大会做协会会员单位会费收缴情况的说明，念到收支费用数字时，我的声音顿时有些哽咽，那是一种内心的激动，当时只想表达的是：如此少得可怜的数字背后，还有很多不为人所知的故事。

就目前协会收到的会费，平分到各年度，每年的会费基本在十来万，前三年（2013—2015年）共385000元，每年平均为128333元，2016年为291000元（部分团校有补缴前三年的特殊情况），2017年为142000元，2018年191000元，今年刚开始启动会费收缴工作。这其中，采取的是每年度5月下发年度会费收缴通知，协会年会前，协会秘书处要进行统计汇总工作并向大会做有关会费收缴情况的说明。

这6年来，协会秘书处本着服务到极致的理念，使其会费单位缴纳会费完全出于：发自内心、源于自觉和行于自愿，而非依靠所谓的“行政命令”和简单的“硬性措施”，采取的是相对比较人性化的提醒。按照民政部社会组织管理局的相关规定，每年要公示会费收缴的报表，但考虑到部分会员单位感情上的接受程度，我们没有公布每个会员单位缴纳会费的日期和次数，特别对部分没有缴纳会费的会员单位还给予了一定的耐心和包容，并坚决支持他们参加协会的活动。按照协会章程规定，会员单位若连续一年不缴纳会费，视同自动退出协会会员单位。协会秘书处认为：用真诚服务他们，用影响激励他们，终有一天他们会真正融入咱们这个大家庭。我以为：会费单位缴纳会费不难，难的是会员单位真正认同协会，并一直跟随协会走下去。这是其一。其二是每年只有十几万元的会费，为什么能做出很多的事情来？这背后就有默默为协会付出的会员单位，我们要永远铭记他们的功勋，为他们点赞。

认真梳理了一下，2013年至2019年5月，积极承办协会年会和品牌项目活动的团校有：

北京市团校（2014年协会年会、协会研究专委会活动）。

山东省团校（2015年协会年会、协会第二届全国团属院校和基地教师高级研修班暨团课说课大赛、协会校园文化专委会活动）。

河南省团校（2016年协会年会、协会培训教学创新观摩活动）。

全国青少年井冈山革命传统教育基地（2018年协会年会、第一届和第二届全国团属院校和基地团的教育工作者高级研修班）。

积极承办协会品牌活动和专委会活动等的团校有：

浙江省团校（2013年协会第二届全国团属院校和基地研究者高级研修班）。

内蒙古自治区团校（2013年协会第一届全国团属院校和基地教师高级研修班）。

武汉市团校（2013年协会城市团校专委会年会、2015年协会志愿服务专委会活动、协会第三届全国志愿者培训师资研修班）。

广州市团校（2014年协会志愿服务专委会活动、协会第一届和第二届全国志愿者培训师资研修班）。

江西省团校（2014年协会行政后勤管理专委会活动）。

青岛市团校（2014年协会城市团校专委会年会）。

上海市团校（2015年和2018年协会学科与教学专委会活动）。

杭州市团校（2015年协会城市团校专委会年会）。

青海省团校（2017年协会第三届全国团属院校和基地教师高级研修班）。

成都市团校（2017年协会城市团校专委会年会）。

广东省团校（2014年协会学报专委会活动、2018年协会第四届全国团属院校和基地教师高级研修班）。

新疆维吾尔自治区团校（2016年协会学报专委会活动）。

延安市团校和陕西省团校（2019年协会第三届全国团属院校和基地团的教育工作者高级研修班）。

积极承担协会秘书处服务工作的团校（包含历年驻会人员所在团校）有：

山东省团校（苏鹏老师驻会、参与协会纪要汇编工作）。

北京市团校（高艳蓉老师驻会）、浙江省团校（刘东海和胡仲凯老师驻会）、广东省团校（张珺老师驻会）、上海市团校（筹备协会年会、王冬梅老师驻会）、陕西省团校（候鹏老师驻会）、吉林省团校（王佐老师参与筹备协会年会）、河南省团校（武宁老师驻会）、江西省团校（龚武林老师参与会员单位聚焦主责主业突出问题及对策建议资料整理）、山西省团校（暴英杰老师参与梳理团校改革动态资料整理）、安徽省团校（戴玉忠老师参与全国团校分类调整及编制变动情况一览表工作）、哈尔滨市团校（武天雷老师驻会）、武汉市团校（张锐老师参与筹备协会年会）、中铁团校（郑光儒老师参与延安班资料整理工作）等。

以上所列举的团校名单中如有漏缺请大家给予补充完善，我们要充分肯定在协会发展的6年过程中，为协会做出贡献的每一个会员单位，可以说，没有大家的付出，就没有协会的今天。特别需要指出的是：以上为协会做出贡献的会员单位所付出的一切是难以用金钱计算的，可谓“不计成本”，这哪是会员单位缴纳会费表面数字所能体现和表达的，这里面有大家对团校事业的一腔热血和大爱情怀，特别是在当今团校是党在青年工作领域里的一所特色鲜明的政治学校的根本定位下，这种贡献将具有特别重大的历史价值和现实意义！

近期，协会秘书处将开始编辑协会大事记，继续讲好团校和基地故事，无论他们的现有条件如何，哪怕是曾经在历史上仅仅存在一瞬间，只要他们为大家做过好事，我们就要把他们的故事讲给后来者听，一代一代地传下去。

讲好团校的故事——团校从哪里来

2010年一次偶然的机遇，让我与中国青年工作院校协会结下了很深的情缘，2011年又受组织栽培，被安排作为中央国家机关、中央企事业单位第七批援疆干部赴新疆维吾尔自治区团校挂职，一去三年。2014年回到中央团校，开始专职从事协会秘书处工作，可谓如鱼得水，心想事成。

也就从这个时期起，开始下去到各团校实地调研了解情况，先后用三年时间走访了三分之一强的会员单位，至少从感官上大致了解了这些团校的“长相”，它们各有什么特点？最强的优势部分和弱势在哪儿？慢慢开始延伸到：这些团校是从哪里来的？这期间有哪些值得回忆的故事？有些情况从现任团校领导和老师处无法了解，就开始寻找那些还健在的老团校人，听听他们的讲述。与此同时，开始收集各团校的历史，题目确定为：团校从这里走来。先后有近30家团校给予呼应，提交了他们的团校历史资料，但每每看到这些资料，总觉得还不过瘾，历史的痕迹不是很浓厚，总觉得其中似乎有点儿功利或者任务驱动的味道，这是我不太满意的地方。但这么多年，不得不承认，我们团校的主要精力没有放在这，而是忙着生存。但无论在市场经济大潮中胜出还是失败，我们都必须保存好“团校从哪里来”这个带有很特殊的政治性的“出生证”。

今天偶然看到早期中国共产党人俞秀松的继子俞敏大哥转发在微信朋友圈的一篇由安徽省延安精神研究会副会长、合肥工业大学马克思主义学院副教授崔景明撰写的文章——《早期共产党人俞秀松与渔阳里中国共产党的创建及贡献》，一下子引起了我的关注。我和俞敏大哥是在纪念中国共青团成立90周年座谈会上认识的，时任共青团中央第一书记陆昊同志在会前有一个与革命老前辈的子女儿孙见面交流的机会，我刚好在场……转眼间几年过去了，今天看到俞敏大哥转发的这篇文章可谓感慨万千，特别是文章的内容对我很有启发。

我一直在思考“团校从哪里来”的问题，最早的团校是个什么样子呢？实际上这篇文章给出了答案。内容提要是这样描述的：上海渔阳里开辟了一代人的道路。1920年8月22日，以陈独秀为首的上海共产主义小组指派最年轻的成员俞秀松出面，创建了上海社会主义青年团，由俞秀松担任书记。与此同时，还建立了上海外国语学社。

中国共产主义共青团就是一所大学校，在《党章》第十章明确规定：中国共产主义青年团是中国共产党领导的先进青年的群团组织，是广大青年在实践中学习中国特色社会主义和共产主义的学校，是党的助手和后备军。共青团中央委员会受党中央委员会领导。共青团的地方各级组织受同级党的委员会领导，同时受共青团上级组织领导。请注意，它的主语是“广大青年”，那么我们要问，广大青年的领头雁也就是团干部和青年干部的学校在哪里呢？这篇文章中提到：为培养青年干部学习外语，阅读外文马克思主义著作并去国外学习，团中央在此创办外国语学社，教授俄、英、法文，教师有杨明斋夫妇、李汉俊、李达等。在此学习的有刘少奇、任弼时、罗亦农、萧劲光等。1921年1月后，他们分批前往莫斯科东方大学就读。旧址为一幢两层老式石库门房屋，楼下是教室，有课桌长凳。楼上厢房是刘少奇、任弼时等人的宿舍，客堂楼上是团中央办公处。文章中特别提到：上海共产主义小组和上海社会主义青年团为了掩护革命活动，以公开形式在渔阳里 6 号开办了这所学校即上海外国语学社，可谓意义重大。团员青年在学社里学习马克思主义、补习俄语，分批前往莫斯科，学习革命经验。他们经过长期革命斗争的考验，绝大多数人成为革命的中坚力量。

现存上海龙华纪念馆的俞秀松日记不但记载了第一本中文版《共产党宣言》诞生的过程，还佐证了中国共产党1920年6月开始在上海组织的创建。从这里我们不难看出，最早的团校雏形可以追溯到上海外国语学社。特别要指出的是，最早翻译《共产党宣言》的陈望道就来自该学社。

按照时间和年代的排序，历史上还有过列宁团校、安吴青训班、泽东团校，等等，这些学校的建立都是中国共产党基于革命的需要而建立的，直到1948年应亟待输送大批青年干部所需而成立的中央团校。地点当时就设在河北的西柏坡，就在毛泽东、朱德、周恩来等老一辈无产阶级革命家身边。

“不忘初心，牢记使命”，就是提醒我们不忘历史。知道我们从哪里来，才能更好地决定我们向哪里去。从1920年到现在，时间已经过去快100年了，我们的团校可谓使命光荣、责任伟大，在中国革命、建设和发展的各个时期为培养青年政治骨干发挥了不可估量的作用。这其中也经历了无数艰苦而曲折的过程，团校也走了一段弯路，偏离了我们的主责主业，但新的时代又把我们召唤了回来。2018年4月19日中共中央办公厅、国务院办公厅印发的《中央团校改革方案》明确指出：中央团校工作是共青团工作的重要组成部分，承担着为党的青年工作教育培养骨干的重要使命。要着眼党的青年工作大局，把握建设党在青年工作领域特色鲜明的政治学校这一根本定位，聚焦团干部教育的主责主业，通过剥离学历教育、创新办学方式，突出政治培训，努力为新时代党的青年群众工作和共青团建设提供人力、智力支持。

团校不同于普通的高等学校，也不同于一般社会意义的培训机构，但它又是一所学校和教育培训机构，只是带有很强烈的政治属性和承担着很重要的政治使命。同时，还要时刻遵循一般的规律和原则，既要遵循学校运行的规律，又要遵循干部教育培训的规律。作为服务团校的协会工作人员，一方面要有历史感知和人文情怀，要了解团校，要讲好团校的故事；

另一方面还要做到专业精深，比如精通团的工作规律、团干部成长的规律、团岗位特质等。既能在战略上大道至上至简，又能在战术上触及神经末梢，只有这样，我们才有资格和能力带领团校人永远跟党走，才能不辜负党中央和团中央对我们的期待。

对成都市团校改革情况的了解

在2017年年底由成都市团校承办的中国青年工作院校协会城市团校专委会年会上，为了准备闭幕式的一个发言稿，特意将历年成都市团校承办协会的情况进行了梳理。资料显示：2000年5月8—14日，团校恢复后召开第一次全国部分城市团校校长会议，地点就安排在成都市团校，会议专题研讨“21世纪城市团校的生存与发展面临的重大问题”，提出城市团校的定位是“培养本市基层团干部的重要阵地和服务青少年成长的重要基地”，要树立“小团校、大服务”观念，加强青少年理论研究的师资建设，开发属于自己的能够持续发展的特色产品。杭州、广州、武汉、沈阳、昆明、苏州、枣庄、青岛、大连等10家团校参加了会议。也就是说，成都市团校在历史上为协会做过突出贡献，这一点全国的城市团校都不会忘记。

也就是在那次会议上，得知成都市团校要扩充阵地，当地市委党校支持给一块地盖一幢楼，专门用于团校的建设和发展，大家听后都为成都市团校点赞，也为成都市委党校点赞。因为这种情况在全国团校是很少有的，占用党校的地方，又不被其合并，直观感觉这件事似乎来得过于容易。在历史上，曾经有几家市级团校被党校兼并，情况各异，总体上的结果：团校的主业，特别是团干部的教育培训工作有些被边缘化。所以，一听到有某地的团校并入党校，我的直接感受就是“不太好”。这种认识曾很长时间左右着我。因此，我对成都市团校也有同样的担忧。

就在2019年，传来成都市团校并入市党校的信息，直到前一段时间从时任该校的宋大志校长和冯卫副校长那得到确认。也许是这段时间进行的

“不忘初心、牢记使命”主题教育活动的缘故，通过重新学习再重新认识，我突破了已有的认识局限，对团校并入党校这件事不像以往那么偏激了，认识到很多情况的发生必有其组织层面的深度谋略，我应该在实地学习和了解的基础上，从思想认识上主动跟上去。

说来也是机缘巧合，我受成都团市委之邀抵蓉为成都市基层团干部授课，借此机会去了一趟成都市委党校。的确如成都市团校宋校长所讲，这样的合并是对团校工作的加强，具体表现在四个方面：第一是格局和平台一下子提高了。过去成都市团校的发展一直存在三个瓶颈，级别（副处级）与职称（市级团校普遍共存）、师资力量和培训经费等，历届团校人一直努力争取和改变，但都没有结果。我记得曾经有专家这样讲过：与其纠结于具体矛盾中，不如打开视野提高格局。如果说矛盾在一个“网兜”里，怎么摆弄，矛盾不会变小，相反，将“网兜”拎起来，再看矛盾就变得不那么大了。比如，这次我见到的冯卫副校长，她对此的感受就特别深刻。她说自从来到党校后，亲耳聆听市委书记和部分专家学者的精彩授课，眼界和视野大大开阔了，这在过去连想都不敢想。另外，职称的评定渠道打通了，过去团校评到高级讲师就到头了，现在经过努力还可以评正教授了。第二是将团干部教育培训规划纳入党的干部教育培训体系中。成都市团校宋校长是这样描述的：前几年他们经过积极争取，最终得到了每年80万元团干部教育培训经费，这在当时实属不易。可这次并过来以后，团市委申请的300万元团干部教育培训经费获批，而且全年的培训量一下子翻了四倍，从中可以看出党校对团干部教育培训工作的重视和支持力度。第三是机构组建和人员配备及时到位。团校并过来后，市委党校高度关注团校的发展，决定保留成都市团校的牌子，组建团校工作部，将党校办公室主任调到团校工作部担任主任。将宋大志校长安排在党校办公室任副主任，还有15名成都市团校教职工也都得到妥善安排，分配在党校的各个相关部门，以便他们迅速融入新的集体。第四是党校教学管理标准规范和较高的工资薪酬带来的压力。并入党校后的成都市团校教职工普遍感到一种特别的压力，一是教学方面的压力。不管是老资格的教员还是年轻的教员，一切都要重新再来，按照党校的条规申报课程并接受试讲。团校老师所能承接的课程是非常有限的，按照70%党的理论和党性教育课程计划要求，要重新学习、重新备课，过去所熟悉的共青团理论和实务课程均不在计划课程中，这对所有老师是一个巨大的心理承受和业务能力挑战。就连冯卫副校长这样老资格的教师能选的课程也只是《公务员成长规律和职业发展规划》和《习近平关于青年工作的重要思想论述》，还不知道能否通过试讲，更不知道是否有被安排上课的机会。二是薪酬高所带来的工作任务考核的压力。与此同时，他们又感到一种欣慰，来到党校，自己的薪酬要比在团校时高，还能享受到一些其他待遇。

从党校出来，一路上我都在思考一个问题：这会不会是市级团校未来发展的模式？也许现在还不能完全看清，几年过后，全国市级团校将会是一个什么面貌呢？越想越觉得自己肩负的责任重大，一定要加快团校历史资料整理工作的速度，未来该发生的一定会发生，历史进程是不以我们的主观意志为转移的，我们现在能做的就是完善协会的基础档案资料，为后来者提供准确的数据信息，尽一切努力讲好团校故事。

团校的过去、现在和未来

讲好团校故事一直是院校协会秘书处很重要的一项任务。想要真正讲好故事，就需要对协会会员单位的总体情况有深入的了解。从2011年至今，我们先后走访了近三分之二的团校，有的团校不只去一次，而是若干次，但每次都不是为去而去，而是结合为基层团干部授课或者其他公务来进行的。我们在内心早已建立了一个信念，就是要走到会员单位中，无论什么时候，都要创造一切条件跟进会员单位，了解他们的所思、所想、所愿，特别是熟知他们的优势和亮点。然后将我们所有能发现的“米面”带回来，看看能做出什么样的好吃的“点心”，与所有会员单位一起分享。我特别坚信一条：智慧在民间。我们要善于先当小学生，抱着学习的态度亲近会员单位，与他们建立深厚的感情，只有在了解的基础上，才能相互欣赏和认同；也只有在欣赏和认同的基础上，才能建立彼此的信任；更只有在彼此信任的基础上，才能达成共识；同时，只有在共识的基础上，才能达到一道前进。

一、历史辉煌的团校

当您对团校的历史深入了解后，就可以非常明确地得出一个结论：团校的历史是极为辉煌的。最大的荣耀就是：团校的生存和发展与中国革命、建设和改革进程是同频共振的。1932年12月24日，列宁团校第一期在江西瑞金洋溪村举行开学典礼。红军总司令朱德、苏区中央局书记任弼时等出席。1933年2月25日，毛泽东为列宁团校的学员亲自授课。如果再向前追溯，1920年的工人学校，资料显示：由于在五四运动中亲眼看到工人阶级表现出来的伟大力量，一部分学生领袖便“出发‘往民间去’，跑到工人中去办工人学校，去办工会”。（邓中夏《中国职工运动简史》《邓中夏全集》（下），人民出版社，2014年，第1354页）这些早期的工人学校，其价值在于：一方面广泛传播马克思主义的思想；另一方面培养和扩充进步力量。这些都无疑为共产党组织的建立提供了思想准备和组织准备。除了办工人学校，1927年3月，毛泽东在董必武等人的支持和帮助下，创办了武昌中央农民运动讲习所，招收了700多名学员。3月7日开课，4月4日，正式举行了开学典礼。这是中国共产党最早开办的农村学校。需要说明的是：早在1923年11月22日，在哈尔滨党、团组织的领导下，经陈为人、李震瀛、彭守朴、韩迭声筹备在道里外国二道街（现中医院）7号创办了哈尔滨青年学院。早在1925年5月10日，北京就举办过中国历史上一个团员特别训练班，这是中国共青团教育事业的真正开端。资料显示：这次训练班学习的内容就是马克思主义基本原理、中国的各种实际问题，学习的方式以报告为主，培训班每周上课三次，共有60人参加了学习。1925年12月5日，鉴于北京团员数量骤增，团员总数发展到近300人，北京团地委先后举办了新团员训练班和部委团干部训练班。

也就是说，我们党无论在初创时期和发展时期，始终没有忘记做两件事：第一是播种思想；第二是培养队伍。而这两项工作任务的落地都是依靠特殊的主阵地、主渠道来完成的，这个主阵地、主渠道虽然在不同的历史时期名字叫法有所不同，比如1936年团中央在保安县刘家坪村创办的中央团校，后改名为“鲁迅青年学校”，1937年10月，党领导的西北青年救国联合会在国民党统治区创办的战时青年训练班，统称“安吴青训班”，1940年5月，党中央在安吴青训班基础上于延安创办的泽东青年干部学校，等等，实质上就是我们现在所说的团校的雏形。

如果梳理一下全国团校成立的时间，会发现有37所团校（多为省级团校）成立于新中国成立前后。历史上曾经出现过的皖北团校和皖南团校，创办于1949年，是1952年3月两校合并后成立的安徽省团校的前身。还有东北地区先后成立团校，其来龙去脉可用一条线表达：哈尔滨青年干部学院（1947年6月1日）→东北青年干部学院（1948年7月）→东北团校（1951年9月）→东北团校一分为三（1954年），建立黑龙江省团校、辽宁省团校和哈尔滨市团校。还有成立于1952年底的江苏省团校，其前身是1949年初青年团苏北区工委在扬州建立的苏北团校和青年团苏南区工委在无锡建立的苏南团校。创办于1949年7月的中国新民主主义青年团山东省团校，前身是华东青年学校。当时的办学条件非常艰苦，仓库就是教室和宿舍，学员睡地铺、吃食堂、粮草自运，实行供给制，过的是抗大式的半军事化学习生活，出早操、听大课，背包当坐凳、膝盖当桌子。成立于1951年6月的湖北省团校其前身是1949年5月建立的华中团校，后于1949年12月更名为中南团校。于1950年3月在广州西村宣告成立的华南团校，当时担任中共华南局第一书记的叶剑英同志亲临该团校第一期团干部培训班的开学典礼并做了重要讲话，并为华南团校写下了“学习与劳动相结合”的题词。华南团校后于1955年更名为广东省团校。创建于1956年3月的贵州省团校，前身是中共贵州省委党校青干班，等等。

二、曲折发展的团校

全国团校也经历了社会主义建设曲折发展的过程。1956年到1973年，全国所有团校基本上都处于停顿解散的状况。

1973年后，全国团校陆续开始进入恢复阶段，加上新成立后的约28家团校，比如鞍山市团校（1973年）、昆明市团校（1979年）、本溪市团校（1979年）等，20世纪80年代成立的团校有12家，比如宁夏共青团干部学校（1984年）、南京市团校（1987年）、成都市团校（1987年）等。20世纪90年代成立的团校有9家，比如大连市团校（1994年）、深圳市团校

（1990年）等，还有21世纪成立的团校，比如温州市团校（2003年）等。历史上，团校曾一度达到75家。

在恢复时期，团校面临的最直接的问题就是阵地建设和团干部学历提升等。1987年，团中央和教育部联合下发通知《加强团校正规化建设》，各地团校纷纷响应号召，可谓八仙过海，各显神通，呈现了有史以来发展最好势头，办学模式种类繁多，各种各类的学历班层出不穷。但可惜的是，这样做带来的结果是：在解决了团干部学历层次提升的问题的同时，因为市场经济的冲击，团校的办学方向发生一些偏转，政治培训有所弱化，取而代之的是知识培训和经济培训，可谓道不足而术有余，本末倒置，所以团校必须改革，回归主业成为最现实的问题。

三、强国时代的团校

2016年4月20日，中央团校改革方案发布，其中对团校的定位非常明确，即团校是党在青年工作领域里的一所特色鲜明的政治学校。中央要求中央团校要以政治培训为主要内容，以团的业务培训为基本内容，制定培训教学大纲，规范设置培训内容，做到“五个强化”，即强化党的理论教育、强化党性教育、强化群众路线教育、强化党章党规党纪教育、强化基本业务培训。

强国时代，团校肩负怎样的责任和使命呢？这是我们团校人当下需要思考的严峻课题。团校建立的初衷就是源于党的需要，现在团校依旧要不忘跟党初心，牢记青春使命。但现实的情况不尽如人意，很多实际情况着实令人担忧。在这样的情形下，坐等观望还是积极促改，是对每一位团校人莫大的政治考验。

我曾无数次扪心自问：团校到底是干什么的？它确实不是一所普通的高等学府，也不是一所普通的社会培训机构，团校自诞生之日起就带有的基因，不会随着时代的变化而发生改变，它存在的价值和意义就在于“播撒火种，开花结果”，某种程度上说，开什么花结什么果与国家民族的未来息息相关。什么人可以干团校的事？肯定不是一般的人，“在这里工作，升官发财请走别路，贪生怕死莫入此门”（习近平于2017年8月13日以普通党员身份参加所在党支部专题组织生活时的即席讲话《习近平关于“不忘初心，牢记使命”重要论述选编》第183页），我们培训的对象也不是一般的人，是青年群体的“领头雁”，他们的精神状态直接决定着青年们的精神状态，正如习近平总书记所讲的那样：“中国的未来属于青年，中华民族的未来也属于青年。青年一代的理想信念、精神状态、综合素质，是一个国家发展活力的重要体现，也是一个国家核心竞争力的重要因素。”（习近平在中国政法大学考察时的讲话，《人民日报》，2017年5月4日）从这个意义上说，战略上我们要着眼于党和国家的大局，时时牢记：东西南北中，党是领导一切的，而不能纠结于一时一地的一城一池和眼前的一亩三分地，甚至个人利益的得失。这既需要勇气，又要有博大的胸襟和气魄。要算政治上的大账，做个政治上的明白人，而不能沉湎于自己的小九九。回顾历史上部分团校的变迁，有些团校的丢失并非客观因素造成，很多是主观意愿所为，就是因为当事人不是从团校的整体事业出发考虑团校的发展，而是掺杂了很多人为的因素，比如职务晋级、待遇提升等私利驱动。历史上，从没有无缘无故的合并，也没有无缘无故的坚守，内因是一切事物发展变化的决定因素，外因只是事物变化的外部条件，外因只有通过内因才能发生作用。团校姓共姓马，这是团校的本质属性，对青年干部进行系统的马克思主义理论教育是团校聚焦主责主业的根本体现。因为马克思主义政党的鲜明特点就是：崇高的政治理想、高尚的政治追求、纯洁的政治品质、严明的政治纪律。共青团是党的助手和后备军，就要带领青年跟党走，但凡有一点私心，就很难坚守初心，只要“不私，而天下自公”，“无私者，可置以为政”。只有不谋私利才能谋根本、谋大利，才能从党的性质和根本宗旨出发，从青年的根本利益出发，“天下之患，莫大于不知其然而然”。与此同时，在战术上，我们还要做到蹄疾步稳，走好改革中的每一步，将关键环节落细落小。要具体问题具体分析，不能一刀切。不能照搬其他团校的模式，要因地制宜，分类施策。

从目前部分团校改革的情况看，情形千差万别，大致有三种状况，第一类试点单位风向标。比如重庆市团校和上海市团校，学历剥离，主业凸显。第二类紧随其后步入正轨。比如广东省团校、青海省团校、新疆维吾尔自治区团校、河南省团校、安徽省团校等。第三类不明去向还在探索。比如北京市团校、江西省团校、河北省团校、湖北省团校等，这些团校总体情况是学历教育做得相对比较成功，教师职工的去留多为选择学历教育，团校的前景令人担忧。还有一种情况，部分市级团校已并入党校，比如天津市团校、哈尔滨市团校、沈阳市团校和成都市团校，未来几年这些团校合并后的情况将会是怎样？目前还不可预测。

值得注意的是：改革到底要以什么为标识来评判其成效呢？我以为有两点，一是党的青年工作事业是否能得到持久的发展？二是团校人和受训者的获得感和成就感是否能得到提升？前者是从全局而言，后者是从局部而言。但无论如何改，我们都要始终牢记“培养中国特色社会主义的建设者和接班人是我们的政治任务、巩固和扩大执政党的青年群众基础是我们的政治责任、围绕中心服务大局是我们的工作主线”，正如中央人民政府驻香港特别行政区联络办公室副主任卢新宁所言：你所站在的地方，就是中国；你怎么样，中国便怎么样；你是什么，中国便是什么；你有光明，中国便不会黑暗。更让我感动的是李光耀，他在一次公开演讲中说：“即使我卧病在床，即使我入土为安，只要发现问题，一定会马上起来。”我认为，这就是团校人应该具有的一种态度和一股精神。正是因为这种态度和这股精神，我们的团校才会从曲折艰难的发展中向强国时代迈进和冲击，乃至会有更多的团校如雨后春笋般涌现，可以毫不夸张地说：团校的明天一定会更好！

团校研究者的楷模

中国青年工作院校协会第四届全国团属院校和基地研究者高级研修班就要开班了，此时我心情激动，感慨万千。在开班式上，作为一名普通的从事共青团与青年工作的研究者，我想和大家聊聊自己的体会。

首先讲讲我们的前辈。他们是我们学习的楷模，我想以两个人为例，一个是青年学泰斗黄志坚教授，一个是青年运动史专家郑洸教授，他们如今都已进入耄耋之年了，但每每与二老见面时，他们那种对真理的不懈追求，活到老学到老的坚强意志，总让我感觉有种汲取不完的力量，受的他们感染和激励，我内心确定做人就要做像二老这样的人。

我常常思考一个问题：研究是什么？有调研才有探究，正如毛泽东同志讲过的："没有调查研究就没有发言权。"我们的调研工作从哪里开始呢？一定不能舍近求远，要与我们的工作和生活息息相关。站在团校的角度，那一定是共青团与青年工作，无论您是研究它的历史、理论还是方法，最终都要落在解决实际问题上。从协会的角度说，那一定要研究团校和团校人，所以这次给大家布置的作业是：深入访谈一位团校老同志，他们是咱们团校人的宝贵精神财富。有的老校长，原本计划上门拜访，但因各种原因还没有来得及见面，人就离开了，这让我内心十分难过，发誓要抓紧时间抢救团校历史。截至去年底，先后有60家团校提交了团校历史资料，协会秘书处在协会领导高度重视下，在各会员单位的大力支持下完成了全国团校历史资料的汇编工作，但这只是万里长征迈出的第一步，后面的研究任务将更加艰巨。

研究工作是一个静水深流的事业，它最忌讳的是急功近利的浮躁心态和好大喜功的浮夸作风。它需要研究者能静下心来深入基层实地探寻珍宝，在知其然的背后还能探究其所以然，正如这次全党上下开展的“不忘初心，牢记使命”主题教育活动所要求的那样，学习要往深里走、往实力走、往心里走。研究者更要在学懂、弄通、悟透、做实上做出表率。我们只有知道自己从哪里来，才能知道将向哪里去和怎么去。我们团校不同于一般普通的高等学校，不同于一般意义上的社会培训机构，它是党在青年工作领域里的一所特色鲜明的政治学校，因此，它也不同于我们通常所说的党校，党校的校训是“实事求是”，但团校的校训在此基础上还多出四个字，即“朝气蓬勃”。1964年6月11日在北京召开的中国共产主义青年团第九次全国代表大会上，时任团中央书记的胡耀邦同志所做的报告《为我国青年革命化而斗争》中，专门对这八个字有阐述。他说，团干部应具有“朝气蓬勃，实事求是”的作风。朝气蓬勃，“就是要有勇于跟困难做斗争的革命干劲”，“开动脑筋，敢于和善于提出问题，有负责精神和创造精神”，“有努力学习，永不自满的精神”，“防止脱离实际，脱离群众和沾染官僚主义习气”；实事求是，“就是做老实人，说老实话，办老实事”，“就是工作要扎扎实实，具有革命的坚持性”，“多做打基础的工作，讲究工作实效”，“学会善于做细致的工作，特别是要善于一点一滴地去做思想工作”。55年前的这番话，依旧对我们现在做好团校工作有很大的启发。特别是习近平总书记于2019年9月3日在中央党校（国家行政学院）中青干部培训班开班式上的讲话中多次强调：要发扬斗争精神、增强斗争本领，和当年的目标一脉相承。实现伟大梦想必须进行伟大斗争，我们团校工作的研究者是研究如何教好干部的，必须经受思想淬炼、政治历练、实践锻炼，保证自己首先过关。如果研究者都不能拥有高度的理论自觉，何谈坚定政治理想和政治信念。

新时代赋予我们团校工作研究者以新的责任和使命。那就是为实现“两个一百年”奋斗目标、实现中华民族伟大复兴的中国梦培养能担当时代大任的新人，让我们为此不懈努力、顽强奋斗，做出自己应有的贡献。

与中央团校张澍老师的交流

疫情期间，在中央团校家属区总时不时能见到张澍老师，常从他那索要一些全国团属院校的调研资料，因为知道之前关于全国团属院校范围内的调研工作先后搞过三次，分别是2001年、2007年、2016年，后两次的资料基本收集齐，但第一次的调研资料却空空如也。我也向团中央组织部的老领导咨询过，但都没有确切的资料可提供。这次因要撰写《共青团团校教育史略》的缘故，再次进入团校历史资料的收集阶段，没想到张澍老师给了我一个大大的礼物，他提供了2001年全国团属院校的调研报告基本内容。

在初步完成《共青团团校教育史略》第24稿后，我将电子版发给了他，请他帮忙修改和完善，并提出宝贵建设性的意见和建议。大约过了半个月，他约我见面，谈修改意见。我们约好2020年6月29日下午4点在家属区运动器材地长椅见面，他一坐下就摊开几张写着密密麻麻小字的稿纸，对照原稿提出自己看完文稿后发现的问题。先不说具体的修改内容，仅仅老先生这种严谨认真的态度，就让我感动至极。

他先肯定了这项工作的价值意义：关于团校历史，特别是团校教育史目前还处于未开垦的处女地，需要有人去填补这项空白，我写的这一稿已经有了一个很好的基础，资料比较翔实，其中有一些过去不为人所知的珍贵资料。接下来，他提出几个问题，青年教育与团校教育的联系和区别在哪里？党组织和团组织进行的青年教育有什么不同？能不能等同？这些问题需要搞清楚。他建议要区分开来，有些党组织进行的青年教育不等于团组织进行的青年教育。因此，严格意义上讲，如果谈团校教育，可能要有一定的范围和区间，比如抗大、陕北公学、黄埔军校、农民运动讲习所等不能算进来。建议从狭义的团校着手，真正意义上的团校要有具体的创办时间、办了多少期培训、教学内容等。比如安吴堡青训班就属于团校范围，为什么这样讲呢？他举了自己曾参加安吴堡青训班校友联谊会，当时他作为校领导出席联谊会并讲了话。他想表达的意思是，联谊会为什么要安排在中央团校而不是其他地方，上级组织是有考虑的。

张澍老师还给我讲述了20世纪90年代部分团校领导建议在其所在地建立中央团校分校的背景，时任共青团中央组织部部长是尹德明同志。他为此还专门邀请了教育部规划司的几位领导一起见面，讨论能否在各地建中央团校分校的问题。教育部领导给出的答案是，不允许建立分校，一是因为教育部规定办学层次低的团属院校与办学层次高的团属院校不允许合作办高层级的分校；二是因为教育部规定不容许跨地区合作办分校。他还清楚地记得黑龙江省团校的刘仲玺校长专门找过他谈合作事宜，但种种努力都未成功，黑龙江省团校最后与当地的司法警官学校进行了合作。

感谢张澍老师给予协会工作的大力支持！

祝福湖南省团校成立70周年

首先代表院校协会秘书处向湖南省团校成立70周年送上我们最衷心、最诚挚的祝贺！祝福湖南省团校生日快乐！

中国青年工作院校协会成立于1994年，由共青团中央发起，民政部注册的国家一级社团。协会实行会员单位制。该协会于2010年正式移交中央团校管理，协会会长为中央团校党委书记倪邦文，常务副会长为中央团校党委常委、副校长陆玉林教授。中央团校改革后，秘书处设在中央团校教务部内。

湖南省团校是中国青年工作院校协会大家庭中的一员，其兄弟姐妹还有72个，它们分布在全国各地，其中中央级团校1家，省级团校有28家，地市级团校有34家，企业团校2家（中铁和宝武），党性教育基地8家。它们成立时间有先后，但其使命是共同的，这就是：传承红色基因和致力青年工作，都承载着两个关键词，即政治与青年。如果说团校与党校有什么不同，我们从校训上可以辨识，党校校训是“实事求是”，团校校训是“实事求是，朝气蓬勃”。

就在2019年9月16—20日，湖南省团校刚刚成功承办了院校协会第四届全国团属院校和基地研究者高级研修班，来自全国47家会员单位81名青年研究、共青团工作研究的科研人员参加了该进修班。我们要特别感谢湖南省党校为本届研修班的成功举办提供的大力支持。感谢湖南省团校全方位的服务保障工作，尤其安排大家赴韶山进行现场教学环节，既丰富了研修班课程的教学内容，又让来自全国各地团校的81名学员精神接受了一次政治洗礼，心灵受到一次激荡和震撼，这种教学效果不是在课堂上所能取得的。特别在当前全党上下开展“不忘初心，牢记使命”主题教育活动的大背景下，安排这样的现场教学更具历史意义和现实意义。可以说，此次研修班无论从培训规模、学术含量还是办班质量，都与以往三届有很大的不同，创造了协会有史以来的三个第一：会员单位参与程度第一、学员普遍获得感第一、承办质量水准第一。

如何建设好党在青年工作领域里一所特色鲜明的政治学校是湖南省团校和所有会员单位今后需要高度关注的战略课题。我们团校是干什么的?我们是教干部的阵地；我们团校人是干什么的?我们是教干部的干部；我们协会是干什么的?协会就是会员单位的家，协会秘书处如果说是这个家的穿针线、暖心包和引路人，那么会员单位就是一颗颗宝贵的“珍珠”。协会要时刻将会员单位装在心里，要用一根“针线”将一颗颗宝贵的“珍珠”串起来，一颗都不能少。我们要一起讲好团校故事，继续找寻那些历史上存在过但仍不被人所知的散落在外的“珍珠”。与此同时，还要善于发现每颗“珍珠”之所长，充分调动它们的热情和激情，为共青团教育事业提供人力支撑并贡献应有的力量和智慧。湖南省团校在共青团与青年工作研究方面表现尤为突出，比如近些年承担了团中央、团省委大量研究课题，出版了《共青团组织建设指南》《湖南青运史资料》《湖南省团志》丛书等20余部专著、教材，在《人民日报》《光明日报》《中国青年研究》等重要报刊发表一系列研究论文，多项成果获得省部级奖或获得部级领导批示。在青少年文化交流方面，先后承担第八届全国青年工作理论研讨会、第六届中国青少年发展论坛等全国性会议，产生了广泛的影响。

期待湖南省团校继续发挥好湖南省培训轮训共青团干部、培养青年人才、开展青年与共青团工作科学研究、开展青少年文化交流的主渠道、主阵地作用，从党在青年工作领域一所特色鲜明的政治学校这一定位出发，不忘初心，牢记使命。以团校人的情怀，勇于担当培养实现中华民族伟大复兴中国梦时代新人的重任，向着党指引的目标努力前行！

以下是本届研修班学员写给庆祝湖南省团校建校七十周年华诞的贺词。

铜仁市团校的祝福：

七十载薪火相传，改革后再创辉煌。祝湖南省团校生日快乐！

枣庄市团校的祝福：

湖南省团校建校七十周年：七十年初心不改为团情；七十年深耕细作育精英；七十年牢记使命跟党走；七十年橘子洲头竞风流！

平顶山市团校的祝福：

四届团校研修班，湖南省团校平台建。全国团校来相聚，学习交流谱新篇。正值贵校周年庆，各家团校送祝愿。祝福湖南省团校好，前程似锦喜事连。我们也不愿落后，随份小礼平顶山。这次相聚真是巧，收获机缘和情缘。

温州市团校的祝福：

七十载悠悠岁月，七十载青春如歌，七十载励精图治，七十载与时俱进。热烈祝贺湖南省团校生日快乐，更加精进繁荣！

青岛市团校的祝福：

依托省委党校之高台，立足潇湘文化之厚土，顺应红色教育之天时，在共青团湖南省委的领导下，继续老传统，奋进新时代，再创团校改革发展事业新辉煌。

广州市团校的祝福：

薪火相传七十载，桃李芬芳满潇湘。不忘初心跟党走，实事求是辉煌造。祝湖南省团校生日快乐越来越好！

安徽省团校的敬贺：

岳麓山下省团校，群英荟萃德艺高。热情似火迎远客，凝神聚力红旗飘！

河南省团校的敬贺：

七十年不忘跟党初心，再出发牢记青春使命！

青海省团校的敬贺：

七十年风雨兼程，七十年青春如歌。用生命启迪智慧，用爱心引领成长。七十年创造金色辉煌，七十年谱写绚丽华章！

赴温州市团校调研观感

实际上这是我第二次到温州，第一次是20世纪90年代我在中国青年企业家协会秘书处工作期间，与共青团温州市委的干部接触过，当时给我的直接感受就是：灵活和创新。他们的青年工作确实与很多地方不一样，既有共青团的味道，同时还有商业的头脑。当时对我思想观念的冲击是很大的。

这次是因为要参加在台州举办的大陈岛与青年志愿垦荒精神研讨会，提前一天赶到温州市团校，主要是想了解一下情况，这是协会秘书处一直以来的工作惯例，即走下去、靠过去、跟上去。没有对会员单位的深入了解和感情融通，无论如何都难以做好协会的服务工作。早在2014年正式接手协会秘书处的工作时我就有了这种意识，无论是外出上课、开会还是别的什么事，都要先去会员单位实地看看，至少要知道它长得什么样？知道他们有什么和缺什么？

早就听说温州市团校与当地的青少年文化宫合署办公，以为就是单纯的一座楼，温州市团校只是在其中占据几间办公室而已，到了以后我才发现，原来是好大的一片地方，如同进入一个美丽的童话世界。无论餐厅还是卫生间，到处都悬挂着少年青涩稚嫩、向上向善的宣传画，让你忍不住带着喜悦的心情顿足观赏。

当看到屏幕上显示：欢迎中国青年工作院校协会领导来温州市团校指导工作的字样时，我内心多少有些不自在，因为协会秘书处就是会员单位的服务员，不是什么领导，我们下来不是领导和指导，而是来向会员单位学习的，寻找服务切入口是此次调研的目的。在充分了解温州市团校的建设、发展和运行情况后，思考在协会明年的工作中如何发挥温州市团校的价值和作用。

2019年10月16日这一天给我留下的印象特别深，温州市团校副校长黄启教告诉我，要带着我和刘湲老师去看看当地有名的道德馆，这个道德馆是温州市少年宫参与该馆内容设计和规划并负责经营的。该校培训部主任陈明东老师告诉我，自道德馆开放以来，参观的人往来络绎不绝，特别是国庆节期间可谓爆棚。在他的陪同下，在解说员的讲解中，我对温州深厚的历史文化底蕴及敢为天下先的开创精神深感叹服，并对道德馆的构建理念及各项基础建设赞赏不止。道德馆内记录着温州人勤劳致富、勇于开拓的感人故事，特别是其中有一位90多岁的老者生前走过红色圣地留下来的纪念封、门票和珍贵历史照片，这些资料连成一体简直就是一部中国红色历史故事的完整记录，这让我内心深受触动和震撼。

在道德馆里，我还看到了颜氏家训。资料显示：《颜氏家训》是我国历史上第一部内容丰富、体系宏大的家训，也是一部学术著作。作者颜之推是南北朝时期著名的文学家、教育家。该书成书于隋文帝灭陈国以后，隋炀帝即位之前(约公元6世纪末)。该书是颜之推记述个人经历、思想、学识以告诫子孙的著作，共有七卷，二十篇。我关注了其中的“省事第十二”和“止足第十三”等。我们不妨一起温习一下：

省事篇第十二：1.谏言应有自知之明。2.君子当修德以待时。3.追名逐利必招祸。

止足篇第十三：1.安然知足者最幸福。2.天道忌盈，业满招损。3.好兵弄武易招祸患。

我曾在六年前陪同父亲去了趟蒋介石的老家慈溪，在那里也看到了蒋氏家训条规，内容很多不记得了。不过，我就在想，要是有团校人专注研究这些家训并研发出一门课出来，也是一件很有意义的事。因为这些家训很大程度上集合了当时精英阶层的智慧，它诠释着“修身齐家治国平天下”的道理，没有修身哪来齐家，没有齐家哪来治国。在我看来，温州市团校要开发具备地方特色的教育课程，就要妥善利用其特有的历史资源和先进的设备优势，在扎实科研的基础上走出自己的道路。

随后，我们又观摩了温州市团校及其场所，认真听取了黄校长关于温州团干部培训及相关活动开展情况的汇报，对该校开展的流动团校下基层活动进行了详细了解之后，深切感到：温州市团校的团干部教育工作是扎扎实实、卓有成效的，最可贵的地方就是“走下去”的培训模式，值得会员单位借鉴和学习。

如果说中央团校是探索出一条向上流动的培训路径，地方团校则是要开辟一条向下流动的培训路径，刚好形成一个闭合的培训网络链条，上下呼应，整体联动，做到活循环、全覆盖，那么我们团校的前景一定会越来越美好。当然，这些想法只是我从研究的角度而论，完全是一种美好的愿望而已，但是，我有信心看到这一切的最终实现。

可以说，这次赴温州市团校的观摩学习收获满满，此次交流内容丰富，双方都就团校及青年工作阐述了自己的想法和做法，并基于多年的工作经验提出了各自的意见与建议。我想以后协会要更加关注地方团校的职能发挥，以与中央、省级团校形成优势互补，更好地促进、推动团干部及团员青年教育工作。再次感谢共青团温州市委和温州市团校领导与老师们提供的这次宝贵的学习机会。

讲好团校故事

“欲知大道，必先为史，灭人之国，必先去其史。”这是清末启蒙思想家龚自珍的名言。意思是说，要掌握“大道”，必须先研究蕴含着“大道”的历史。其所谓“大道”者，即“人间正道”，即历史发展的规律。

团校也是如此。它是从哪里来的？要到哪里去？期间历经了怎样漫长的艰辛历程？它在共青团历史的长河中曾有怎样的辉煌？它们又是怎样一步一步走到现在的？所有这些都需要记载下来，告诉后来者，这就是协会秘书处编辑整理《团校历史资料汇编》的初衷。

院校协会自2013年3月换届以来，协会秘书处就开始着手团校历史资料的收集工作，这期间我们利用一切时间走访团校，与团校老校长进行深度访谈，采取老校长口述历史、实地拜访分管团校的团委领导、与团校在职领导和老师们进行座谈交流等方式，记载团校的历史故事。与此同时，还不断激励和督促各团校加速历史资料的整理工作进程。截至目前，有55家团校提交历史资料。

一代人有一代人的责任和使命，书写团校历史就是我们这一代人义不容辞的责任和使命。我们只有认清团校从哪里来，要到哪里去，团校是干什么的，该怎样认识团校，我们才能头脑清醒、意志坚定，不被眼前的困难所压倒，不让迷雾遮住双眼，不因暂时的低谷而惊慌失措。尽管各个团校在发展进程中既有成功，也有挫折，既有高峰，也有低谷，既有坚守，也有退却，但这些都无法改变一个事实：团校是党在青年工作领域一所特色鲜明的政治学校。它不同于一般意义的普通高校，也不同于一般意义的社会培训机构。它是唯一的，也是不可替代的。

这项基础工作还在持续，随着团校改革再出发的进程，协会秘书处还将力争用三年到五年的时间，不断挖掘和完善充实团校历史资料。站在时代的高度，始终不忘初衷，正如著名历史学家克罗齐所说的：一切历史都是当代史。就是说，今天发生的一切，都可以在历史上找到影子；历史上发生过的一切，都可以作为今天的镜鉴。让我们永远记住历史，坚定道路自信、理论自信、制度自信和文化自信，为培养担当中华民族伟大复兴大任的时代新人做出自己应有的贡献！

上音乐党课观感

用艺术讲政治，如何呈现？当我们走进延安干部学院，上了第一堂课即庆祝中华人民共和国成立70周年教学演出后，心中便有了答案。这是一次高水平的音乐盛宴，可谓思想精深、作品精湛、作风精良的精神盛宴，是对共青团中央学习习近平总书记关于青年工作的重要思想专题培训班全体学员的一次灵魂激荡和精神洗礼。

主讲者就是中央音乐学院院长俞峰教授，资料显示：俞峰教授，中共党员，1964年7月出生，浙江宁波人，1991年7月参加工作，现任中央音乐学院院长、中共中央音乐学院委员会副书记，十八大党代表。1991年7月毕业于中央音乐学院指挥系，先后获学士和硕士学位，1996年7月毕业于德国柏林汉斯埃斯勒音乐学院交响乐队指挥专业，获最高指挥艺术家文凭（与博士研究生同等学力）。1997年6月起历任中央音乐学院指挥系主任、院长助理，2006年5月调任中央歌剧院工作，历任副院长、院长、艺术总监、首席指挥，兼任中国指挥学会会长。他创立的现代指挥教学法，获得国家教育科技二等奖；组织创办了中央歌剧院“国际歌剧季”；率团在国内外指挥演出了《茶花女》《图兰朵》《卡门》《尼伯龙根指环》等大量世界经典歌剧，以及《白毛女》《杜十娘》等多部中国原创歌剧，其中《霸王别姬》获第十三届中国文华大奖，《热瓦普恋歌》获文化部国家艺术院团首届优秀剧目展演优秀剧目奖，《汤豪塞》获文化部国家艺术院团优秀剧目展演优秀演出奖及首届中国歌剧节优秀演出奖，《红帮裁缝》获第十三届精神文明建设“五个一工程”优秀作品奖；曾获国务院颁发的“有突出贡献的优秀专家”、全国师德先进个人、“五一劳动奖章”、中宣部“四个一批人才”、文化部优秀中青年艺术家等荣誉。

我关注到：他所带领的团队，其队员很多都是年轻人。演出前在餐厅偶遇这些年轻人，他们的精神状态非常好，干劲十足，其中有几个人告诉我三天只睡了几个小时，可见他们为这次活动付出了多少努力。他们呈现给我们的作品很多都是耳熟能详的，比如《义勇军进行曲》《黄河大合唱》《游击队之歌》《白毛女》《梁祝》《在希望的田野上》《复兴之路》《歌唱祖国》等。关键是音乐会总指挥俞峰教授，边指挥边演说，将音乐作品背后的故事加以讲述，让我们从内心深处受到一次很好的教育，对音乐的基本知识，比如什么是歌剧、舞剧、大合唱等，如何将外来的艺术形式与中华民族的优秀传统文化进行有效结合，探索出一条既符合马克思主义基本原理，又适合中国国情的艺术创新之路。什么是艺术？艺术为谁服务？始终是俞峰教授演讲的主线，所有演绎的音乐作品都围绕着这一主线进行呈现。在不同的历史时期，都有标志性的音乐作品出现，可谓一个伟大的时代必然产生一批伟大的作品，一批伟大的作品必然影响一个伟大的民族，这既是人民艺术的魅力，更是历史发展的规律。

看完这场音乐会，给我们启发很大。青年是喜欢音乐的，做好青年工作就要尊重青年的特点，用青年喜欢的方式来讲好中国故事，要研发出一系列有青年味道的精品课程。我关注到这场音乐会中，有一首是中央音乐学院创作的《人民英雄纪念碑》，虽然词很简单，就是人民纪念碑上的毛主席的题词，但却带给我们极大的鼓舞和震撼。让我们再重温一下其内容：三年以来，在人民解放战争和人民革命中牺牲的人民英雄们永垂不朽！三十年以来，在人民解放战争和人民革命中牺牲的人民英雄们永垂不朽！由此上溯到一千八百四十年，从那时起，为了反对内外敌人，争取民族独立和人民自由幸福，在历次斗争中牺牲的人民英雄们永垂不朽！

再次感谢延安干部学院提供的宝贵学习机会！

梁家河的大学问之领悟

这是我第二次到梁家河，延安干部学院安排的教学课程次序是，先对学员进行专题讲授，后开展现场教学，学员们经历了从理性上的认识到感性上的升华之过程。延安干部学院何磊教授通过习近平总书记在梁家河11个故事的呈现，将总书记在梁家河的七年知青岁月娓娓道来，清清楚楚阐述了一个大国领袖是如何从群众中走出来的这一脉络。同时，与村民刘金莲面对面的接触和交流，使得学员们倍感亲切，真切地在脑海中浮现出总书记与当地百姓同吃同住同劳动的感人画面。从中引发思考：到底什么是青年健康成长的路径？

万丈高楼平地起，这既是常识也是规律。青年的成长规律也是如此，总书记的七年知青岁月告诉我们一个道理，没有什么人能随随便便成功，不经历风雨难以见彩虹。看似一个普通得不能再普通的道理，真正践行之却是一件并不容易的事，总书记给我们青年做出了示范和榜样。正如何磊教授所讲：一个善做卑微小事的人不一定能成为大人物，但一个大人物往往是从一点一滴的卑微小事做起的。

习近平总书记说："陕西是根，延安是魂，延川是我第二故乡。"我们每个人的成长都无疑面对三问，我从哪里来？要到哪里去？怎么去？出身难以改变，但选择却是决定着一个人成长的关键因素。有的人选择一辈子享福，有的人选择一辈子奋斗，要奋斗就会有代价，且代价有的时候是用青春换来的，甚至是用生命换来的。虽然我们知道：谁付出了社会平均值以上的劳动，谁就能获得社会平均值以上的成就。但往往理想很丰满，现实却很骨感，当付出和得到不相匹配的时候，考验你的关键时刻就到了。谁能挺过，谁能坚守，谁就能获得人民的尊敬和厚爱，总书记做到了。我们无法体会一个还不到16岁的年轻人在面朝黄土背朝天的日子里，不但要经受艰苦的过五关考验，还要承受当时政治环境加在他身上“黑五类”的标记，更要挺起胸膛勇于向命运挑战，紧紧依靠群众，做出一番敢教日月换新天的壮举。而后者往往才是决定我们青年成长的关键一环。

从这个意义上讲，梁家河之所以说是个有大学问的地方，就在于它诠释了一个不变的真理：无论处于什么样的时代，都要有坚定正确的政治方向，这是青年健康成长之前提；无论历经什么样的环境，都要与人民群众共患难、同奋斗，这是青年健康成长之根基；无论遭遇什么样的艰难困苦，都要做到毫不动摇、持之以恒，这是青年健康成长之根本；无论赶上什么样的机遇，提升核心竞争力是青年健康成长之资本。

讲好本次培训班的故事

说到本次训班，就不能不说到中国青年工作院校协会（简称院校协会），同学们也许会问：培训班和院校协会之间有什么关系呢？部分同学告诉我，以前真的不清楚团中央还有一个这样的院校协会。

一、院校协会的由来

单从中国青年工作院校协会的名称，大家就会想到：这个协会的会员单位一定是遍布全国各地的，实际上目前还是有缺漏的，比如西藏和海南还没有，这是第一；其次，协会的会员单位一定都是院校，基本上是对的，但不完全是，比如还有一些团属基地，这是第二；最关键的是，这些会员单位并非普通意义上的一般院校和基地，其主业就是从事青年工作，这是第三。那么大家会问，这个院校协会是什么时间成立的，协会会长是谁？让我一一向各位解答。

该协会成立于1994年，由共青团中央发起并在民政部注册的国家一级协会，秘书处设在团中央组织部，第一届会长是团中央原常务书记刘鹏，第二届会长是团中央原常务书记巴音朝鲁。2010年经团中央书记处研究决定，将院校协会正式移交中央团校管理，并批准同意于2013年3月20日在中央团校举行中国青年工作院校协会第三届理事会第一次会员单位代表大会，就在这次会议上，中央团校党委书记倪邦文当选为院校协会会长。2017年12月25日院校协会换届，倪邦文连任会长，中央团校党委常委、副校长陆玉林当选为常务副会长。院校协会还有10个副会长单位，分别是中央党校（国家行政学院）机关党委和培训部、教育部思政司、中央社会主义学院科研部、中国社会科学院民族所、团中央组织部、中国青少年研究中心、全国青少年井冈山革命传统教育基地、北京市团校、山东省团校，比如咱们培训班朱迎同学和卯金涛同学就是院校协会副会长单位的代表。另外，中央团校改革后，院校协会秘书处就设在校教务部，主持教务部工作的负责人就是咱们班的韦平伟同学。目前院校协会会员单位共计68家，即团校加基地，团校大家比较清楚，基地有全国青少年井冈山革命传统教育基地，还有若干家中央团校党性教育基地，比如延安干部培训学院、红旗渠干部学院、大别山干部学院、焦裕禄干部学院、浙江大陈岛干部学院、浙江红船干部学院等。它们都是院校协会的会员单位。

二、培训班的由来

我们再回到这次在中国延安干部学院举办的习近平总书记关于青年工作的重要思想专题培训班这一话题上，来回答它和院校协会之间是什么关系。这次培训班的举办是经历了曲折过程的。

早在2015年7月6日中央党的群团工作会议召开后，院校协会秘书处就在思考和谋划，如何抓住这一历史机遇为会员单位的生存和发展提供支持。火车跑得快，全靠车头带，团校要改革，团校书记长和校长的观念更新和转型将是推动团校改革的关键一环。于是协会秘书处便积极开始行动起来，走访有关部门，寻找瓶颈突破口，收集有关方面历史资料，做些基础案头工作。这期间，要特别感谢院校协会领导的大力支持，我们不能忘记的是：中组部干教局副巡视员、原中国青年工作院校协会副会长程霜枫和中央团校党委书记、中国青年工作院校协会会长倪邦文等领导为此做出的积极贡献。他们多次与中组部干教局有关领导和团中央书记处领导反映院校协会会员单位所愿，一致认为：要抓住中央党的群团工作会议契机，推动共青团干部教育培训事业的新发展，履行新时代党赋予我们做好青年工作的新使命。经过各方面的积极努力，共青团中央组织部于2015年底向中组部干教局提交了举办全国团校书记校长培训班的申请报告。2016年初，中组部干教局正式批准同意将全国团校书记校长培训班正式纳入中组部干部教育计划类培训班次，并于同年12月在中国浦东干部学院成功举办全国团校书记校长培训班（50人），2018年7月再次在中国浦东干部培训学院举办了“以习近平新时代中国特色社会主义思想统领团干部教育培训工作”专题培训班，参训学员由全国团校书记校长扩大到分管共青团工作的地方党政领导和分管团校工作的共青团省委副书记等（80人），而此次正在中国延安干部学院举办的“学习习近平总书记关于青年工作的重要思想培训班”则是前两次培训班班次的延续，参训学员由全国团校书记校长进一步扩展到团中央委员和候补委员（80人）。

三、办好培训班

为了确保此次培训班高效成功举办，在汲取前两次专题培训班经验的基础上，团中央组织部和中央团校的领导高度重视，要求协会秘书处全力以赴做好服务工作。这次特别安排我和中央团校教务部唐思遥老师组织好参训学员，积极配合延安干部学院有关部门领导和班主任的工作。我们按照领导要求，在国庆节期间就开始投入了这项服务工作，先建立学员班级微信群，通过学员们观看国庆阅兵式和群众大联欢表达心声等方式，让大家彼此开始了解和熟悉，在这个过程中发现了一些愿意为班级承担服务工作的学员，并通过一定的正规程序确定了班委成员。为了让学员们更好地融进班级建设中，我们倡导弱化职务身份，以同学相称，平等相待，营造团结紧张、严肃活泼、实事求是、朝气蓬勃的优秀团队氛围。

需要特别指出的是：中国延安干部学院领导和老师为这次培训班倾注了大量的心血，无论是课堂讲授还是现场教学，无论是班级管理还是学员服务，可谓精准、精致、精细，几乎做到了完美无缺，这是学员们有目共睹的。其中学员们就这些天的课堂学习和情景观摩，就如何做好新时代党的青年群众工作这一专题进行了广泛深入的研讨，并在总结会上做了分享。

就在前两天，班主任齐增慧老师找到我，把学院领导想在该班做一期专报的决定告诉我，这是之前我没有想到的。经向团中央组织部领导和中央团校领导报告并获得批准后，马上组织班委和部分同学一起研究和施策，更让我没有想到的是，共青团哈尔滨市委书记李晗龙同学勇敢地挑起了这副担子，在短短不到两天的时间就拿出了专报的样稿。10月26日晚，我们召集了有关人员就样稿进行了讨论，这是一个有特别意义的日子，前来参加专报讨论并提出修改意见的同学有全国青少年井冈山革命传统教育基地副主任朱迎、湖南省团校校长朱雄君、重庆市团校副校长王毅、云南大学团委书记玉春滨等，还有班主任齐增慧老师，他具体负责该专报的统筹工作。培训班中有高手和能人，我们要善于发现并积极调动所有的力量，及时梳理和呈现学员们的学习成果。在大家共同努力下，最后由王毅同学汇集大家的意见，对样稿进行修改完善，形成最终的延安干部学院专报待审稿。目前已报院校协会领导和团中央组织部，等待回复。我想表达的是：一份专报也许不能说明什么，但它所传递的是同学们积极向上向善的正能量，是同学们做好党的青年群众工作的决心和誓言，正如专报所讲：认真学习延安时期大历史，传承红色基因，同学们进一步筑牢了信仰之基；切身体会梁家河七年知青岁月的大学问，锤炼优良作风，同学们进一步凝聚了奋斗之力；深刻领悟习近平总书记关于青年工作的重要思想的大智慧，聚焦主责主业，同学们进一步把稳了思想之舵。

我关注到，在每次的课堂教学和现场教学的互动环节中，分享感悟和提出问题的学员都事先进行了认真的准备，要给他们大大点个赞！同时，还要特别感谢咱们班六个小组长，他们自始至终坚守为同学们全心全意服务的信念，工作非常给力，把学员提出的问题和分享的感悟及时地整理了出来。

转眼间，咱们培训班进程已临近尾声，想到同学们三天后就要返程了，我和大家的心情是一样的，很是难舍难分。不管怎么样，我们无论身处何地，培训班的故事还是要一直讲下去。也许冥冥之中注定我们大家与青年工作的情缘，与共青团的情愫伴随咱们一辈子！

实地了解延安干部培训学院

2018年中央团校毕业典礼上，学校邀请了中央团校党性教育基地和教学基地的代表参加了大会，军科书记为这些基地授牌。也就是在这次活动上，我与延安干部培训学院杨晓红副院长结识。在毕业典礼后的基地代表座谈会上，她的发言给我留下很深的印象，其中她有一段朗诵，我记得是《我歌唱延安》，打动了在场的每一个人。后查资料才知道，她朗诵的那首诗的作者是何其芳，主要内容是：

> 延安的城门成天开着，成天有从各方向走来的青年，背着行李，燃烧着希望，走进这城门。学习。歌唱。过着紧张的快活的日子。然后一群一群地，穿着军服，燃烧着热情，走散到各个方向去。在青年们的嘴里，耳里，想象里，回忆里，延安像一支崇高的名曲的开端，响着洪亮的动人的音调。这简短的只有两个字音的名字究竟包括着什么呢？包括着三个山，西山、清凉山、宝塔山……

2019年5月在延安市团校举办的第三届全国团属院校和基地团的教育工作者高级研修班期间，我很想去延安干部培训学院看看，当时没时间，有点儿遗憾。2019年10月，在中国延安干部学院成功举办完共青团中央学习习近平总书记关于青年工作的重要思想专题培训班后，我便和广东青年职业学院的胡荣华院长前去观摩学习，果然收获很大。

该学院是中共延安市委的直属单位，立足延安、面向全国，开展红色教育培训。学校下设王家坪、杨家岭、枣园、梁家河、南泥湾分院和延安学习书院。学院坚持“传承精神、资政育人”办学理念，紧紧围绕“党中央在延安十三年革命史、延安精神和习近平总书记在延安梁家河七年留下的宝贵精神财富”三大主题，全力打造红色历史研究、延安精神传播和党员干部教育培训三大教育基地，形成了“课程设置需求化、教学安排人性化、教师队伍多元化、运作模式市场化、服务质量标准化”的延安办学特色。特别值得的一提是：该学院开发出60余门精品课程，将专题教学、现场教学、体验教学、访谈教学、红色故事会等有机结合起来，努力让学员在行走中感悟历史，在共鸣中传承精神，唤醒情感记忆，深化生命境界，点燃事业激情，提升能力素质。

我发现激情教学是该院的一大特色，比如学唱陕北民歌、扭陕北大秧歌、《黄河大合唱》创作始末、观看情景剧《延安延安》《延安保育院》《阿良的长征》、重温入党誓词等。在延安干部职业学院，学员们都认为教学效果非常好，用艺术讲政治，也许是一种面向青年干部和青年组织骨干有效的教育培训创新方式。如果能在协会今后的活动中加以引导并凸显其作用，比如像在2019年11月18日理事会上那样有所展示，可以尝试探索不同的教学模式在青年干部教育培训中的应用效率，该研究课题也是协会今后要密切关注的。

目前，协会的活动要尽量安排在基地，一方面要引导会员单位听党的话，跟党走，聚焦主责，牢牢把握正确的政治方向；另一方面要创造一切条件，聚焦主业，以小兵团大影响开展业务活动。一上为之顶天，一下为之立地，正如胡耀邦同志所讲：议大事、懂全局、管本领，三者不可偏废。作为协会来讲，会员单位的情况千差万别，要照顾到不同层次不同需要的会员单位，寻找到最大公约数的需求集中突破，同时还要积极鼓励同类、同级会员单位加强交流和合作，将一般号召和具体指导结合起来。只要做到全心全意为会员单位服务，就能赢得会员单位的拥护，协会才会有凝聚力、号召力和组织力，才谈得上引导会员单位永远听党的话，跟党走。

赴云南贫困村进行调研的感受

很感谢民政部社会组织管理局将2018年第三期社会组织负责人培训暨助力“三区三州”脱贫攻坚交流班安排在云南昭通市镇雄县，让我们这些社会组织的秘书长得以走进云南的贫困县和贫困村。

说实在话，在这之前，对云南的了解只限于那些美丽的风景地区，并未真正关注过那些急需社会各界给予帮助和扶持的地区。这次借到镇雄县参加交流班的机会，顺道参观了昆明青年干部学院的培训基地，即西南联大和云南陆军讲武堂，深感云南的确是人杰地灵之地，为中华民族的解放和新中国的建设做出了巨大的贡献。西南联大的故事就是中国教育历史上一次空前绝后的战略大转移，可谓惊天地泣鬼神的伟大壮举，西南联大培育了一批伟大的政治家、思想家和教育家，名垂千古。云南陆军讲武堂的历史更是令人惊叹，可谓中国革命史上将帅的摇篮，叶剑英和朱德元帅就是从这里走向黄埔军校的。让我更没有想到的是，这块古老的地方还曾是云南青少年文化宫的所在地，昆明市团校曾在这里落户（一间办公室），为党和国家培训过共青团的干部，我和昆明青年干部学院的领导在这里一起合了影。

我们回过头来再谈镇雄县，从昆明赶到毕节市，镇雄县领导安排极为周到，将我们从毕节市接到镇雄县。路上巧遇来自镇雄县中学的一名物理老师，他向我介绍了镇雄县中学的情况，这所中学是云南师范大学在镇雄建立的附属中学。他带的是初三年级，学生比较好管理，很多学生都住校。

学校里的年轻老师约占90%，每月工资能到七八千元，这样的收入让我着实有些吃惊。他说了一句让我印象很深的话：有工作的地方没有家，有家的地方没有工作。

在当地县政府领导带领下，我们与先期到达镇雄县的十几位秘书长来到比较贫困的关口村和木瓜村。天公不作美，下起了绵绵的细雨，让人感到一种刺骨的湿冷。所到之处会发现我们在城里看到的“烂尾楼”，县领导告诉我们，那不是“烂尾楼”，而是在外打工的村民赚钱盖的，从地基到主体框架再到最后的装修，他们要分几年盖完，这些恰恰反映出村民的勤劳和韧劲。与此同时，村里几乎很难看到年轻人，多为老人和孩子。在木瓜村，还看到爱佑慈善基金会在这里设立的困境儿童小屋，全村大约40个孩子在这里一起玩积木、做游戏度过他们人生中最美的时光，儿童小屋由村儿童福利主任负责，爱佑慈善基金会给她们每月发放1000多元的报酬。据悉，截至目前爱佑慈善基金会仅在镇雄县就建立了12个这样的点，全县大约有4000名这样的困境儿童。他们不完全等同于孤儿和留守儿童，很多是父母还在，但放弃了抚养他们的责任，可以想象这些孩子内心世界是何等荒凉，特别需要全社会给予特殊的关爱。这些关爱虽然不能彻底改变他们的命运，但至少可以将人间的温暖一点点地慢慢浸透进他们幼小的心灵。因此，从这个意义上讲，扶智扶志比单纯的物质扶贫具有更积极长远的价值。

第一次赴柳州市团校调研

柳州市团校是20世纪80年代成立的一所团校。这期间经历了风风雨雨，但依然坚挺到现在，实属不易。

很早就想来这所团校看看，但总是因为各种杂事耽搁，借这次受邀参加广西壮族自治区团校组织的2018年中国—东盟青年营活动，才得以完成多年的夙愿。

实际上，了解会员单位的情况是协会秘书处一项很重要的工作，试想，一个连会员单位的历史都搞不清楚的协会何谈服务会员，讲好会员单位的故事是秘书处每位同志做好协会工作的基本功。

柳州市团校与我想象中的大不一样，首先这所团校现在坐落在柳州市委党校内，环境优美别致，虽然只有一幢独立的楼，但党校的所有资源是可以借用的；其次这所团校的领导和教职工虽然人数不多，但工作劲头很足。从共青团柳州市委张闰书记那得知，柳州市团校将全国各团校的培训课程体系资料收集整理成册，这项基础工作本来是协会秘书处要做的，没想到一个名不见经传的小团校却做了这样的事情，要给他们点个赞！

在柳州团市委领导的大力支持和帮助下，如今的柳州市团校已完全变为全额公益一类性质的团校，增加了两个编制，聚焦主责主业，面向基层团干进行培训。来到这个地方，才发现这里有独特的工业博物馆，还有美丽的紫荆花，每年3—4月是柳州紫荆花开得最美的季节。当然，我最该想的事情是，如何发挥柳州市团校的积极作用，让更多的团校了解他们，以便加强会员单位之间的紧密合作。

在协会目前的工作中，还有一个比较突出的短板，这就是对外开展交流合作的问题。下一步我们想探索出一些围绕“一带一路”这一国家中心工作的活动主题，比如依托广西壮族自治区团校开展与东盟国家，依托新疆维吾尔自治区团校开展与西亚国家进行青年工作方面的交流。现在还处于美好的筹划阶段，真正落地还需要比较长的时间，如果恰逢其时，明后年就会成行，此次来广西壮族自治区团校就是来商谈其可能性问题。自然，也包括柳州市团校在其中所要发挥的积极作用。

晚上，与在广西壮族自治区团校学习的泰国学员进行了很短的交流，发现这些年轻人真的很棒，他们素质很高，从事的职业为记者、药品行业、政府组织等，虽然中文不是很流畅，但依然能从他们身上看到善于学习、努力奋斗的状态，期待在接下来的活动中，特别是此次2018年中国—东盟青年营中能看到他们的精彩表现。

红旗渠到底给我们留下了什么

中国青年工作院校协会第四届理事会第三次会议暨全国团属院校和基地教师高级研修班于2019年11月19日圆满结束，在前后不到一周的时间里，大家一起聆听了红旗渠干部学院安排的专题课程“红旗渠精神及其当代启示”，观看了纪录片《红旗渠》和访谈教学片《巍峨山碑·杨贵篇》，观摩了红旗渠纪念馆、青年洞、扁担精神纪念馆、谷文昌生平事迹展、世界文化遗产——殷墟博物馆和中国文字博物馆等。与此同时，大家还出席了协会第四届理事会第三次会议，在开幕式上，协会邀请了中央党校（国家行政学院）研究室一级巡视员李清泉同志为大家解读《中国共产党党校（国家行政学院）工作条例》，并就“干部教育培训改革再出发”专题进行了广泛深入的讨论。11月18日晚还观看了话剧《红旗渠》视频，尽管很多信息量还没有完全吸收，许多具体的细节和内容记得不是十分准确，但带给大家心灵的触动和震撼是巨大的。

红旗渠到底能给我们留下什么？我自己理解，起码留下三样宝，即讲好故事、做好服务、聚焦当下。

一、讲好故事

人们将红旗渠确认为世界奇迹和人间天河，可以说，怎么形容红旗渠的伟大创举都不为过。之所以说红旗渠是宝贵的世界精神遗产，就在于它是河南林县人在太行山的悬崖峭壁上修建的，以县委书记杨贵同志为代表中国共产党人，集中全县人民的力量和智慧，以敢教日月换新天的豪迈激情，克服了常人难以想象的困难，花费10年时间，创造了近10万大军共战太行的历史壮举。我们来到红旗渠，就是来体验这一令人震撼的工程背后不为人知的感人故事，

协会怎么会把一年一度如此重要的年会放在红旗渠干部学院召开？这是很多会员单位代表向协会秘书处咨询的问题之一，下面我就来讲讲这其中的故事。按照协会惯例，其每年的年会通常安排在团校举办。直到2016年，在河南省团校时任党委书记曾勇同志和时任校长杨毅同志的帮助下，我们协会尝试在新乡先进群体教育基地举办年会，该基地是中组部确定的全国党员教育培训示范基地、河南省委组织部“三学院三基地”之一。就在那次安排的团属院校和基地干部教育教学方式创新的现场交流会上，新乡市委党校的领导和老师也同台进行了他们教学方式创新的经验交流。特别是在当天晚上现场展演了他们的情景舞台剧，所有的演员均为该党校的教职工，其中我了解到，除了一线授课的老师和管理人员，还有厨师和看大门的老师傅，可谓全民总动员，没有一分钱报酬，全是公益行为。我在后台采访他们时，其中一位演员告诉我：自己扮演这些先进典型角色，每演出一场，在教育学员的时候，其实自己也深受教育。据不完全统计，我们当时观看的演出已经是他们演的第五十多场了。正如新乡市委党校领导所讲的那样：这些年他们始终聚焦对干部的党性教育，这是干部成长的根基，不可忽视。内容是王道，形式是外在，挖掘历史资料，传承红色基因，是干部教育培训的核心职能。

也正因为此原因，在随后的团校改革攻坚阶段，协会日益加强与党校（行政学院）的对接。与中央团校党性教育基地的对接工作，缘起2018年中央团校秋季开学典礼，当时大别山干部学院、红旗渠干部学院等6家单位被授予中央团校党性教育基地，由共青团中央第一书记军科同志亲自授牌。经与基地领导沟通，经协会领导批准同意，同年，在全国青少年井冈

山革命传统教育基地召开协会第四届常务理事会第二次会议，正式将6家基地吸纳为协会会员单位，并将2019年协会第四届理事会第三次会议确定在红旗渠干部学院召开。

二、做好服务

特别需要指出的是：红旗渠干部学院承接的协会活动共有三项，即第五届全国团属院校和基地教师高级研修班、第四届常务理事会第三次会议、第四届理事会第三次会议。2019年10月19日，该院常务副院长刘建勇同志就筹备情况专程赶往中央团校，在第四届理事会第三次会长办公会议上进行报告。大家都很明白，承办工作是一个庞大的系统工程，关系到会员单位参训和参会人员的方方面面，从人员报名、教学安排、后勤保障、会议组织，等等，并非我们想象得那么简单。他们在同期培训班次高度密集的情况下，将主要精力和资源保障投放到协会的这三项活动中，满足了参训、参会人员的一切要求，这是我们大家有目共睹的。这里，我们暂不谈协会领导和红旗渠干部学院领导以及河南省团校领导在其中的贡献，特别需要表彰和感谢的是一直默默无闻陪伴在大家身边的几位工作人员，比如红旗渠干部学院办公室李振华老师、教务部李戬老师、培训部郭子玉和张晨等老师，还有后勤部为大家提供食宿、接送等服务工作的人员，有很多人我还叫不出名字。还有和他们进行对接的协会秘书处工作人员，他们是：协会财务负责人刘湲老师、协会助研岗人员郭佳星（在校研究生），还有中央团校教务部张鹏老师，他们完成了前期参训参会人员信息核对、结业证和荣誉证制作、会费收缴、会场布置等繁杂的具体工作。还有承担服务工作的班委，特别是8位小组长，他们在有限的时间内，积极组织动员，将不可能变为可能，在广州市团校党总支书记杨成同志的带领下，完成了干部教育培训教学方式创新交流展示活动。原本想找机会向大家一一介绍他们，或者与他们一起合个影，但都因为议程过满，无法实现，只好借此机会代大家向他们道声感谢！

说实话，协会每一项活动的开展，若没有组织领导的大力支持和各会员单位的积极参与，是无论如何都搞不好的。活动不是为了任务的驱动和完成，不是为了形式上的好看和面子，要想真正让会员单位认同协会这个大家庭，就必须要让每个会员单位在这个大家庭中找到自己的位置，有动力和激情积极参与到协会的每项活动中去，并在其中发挥一切所能发挥的作用。因为协会不是行政机构，不能靠发号施令，而是要靠长期陪伴来打动每个会员单位。与此同时我们还要建立一定的约束机制，克服个别单位的随心所欲和自由散漫状态，比如在这次报名中，有的会员单位报了名，马上要开班开会了，说不来就不来了，还有部分会员单位人员不断变更，给红旗渠干部学院承办工作带来极大的困扰和麻烦，这里我们要提出严肃的批评。期待在今后的协会活动中，绝对禁止这类行为的发生，要有高度的政治意识和规矩意识，无论是对主办方还是承办方，要心存敬畏、常怀感恩、高度负责。

三、聚焦当下

当前，全党上下正在开展“不忘初心，牢记使命”主题教育活动，而此次红旗渠之行就在警醒我们团属院校和基地的每一名党员时刻牢记习近平总书记的教导：红旗渠精神是我们党的性质和宗旨的集中体现，历久弥新，永远不会过时。虽然当代人不会再像20世纪60年代那样，凭着一锤一钎一双手，苦战十春秋，在太行山的悬崖峭壁上修建红旗渠了，但是其孕育出来的“自力更生、艰苦创业、团结协作、无私奉献”红旗渠精神却永远激励我们后来人去开创新的伟大事业、开辟新的伟大工程、进行新的伟大斗争和实现新的伟大梦想，这就是为实现“两个一百年”的奋斗目标，为实现中华民族的伟大复兴而奋斗。正如习近平总书记所讲：幸福是奋斗出来的。习近平总书记的七年知青岁月为我们做出了榜样，红旗渠的建设为我们树立了一座丰碑。一代人有一代人的历史责任，20世纪60年代的林县是一个极度缺水的贫困山区，杨贵书记带领全县人民以“重新安排林县河山”的豪迈气魄，解决了全县人民世世代代没有水喝的难题，如今的我们又需要担负怎样的历史使命呢？那就是：承担培养中国特色社会主义的合格建设者和可靠接班人的政治责任、完成巩固和扩大党执政的青年群众基础政治任务、遵循围绕中心服务大局的工作主线。

作为中国青年工作院校协会，我们要组织动员会员单位积极投身于群团改革攻坚的时代大潮中，引导会员单位听党话、知党恩、跟党走。要时刻牢记：我们团属院校和基地人身处干部教育培训工作的第一线，我们是教干部的干部，我们的精神状态如何直接影响着学员的思想和行为，要以强烈的事业心、责任力和使命感，做好当下党组织交付的每一件工作，用一辈子的精神做好一阵子的事情，心无旁骛，专注当下。从协会秘书处每个工作人员开始，带头示范，不折不扣地从思想上、行动上与习近平总书记为首的党中央保持高度一致。特别是近期要结合学习党的十九届四中全会公报，深刻领悟中国特色社会主义制度的优越性，更加增强“四个意识”，坚定“四个自信”，做到“两个维护”。真正做到学以致用，在平时的服务工作中践行红旗渠精神。

总而言之，红旗渠为我们团属院校和基地人留下了三样宝，这就是：讲好故事、做好服务、聚焦当下。归结为两句话：一级做给一级看、一级带着一级干。现在，协会还有亟待完善的地方，特别是协会秘书处还有很多亟待改进的地方，请协会领导、协会常务理事和理事们以及所有的会员单位代表多批评指正，我们一定不辜负大家期望，全心全意做好服务工作。

再次感谢红旗渠干部学院和河南省团校的领导和老师们为我们提供的宝贵学习机会。感谢一直以来为协会做出贡献的会员单位和代表，我们将永远铭记他们的贡献！

祝福济南市团校成立70周年

很高兴受邀参加由共青团济南市委和济南市团校主办的全国部分城市团干部教育培训体系建设与发展工作交流会，在此代表院校协会会员单位衷心祝贺济南市团校建校成立70周年。

中国青年工作院校协会成立于1994年，是由共青团中央发起，民政部注册的国家一级协会，原协会秘书处在共青团中央组织部，从院校协会长远发展考虑，2010年团中央书记处第22次会议研究决定，将协会移交中央团校管理。2013年3月和2017年12月经团中央书记批准同意，在中央团校召开了中国青年工作院校协会第三届理事会第一次会议和第四届理事会第一次会议，中央团校党委书记倪邦文任会长。目前秘书处设在教务部，并由中央团校派出专人负责秘书处的日常工作。

截至目前，协会的会员单位有75家，中央级1家，省级28家，市级37家，中央企业2家，团属基地7家（含中央团校党性教育基地）。协会实行的是会员单位和代表席位制，协会有会长单位1家，副会长单位10家，常务理事单位27家，理事单位35家，一般会员单位12家。济南市团校是协会常务理事单位。协会还设有9个专委会，培训、研究、团青资料、学科与教学、行政后勤管理、学报、校园文化和城市团校等专业委员会，其主任单位分布在会员单位中。这里尤其要向大家介绍的是城市团校专委会，他们早在20世纪80年代就开展活动了，当时城市团校的数量达到44家，今天在场的部分城市团校领导见证了城市团校建设发展的30年历程，并为此付出了艰辛的努力，做出了重大的贡献。资料显示：济南市团校曾在2012

年承办过全国城市团校工作会议。我们从杭州市团校钱永祥老校长完成的《城市团校三十年发展回顾与选择》一文中，可以看出：城市团校的建设和发展的成果，是伴随着中国改革开放四十年所取得的，是在党的领导下，从困境走向辉煌的。总结其规律，城市团校的建设与发展，离不开分管共青团的党政领导和分管团校的团市委领导的大力支持，离不开团校领导的自身作为和几代团校人的艰苦努力。

当下，会员单位正处于改革的攻坚时期，面对新的形势，我们如何认真谋划、抓住机遇？如何以饱满的精神状态迎接挑战？这是协会亟待思考的重大问题。作为协会秘书处，一定想会员单位之所想，急会员单位之所急，解会员单位之所难。要从单纯的活动项目开展层面向政策的研究和提供层面迈进，这对我们协会秘书处切实有效地做好服务工作提出了更高的要求，既要具备行政和法律等刚性思维来对接办事单位，按照制度、规矩、流程等套路进行适时匹配和沟通协调，还要具备群团组织的柔性思维来对接服务单位，用心、贴心、暖心地与会员单位长期陪伴；既要在政治理论学习和思想境界方面高高拎上去，在围绕党政中心工作和服务大局方面紧紧靠上去，又要在具体服务内容项目方面低低落下来；既要顶天立地，又要积极作为，只有这样，才能真正做到让党放心、让会员单位满意。

目前协会的当务之急，就是要带动会员单位认真贯彻落实党的十九届四中全会精神，按照民政部社会组织管理局要求，修改并完善好协会相关制度和章程。打铁还需自身硬，要做到协会组织架构更加合理、职能定位更加科学、活动品牌推进更加有序、服务项目提供更加务实、交流平台搭建更加拓展、政策制度体系更加完备。要做到这一切，我们自己还要下一番功夫，苦练内功，同时还需要调动社会一切可以调动的力量，发挥会员单位的主观能动性，让我们携起手来，共同努力，共创我们美好的明天！

济南市团校做法带来的启示

这次与中央团校党委常委、纪委书记黄鹤同志一同赴济南参加全国部分城市团干部教育培训体系建设与发展工作交流会，收获颇多。共青团济南市委整个领导班子对济南市团校的重视程度和支持帮扶力度让所有全国的城市团校赞叹不已。似乎让我们看到了2015年7月6日历史上首次召开的中央党的群团工作会议所发出的强烈信号，即“党的群团工作只能加强不能削弱”的真正落地。他们到底是怎么做的呢?

济南市团校长期以来在建设、改革和发展中沉积了一些老问题，教职工年龄老化，团干部教育培训事业处于青黄不接的境地，新旧矛盾日益呈现出来，部分职工人心不稳，牢骚不断。在这样的情况下，共青团济南市委下定决心对事业单位进行大刀阔斧地改革，给全国城市团校的改革做出榜样。首先，他们依据党章和团章，将团干部的培训作为济南共青团三大核心功能之一，先将济南市团校的领导班子进行了全面调整。打通了团机关和事业单位人员流动的渠道，团校的领导可以到团机关任职，团机关的领导可以到团校任职，至此，打破了多年团校领导流动慢，甚至在团校一直干到退休的状况。其次，团校阵地的拓展。在青年聚集的地方，依托各区县街道社区团委建立团校的教学基地，使培训资源彻底向基层倾斜，形成1个阵地加N个教学基地的“1+N模式”。如果说整个团属院校和基地是一个三角架构的话，中央团校是塔尖，属于龙头老大的位置，省级团校处于中段上下衔接的位置，城市团校则处于基础塔底的重要部位。我们常说:

地基不稳，地动山摇。城市团校这些年最可贵的地方就在于一直苦苦坚守团干部教育培训这块主阵地，从20世纪80年代初到现在，我们城市团校从原来的44家减少到现在的34家，这其中的酸甜苦辣哪是“情怀”两字可以概括的。我们常说：思路决定出路。济南市团校开辟新战场的做法值得我们全国团校很好的借鉴和学习。

我想说的是：团校要发展，离不开很多的外在条件，但起决定作用的还是内在动因，自己不想改变，外在的推动再大，也是赶鸭子上架，只能解一时之用，终将无法持续。而从共青团济南市委到济南市团校，从上到下，内生动力强劲，这是共青团改革和团校改革的关键因素。比如他们这次与广州市团校、杭州市团校、青岛市团校、武汉市团校等八家城市团校签订的战略合作框架协议就是最好的例证，渴望改变才是真正改变的开始。

他们的做法中有三个亮点值得关注，第一是授课教师队伍的打造，建立了由团校教师（讲授理论部分）、专职团干部（进行实操部分）、青年工作志愿者（青年需要课程）等；第二是教学基地建设凸显青年所喜爱的审美教育，滋养心灵方面的内容，符合美育在青年成长启迪作用的规律；第三是变青年被动式教育为主动接受教育。青年在哪里，我们的教育培训工作就要跟进到哪里，凸显了共青团是实践类大学校这一特征。

我们总说：智慧在基层。这次下来所看到的一切，确实让我们信心满满，接下来，我们院校协会秘书处要更深入地进行调查研究，特别要在抓住两头、带动中间上下苦功夫，一方面坚定配合共青团中央组织部继续做好已列入中组部计划类培训班次的服务工作；另一方面要为管长远的制度和政策制定提供基础工作。虽然这项工作十分艰难，但为了党的青年群众工作事业的发展，为了会员单位的长远发展，必须在这方面有所突破，比如推动《中国共产主义青年团团校工作条例》的制定工作，推动全国团校工作会议的召开。所有这些工作的背后，需要大量的基础案头工作，比如讲好团校历史故事，通过一定渠道提交关于全国团属院校和基地的内参报告，等等，需要汇集会员单位关于团校改革方面的研究成果。总之，我们要将自己有限的精力和生命融入伟大的事业中，要调动社会各界一切可以调动的积极有效力量，紧紧依靠会员单位，发挥他们的智慧和主观能动性，抓好典范，总结提升并加以推广。套用一句广告词：我们虽然不生产矿泉水，但我们要做好大自然的搬运工。

再造新的山东省团校

这次受济南市团校的邀请，参加由共青团济南市委和济南市团校主办的全国部分城市团干部教育培训体系建设与发展工作交流会暨全市共青团理论研究工作骨干培训班，让我收获满满。看到这场改革大潮，将团校重新推向历史新的起点，让人能感受到一股新的力量正在形成，并打破团校固有格局所带来的“沉默”，一批从团机关走向团校的团干部，正以他们新的姿态在创造新的奇迹。

一直从事团干部成长研究课题的我，由衷感到一种精神上的振奋。这辈子注定与共青团工作结缘，如果说，过去曾纠结于是专注团干部成长的研究还是团校工作的研究，那么，现在终于可以放下这种纠结了，这两者完全打通了，因为团校离不开团干部，团干部也离不开团校。我想表达的是：团校改革是时代发展的必然趋势，不改革我们就难以完成党交付给共青团的神圣使命，即巩固和扩大党执政的青年群众基础。

作为中国青年工作院校协会更是如此，要把会员单位团结好、组织好、服务好和引导好，紧紧围绕党的中心工作服务大局，听党话、知党恩、跟党走，这是最基本的要求，不仅如此，还要将党的思想政治主张转化为青年的具体实际行动。按照总书记的要求，讲清楚该讲的问题，是对会员单位提出的专业要求，更是政治要求。要遵循教育的规律和培训的规律，我们的目标对象是团的干部，培训要解决他们什么问题呢？我们常说：十年树木，百年树人。首先要解决选拔人的问题，入口关十分重要，不是什么人都可以到团校进行培训的，质量大于数量。团校并非一般社会意义的培训机构，也非一般意义上的普通高等学校，它所倡导的是“聚是精良种，散是满地花”，这是由共青团组织的政治属性所决定的。如果我们用篮球队来比喻的话，我们不是篮球队的某个队员，也不是什么判断输赢的裁判员，而是真正意义上的领队，要熟知每个队员以及他们的特点，在比赛中掌控大局、知人善任。与此同时，还要熟知国际比赛规则，最重要的是要有政治头脑，为党凝聚人才，善于发现人才并用之。而要了解每个队员，就必须与他们在一起，同吃、同住、同劳动，感情融通后，才会得到他们的认同，只有这样才能谈得上接下来的真正意义上的思想引导。感情是1，后面都是0，没有1，后面就失去了意义。

在研究和实践中，我们发现感情是处出来的。坐在办公室是难以培养出来的，必须亲自走下去，身子铺下去，内心沉下去，如果只是做给别人看，不如不做；要做就要实实在在地做，下去调研不是为了别的，就是要了解实际情况，发现问题，提供服务支持。

这次交流会结束后，我们不是马上回到北京，而是要对改革后的山东省团校进行调研。在2015年，山东青年政治学院（山东省团校）承办了院校协会第三届理事会第三次会议，当时正值中央党的群团工作会议之后，那是我第一次对山东省团校的实地调研，可以肯定地讲：当时从事团干部教育培训的专门人员少之又少，很大程度上都是借学历教育的力量在承办活动。之后，2018年院校协会在全国青少年井冈山革命传统教育基地举办第二届全国团属院校和基地团的教育工作者高级研修班，山东省青年政治学院院长张书明同志代表协会领导出席并在开班式上讲话，后来他告诉我，这也许是他最后一次参加院校协会活动的活动了。我隐隐约约地感到，山东青年政治学院将与山东省团校剥离。曾有人建议协会秘书处，可否继续保留山东青年政治学院为协会会员单位？张书明院长的回答是：学院以国民教育为主，不具备专门从事干部教育培训的功能。而院校协会的会员单位须按照中央团校的定位，即党在青年工作领域里的一所特色鲜明的政治学校。山东省团校与学历教育剥离后情况如何呢？

通过这次调研才知道，山东省团校老校区还存在，在大门口挂着两个牌子：山东青年政治学院和山东省团校。长期以来，场地一直租借给其他单位，总费用达到1000多万元，这也是两家剥离后的“不舍”。正如李克强总理曾说过的：改革带来阵痛，触动利益比触动灵魂还要难。可以想象，改革后的山东省团校将遇到的困难肯定不会小。就在2019年上半年5月由延安市团校承办的第三届全国团属院校和基地团的教育工作者高级研修班上，我见到了来自山东青年政治学院的几位老师。他们告知我，真正愿意留下来到团校的不足3人，当时我内心一阵难受，开始担忧这轮改革将团校带向何方？那种滋味难以用语言表达。我开始关注共青团山东省委领导的信息，也到处寻找新的团校的接头人，毕竟山东省团校是协会的副会长单位，张书明辞去副会长职务，必然要有接替者。后来终于等到了结果，接手负责山东省团校筹备工作的是共青团山东省委组织部部长卯金涛同志，他与我们联系上了，按照协会常规惯例，他要列席院校协会第四届理事会第三次会长办公会议，之后卯部长又参加了在红旗渠干部学院举办的协会第四届常务理事会第三次会议和第四届理事会第三次会议。让我没有想到的是，这次到济南有机会观摩了山东省团校的新校区，一切变化都出乎我们的意料。可谓没有做不到只有想不到。不得不敬佩新时代的团干部，真有敢想敢干的那么一股子冲劲。完全可以相信的是：一个新的山东省团校正在腾空而起，我们期盼它再现往日的辉煌。

云培训可以成为共青团团校教育的革命性措施

——广州市团校“云系列”思想引领模式的启示

2020年初，突如其来的新冠肺炎疫情改变了全国人民的生活、工作和学习节奏，刚刚实现转型开始聚焦青年干部培训的团校教育也因此受到严峻挑战。作为党在青年工作领域特色鲜明的政治学校的共青团团校，如何在防疫常态化背景下实现革命性创新，跳出路径依赖，闯出一条大规模、高质量、低成本的教育培训新路？这是摆在我们面前极其重要的时代课题。受到疫情期间风行全国的“云学习”和广州市团校“云培训”启发，笔者认为，把云概念引入团校教育培训，建设“云系列”教育培训精品，有可能彻底摆脱路径依赖，实现革命性创新。

一、广州市团校“云系列”思想引领工作创新的典型经验

为跳出培训工作对“学员招募—报名确认—集中报到—班务管理—开班式—学习课程—交流分享—考试—结业式”这种传统路径的依赖，疫情初期开始，广州市团校就开始摸索网上课程建设，在全国团属院校中率先于2020年2月初推出了防疫志愿服务线上“微课程”“微课堂”和“扬雷锋精神 打赢青春战‘疫’——2020年春季广州市主题云团课”，获得了团员青年的欢迎。随后广州市团校集全校之力，相继开展八大“云培训”系列活动，制作上线了近百门课程，打造了全新的“云招募—云确认—云报到—云班务管理—云开班—云学习—云互动—云分享—云论坛—云考试—

云结业”的全新“云系列”思想引领工作模式。云培训模式的大胆创新，不仅成功摆脱了过去传统的培训路径依赖，而且取得了非常好的实际效果，短短两个月的时间，云培训覆盖了广州市所有的学校，收看团员青年人数超过千万人次。“云系列”培训模式的经验值得总结。

（一）充分运用云概念，能够常态化推进“云培训”，有助于指数级地扩大培训量。

利用网络可以实现网上培训，有效打破时空概念的限制，实现培训常态化，并且有可能在较短时间内迅速扩大培训的覆盖面和培训量，成倍、成指数级地扩大培训规模。

疫情期间，广州市团校陆续开展了14期线上云培训班，其中包含：广州市青年文明号负责人资格云培训班，深圳中学团委书记云培训班，广州、毕节、黔南、清远、梅州、疏附六地的少先队辅导员素质提升云培训班，广州青少年事务社工云培训班，广州志愿者骨干云培训班等。云培训的课程采用“定时交流+自主学习+完成考试”等多样形式检验学习效果，通过视频、直播、语音、电话等方式实时交流，使学员学习更加自主，更好分配学习时间。实践证明，线上培训同样可以很好完成传统培训任务，网络培训常态化可以实现。

广州市团校在全国率先推出一系列防疫志愿者线上培训课程，从一开始就表现出在扩大培训覆盖面和培训量方面的巨大优势。例如，以短视频形式展现的“微课程”7期，以海报图文形式展现的“微讲堂”8期，线上阅读量达27万人次；供全国防疫志愿者共享的防疫志愿服务培训教材线上阅读量23万人次；联合中国青年志愿者协会、广东省志愿者联合会、广外、市新闻办、市外办等13家单位，共同推出疫情防控“多语种微课堂”，共有英语、意大利语、西班牙语、阿拉伯语、日语、韩语等6种语言，35条短视频，“复工复学微课堂”有普通话、粤语版共14条短视频，在抖音、B站、Facebook、YouTube等国内外平台和全市公交线路、集中隔离观察点播放，累计收看量达45.7万人次。五四青年节前夕，团校完成了“青春心向党——中国共产党领导下的广州青年运动发展历程展”和“花城有爱，志愿同行——广州青年志愿服务事业发展历程回顾展”等两大展览的布置与开展。鉴于疫情广大青少年无法集中观展，团校邀请专业的VR影视制作团队和播音专业人士，联合拍摄制作两大展馆的线上实景导览。“云展览”在5月4日当天上线，有近百万人次不出家门，实现了一站式云上看展览。到5月底，八大“云培训”系列近百门课程全部上线，收看人数超过了1000万人次。

云概念的充分利用，线上培训的超时空优势可以得到充分发挥，能够有效地提高培训课程的覆盖面和受众数量，能够迅速把党的声音传播到全市、全省和全世界每一个角落。

（二）云课程、云队课系列，坚持教育引导不跑偏，有助于聚焦主业，聚焦共青团事业。

广州市团校的云课程系列很好地聚焦了团员青年的政治素质培训，取得了良好的成效。他们认为，疫情期间更要高度重视广大团员青年的培养，落实特殊时期的团属阵地建设，团校依托“云团课”形式，积极探索团校培训新模式。

以他们的云团课、云队课为例，这是根据时事与热点专门为广大团员青年和青少年制作发布的主力在线课程，时间一般为20分钟，主题标题要能吸引青少年，课程表现形式也要丰富多彩，课程内容的讲授方式更要符合青少年的话语体系，符合广大团员青年的认知和受教特点。这其中既有留言区方便学员实时交流互动，又有“云宣誓、云合唱、云倡议、云朗诵”等多种形式让青年展示自我，同时借助各种视频资料让课程更丰富、更立体，深受学员欢迎和喜爱。如来自花都区秀全中学的一名初三学生说：“感谢共青团广州市委员会、广州市团校送给我们初三年级毕业班这么好的开学礼物，可以尽览广州的青年运动史，学习到丰富的知识。”

聚焦主责主业，以共青团和少先队事业为主体内容，注重为青少年提供精神食粮，用青少年的语言和丰富多彩的形式吸引青少年，教育引导青少年，这是网上团课队课的核心任务。抓住主责主业不放松，坚持教育引导不跑偏，这是网络课程建设从一开始就必须牢牢抓住的根本立足点。

（三）充分运用网络空间，大力拓展网上实践教育课程，有助于教育培训覆盖面的延展和质量的提升。

紧密结合青少年当前开展实践性课程建设和创新的迫切需求，更好地吸引青少年广泛参与，从中受到良好的自我教育。

首先，广州市团校紧密结合疫情防控的现实需求，及时推出了云课堂。比如战“疫”专业服务三大“云讲堂”：针对志愿者的“志愿云讲堂”，针对青少年事务社工的“社工云讲堂”，针对学校心理辅导老师和学生家长的“心育云讲堂”，因为云课堂针对的是疫情期间青少年志愿者和社工以及老师家长的迫切需要，所以收到了非常好的实效。“志愿云讲堂”主要是普及防疫常识，让全国一线的防疫志愿者能够人人皆学、时时可学、处处可学，及时迅速掌握迫切需要的防疫志愿服务必备知识，为一线开展防疫志愿服务保驾护航。“社工云讲堂”以“防疫中的青少年事务社会工作服务技巧”为主题，围绕防疫期间青少年的六大服务需求、两大青少年事务社工线上服务技巧，以及来自武汉和广州地区的经典线上服务案例等内容，向广大青少年事务社会工作者和青少年提供疫情期间的工作知识和技巧。“心育云讲堂”则紧贴广大青少年生命发展需求，讲解青少年心理特点和心理健康成长规律，供教师和家长以及青少年自主学习。

其次，广州市团校将“云评审”纳入网上教育培训的全过程中。广州青年文明号评审活动已连续坚持了13年，每年5月进行市级青年文明号评审，因今年疫情转为一站式云上评审，将参评的160个集体分成综合管理组、生产制造组、窗口服务组和标兵组共四个类别，在四个直播间进行。“云评审”采用集体展示+评委提问两个环节进行，两轮环节后即请评委打分，随后现场出结果，所有参评集体都可以全程在线观摩。这样，所有参评单位和相关个人都可以实时看到全部参评单位的展示情况、答辩情况和评委评选过程的每一个细节，既提供了一个相互学习、增进了解的平台，又充分体现了公平、公开、公正，评审活动变成积极有效的实践课堂。

再次，广州市团校挖掘利用现有资源，开辟了一站式“云展览”模式。前面提到的“青春心向党——中国共产党领导下的广州青年运动发展历程展”和“花城有爱，志愿同行——广州青年志愿服务事业发展历程回顾展”等两大展览就是最好的实践。

最后，广州市团校打破行业界限，完成“云合作”目标。云合作可以密切结合培训对象的实际需求，结合各个时期合作单位的紧迫任务需要，开发和改造更多更好的云课程，有助于丰富教育培训内容，打破行业界限，达到多方协作，同时有助于提高课程质量和教育培训工作覆盖面。疫情期间，广州市团校与中国青年工作院校协会诸多会员单位联手进行了“云合作”，同时与中国青年志愿者协会、广东省志愿者联合会、广外、市新闻办、市外办甚至公交公司等13家单位，共同推出“多语种微课堂”，这是开展“云合作”带来的丰硕成果。

二、实现云培训面临的挑战和困难

共青团团校要实现彻底的教育培训方式改革和创新，跳出传统路径依赖，实现大规模、高质量、低成本的目标，云培训是可行的方向。但是在实际工作中，还存在许多困难和挑战。

第一，共青团团校要实现观念的转变是一个严峻的挑战。共青团团校约有70家，遍及全国各地。虽然2016年已经开始聚焦主责主业的历史性转变，近年来都致力于教学方式的改革和创新，受防疫形势所迫，各团校也纷纷采取了线上授课和网络课程方式。但是，到目前为止，各团校仍然以集中培训、课堂教学为主，思维方式基本停留在传统培训的思维框架内。

这种培训方式和培训思路不可能满足共青团干部的需求，不可能真正实现大规模、高质量、低成本的要求，必须首先完成传统方式和培训思路的革命性转变，由传统的培训模式转变为云培训的概念。而传统的教育培训观念和方式的改变，不可能是一朝一夕的事情，需要大家做出自觉、主动和艰苦的努力。

第二，共青团团校现有教师队伍在知识技术和经验积累上难以适应云培训的需要。目前各地团校正处于改革的关键时期，教师总量都在动态的变化中，骨干教师数量严重不足，这些教师涉及许多专业方向，年龄各异。其共同的特点是缺乏网络教学的知识、技能储备和实践经验。虽然疫情期间各校都推出了不同形式的网络课程，但大多数是仓促上马，在质量和效果上难尽人意。总的说来，团校教育培训中本来就存在缺名师，缺大家的现实困难，而网络课程要提高自身吸引力，更需要名家效应和网红效应，这是目前共青团团校教师队伍明显的短板和不足。

第三，共青团团校现有技术平台和技术力量明显不足。因为物力和专业技术人员的不足，导致各地团校现有的技术平台相对落后，比如，大部分团校的网络带宽为100兆，缺乏必要的录制、编辑和制作设备。许多团校没有专职的计算机和网络技术人员，即使有人也少得可怜。这样的现况难以完成网络教学的技术支撑和技术服务。

第四，共青团团校面临网络教育培训的效果评估方式的挑战。教学质量的评估本来就是一个难题。网络的虚拟性和超时空特点，有助于迅速扩大培训规模，同时也给教育培训效果的评估带来了更加严峻的挑战。如何在几乎完全看不见摸不着的情况下，了解到培训对象的真实学习状态；如何对他们的学习效果做出客观评估，是一个复杂的课题。现有的教学评估体系还不能完全适应网络教学评估的要求。

三、推进云培训，实现大规模、高质量、低成本共青团教育培训的对策建议

大力推进网络云培训，对于实现共青团教育培训工作的大规模、高质量、低成本发展有重大的现实意义，在某种意义上完全可以说这是唯一的出路和实现方式。因此，必须迅速转变观念，迅速采取及时有力的措施补短板，才能真正见成效。

（一）全团转变观念，充分认识云培训的意义和价值。

充分认识科学技术的力量，充分运用新科技的力量改进生产和流通，改进教育教学，是马克思主义的一贯主张。

邓小平同志多次强调，科学技术是第一生产力，是马克思主义的基本原理。早在19世纪50年代，马克思就预言电的伟大革命力量，认为："蒸汽大王在前一个世纪中翻转了整个世界，现在它的统治已到末日，另外一个更大无比的革命力量——电力的火花将取而代之。"马克思还说："如果像您所说的，技术在很大程度上依赖于科学状况，那么科学却在更大得多的程度上依赖于技术的状况和需要。社会一旦有技术上的需要，这种需要就会比十所大学更能把科学推向前进。"以互联网技术为代表的新科技革命已经极大地改变了人们的生活，也对整个教育教学体制和教育教学模式提出了更新、更高的要求。突发的新冠肺炎疫情，只是让这种创新性、革命性的改变变得更加迫切和现实，促使我们必须现在、立刻、马上实现这种变革。

因此，在全团范围内、在团属院校范围内、在全体团校教师中，开展关于云概念和网络技术的大学习，推动教育培训观念的大更新，推进网络教学和云培训的大创新，势在必行。只有教育培训观念根本转变了，才有可能摆脱过去传统的培训路径依赖，也才有可能创造出革命性的培训方式。

（二）积极开展云培训，创造团校教师培训新模式。

解决师资队伍对云培训的观念、习惯、技术和实践经验不足，最好的

办法就是让他们融入云培训的教学实践中，自己教育自己。让全体教师既能在投入课程创新的过程中，通过网络讲授体验云课堂的教学，又能作为受众，亲身体会网络课程的教学效果，在教与学、培训与被培训中摸索教学规律，检验和提高自己的网络技术，磨砺自己的教学技能和技巧。只有这样才能更快提高教师队伍的云教学实力。

院校协会在这方面做出了初步的探索。2020年6月17—19日举办了第六届全国团属院校和基地教师高级研修班（云培训班），学员来自东北、华北、华东、华中、华南、西北、西南7个片区的50所团属院校和基地，正式和观摩学员高达448名。这次云培训打破时空界限，创历届全国团属院校和基地教师高级研修班规模之最，是一次很好的教师网络培训试验。

（三）大力加强团属院校网络基础建设，为教育培训创造必要物质技术条件。

云培训需要相应的物质技术条件。为保障云课程上传、直播和收看的顺畅，首先，要大幅度提高网速，在原有带宽的基础上，团校需要提升网速到至少200兆，并实现校园WiFi全覆盖；其次，大规模增加录制采编设备，打造专业录播室，配备先进的采编设备和录播环境，包括高清专业摄像机、专业移动机架、专业补光设备、提词器、总视听控制台等，为云课程的开发创造良好的硬件；最后，建设和利用好直播平台，当前各团校主要采用钉钉直播和腾讯课堂两大平台开展课程的直播，既是对免费公益资源的运用和整合，也可以方便课程录制和播放，今后还可以争取和更多的网络直播平台合作，例如快手、抖音等在社会上影响较大的直播平台，都可以充分利用。

（四）努力探索云课程培训评估的有效途径。

培训课程的质量评估是一个难题，网络培训对课程质量的评估提出了新的问题，但也提供了新的途径。广州市团校的“云管理”和“云调研”给我们的培训评估带来了一定的启发。

为保证教育培训质量，广州市团校实行了“云管理”。通过培训与学习，打造了一支用心、专业、学习能力强的班务管理团队。在开班前，每期班务人员通过电话、短信与学员对接培训班事宜，组织学员云上学习、云上交流，及时回应学员的各种问题及状况；举行班委会议视频会，及时指导班委会成员发挥自我管理作用，及时掌握学员学习动态，加强过程管理；在云中学习空间里，班务团队组织学员互动，强化学员自我教育，了解出现的问题并及时反馈。

为及时了解青年对防疫的认知、心理和行为情况，广州市团校做了“疫情背景下的青少年心理健康”和“疫情中志愿服务的模式与经验”两项调研。调研活动全程借助网络，通过微信视频会议、腾讯会议等线上方式展开，专家论证会和课题组讨论会、座谈会通过视频进行，调查问卷通过问卷星、腾讯问卷等问卷平台发放和收集，个人访谈通过微信、电话等方式进行。

这些做法对网络课程教育培训质量的评估有新的启发。云课程的评估可以更多借助问卷星等网络问卷平台，以及微信、钉钉、腾讯会议等网络音视频手段，进行一对一和座谈会方式的学员调查，获取全面准确的学员评价信息，因为问卷星等网络问卷是匿名的，在一定程度上更有助于获取学员的真实评估信息。而一对一的个案访谈式的评估更有助于获取学员个性化的、更准确的课程评估信息。总之，把网络调查方式引入教学评估，在实践中逐步完善，应该能够解决云课程的质量评估难题，值得的实践中大胆尝试。

新时代要有新作为，大危机呼唤大创新。“云系列”教育培训工作模式，有助于破解“跳出传统培训路径依赖”和“大规模、高质量、低成本”教育培训两大课题。疫情期间共青团教育培训创新实践形成的云培训概念有重大的实践意义。当然，完成这一革命性突破还有很长的一段路要走，还需要全团扎扎实实的努力和探索。

后 记

将团校研究进行到底

2009年以来，我一直从事转业团干部的课题研究，第一阶段（2009—2011年）赴全国部分省市进行深度访谈转业团干部，完成了转业团干访谈系列研究（一）；第二阶段（2011—2014年）作为中央和国家企事业单位援疆干部到新疆维吾尔自治区团校任副校长，深入访谈民族地区的转业团干部，完成了转业团干访谈系列研究（二）；第三阶段（2014—现在）接手中国青年工作院校协会秘书处工作，2017年底担任该会秘书长。期间赴全国部分团校进行深入调研，深度访谈团校老校长，并在协会微信公众号开设“讲好团校故事”栏目，并完成《全国团校历史资料汇编》等工作。

曾有人形象地将团校人比喻成永久的团干部，还有人称我们是教干部的干部。而我访谈的正是这些已进入耄耋之年，曾于20世纪80年代被组织派往团校，负责团校恢复和重建工作的老校长、老领导。他们那些不为人知的故事深深打动着我，促使我决心把他们这一代艰苦创业的奋斗精神传承下去，让新一代的团校人发扬光大，将党的青年工作事业进行到底。

这次突如其来的疫情让我的访谈工作不得不停下来，我只好将主要精力聚焦于团校的研究工作，其中包括查阅大量相关文献资料，撰写《共青团团校教育史略》，某种程度上也可以说是阶段性研究成果。疫情期间，我还开始整理以往写成的团校调研和思考方面文章，虽然研究水平还有待提高，但毕竟在某种程度上填补了目前团校研究的空白，每每想到这里，我便浑身充满了力量，更加坚定了将团校研究做下去的信心。

也有人曾问我，你出书是为了评职称吗？实际上，职称问题我早已不再考虑，那为什么还要写书呢？这是很多人不能理解的，我也不想做过多的解释。按照常理，本来已到了快退休的年龄，完全可以放下一切，让自己轻松一些，可是我自己也说不明白为什么，如果一定要找个理由，可能是我对团的工作太过于热爱。正如我前两本书扉页上所写的那样，仿佛冥冥之中有种力量让我的后半生与共青团工作结下不解之缘，这是一种“团”缘、“团”情，更是一种与自己生命相系的事业。

感谢所有帮助过我的领导、同事、朋友和家人，没有大家的鼓励，很难走到今天，很想通过本书来表达我内心的感激之情和回报之愿。

还要感谢李华、王丽丽等老师的大力相助，感谢天津人民出版社，特别是文通天下张婷老师对本书付出的辛苦，其严谨治学的态度让我十分感动。再次对大家真诚地道声：谢谢！

2020年6月15日

写于中央团校